Anne Heintze

Auf viele Arten anders

ANNE HEINTZE

Auf viele Arten ANDERS

Die vielbegabte Scanner-Persönlichkeit:
Leben als kreatives Multitalent

ARISTON

Die in diesem Buch geschilderten Fälle basieren auf wahren Begebenheiten, wurden aber abgewandelt und anonymisiert. Aus persönlichkeitsrechtlichen Gründen wurden Namen, Adressen, Orte, Aussehen und Beruf verfremdet.

Bibliografische Information der Deutschen Bibliothek

Die Deutsche Bibliothek verzeichnet diese Publikation in der Deutschen Nationalbibliografie; detaillierte bibliografische Daten sind im Internet unter http://dnb.ddb.de abrufbar.

MIX
Papier aus verantwortungsvollen Quellen
FSC® C083411

Verlagsgruppe Random House FSC® N001967

Redaktion: Diane Zilliges
Umschlaggestaltung: Nele Schütz Design, München
unter Verwendung eines Motivs von Shutterstock/Oxanaart
Satz: EDV-Fotosatz Huber/Verlagsservice G. Pfeifer, Germering
Druck und Bindung: CPI books GmbH, Leck
Printed in Germany

ISBN: 978-3-424-20116-1

www.ariston-verlag.de

Inhaltsverzeichnis

Vielbegabung: Du bist nicht allein!

Ist dir das bekannt? Vor lauter Begeisterung weißt du manchmal nicht, was du zuerst machen sollst? Du hast mehrere angefangene Projekte zu Hause liegen, die du irgendwann noch fertigstellen willst? Du wirst oft von anderen kritisiert, weil du scheinbar nichts zu Ende bringst oder dich partout nicht für einen Berufsweg entscheiden willst oder kannst? Dich interessieren viele unterschiedliche Themen und du hast schon eine Vielzahl von Hobbys ausprobiert? Du denkst und handelst oft unkonventionell und deine Ideen sind äußerst kreativ? Es gibt nicht viele Menschen in deiner Umgebung, die ebenso vielfältig und ungewöhnlich sind? Manchmal bist du verzweifelt, weil du doch *endlich* das Thema finden möchtest, bei dem du bleiben kannst und wo du nicht nach kurzer Zeit schon wieder auf der Suche nach der nächsten Herausforderung bist? Du möchtest kein verständnisloses Kopfschütteln deiner Liebsten mehr sehen, wenn du dich schon wieder aufmachst, um ein neues Themengebiet zu entdecken?

Wenn du all das kennst, dann bist du höchstwahrscheinlich eine Scanner-Persönlichkeit, einer jener multitalentierten Menschen, für die es in der heutigen Gesellschaft nicht leicht ist, ihren Weg und ihren Platz zu finden.

Wie sehr habe ich in meiner Jugend darunter gelitten, anders zu sein als meine ganze Familie! Jeder hatte einen Job gewählt und ist dabei geblieben, oft jahrzehntelang in der gleichen Firma. Jeder wusste immer, was er machen will, jeder wohnte ewig lange am gleichen Ort, oft in der gleichen Wohnung – und ich war immer unstet und auf der Suche. Wonach? Nach *mehr*. Nach Wissen. Nach Input. Nach Lebendigkeit. Nach Vielfalt. Ich wusste nicht, dass es völlig in Ordnung ist, sehr unterschiedliche Dinge gleichzeitig zu machen, sich nicht festzulegen, immer mehr und weiter zu wollen, denn ich hatte keine Vorbilder dafür.

Erst viel später sind sie mir begegnet: Aristoteles, Gottfried Wilhelm Leibniz, Rabindranath Tagore und Johann Wolfgang von Goethe zum Beispiel. Sie sind Multitalente, die es in ihrer Zeit sogar zu großem Ruhm gebracht haben. Doch leider scheint unsere derzeitige hoch spezialisierte Welt Menschen mit vielen Ideen, Interessen und Fähigkeiten weit weniger zu schätzen, als es in früheren Zeiten der Fall war, sodass sich die Stärken, die vielbegabte Multitalente haben, heute oft wie ihr größtes Problem anfühlen.

So halten sich manche vielbegabte Menschen für Universaldilettanten oder Nichtskönner, weil sie vieles ziemlich gut, aber wenig richtig vertieft können. Oft glauben sie auch, sie könnten nichts, weil sie für viele Fähigkeiten weniger hart arbeiten mussten als andere Menschen, die eifrig und fleißig, oft dabei jammernd, ihren Tätigkeiten nachgingen, anstatt mit Lust und Freude wie sie selbst. Was leichtfällt und Spaß macht, ist nichts wert – eine wirklich belastende Konditionierung unserer modernen Zeit.

Noch zu Anfang des 20. Jahrhunderts war der Universalgelehrte eine geschätzte Person, die mit weitem Blick über den

Tellerrand schaute und in vielen Gebieten ein echter Amateur (wörtlich übersetzt ein »Liebhaber«) war, der oft sogar mit Fachleuten mithalten konnte. Auch heute gibt es solche vielbegabten Multitalente, die jedoch in unserer spezialisierten Leistungsgesellschaft auf viele Widerstände stoßen. Wenn auch du zu diesen Menschen gehörst, wird dich dieses Buch dabei unterstützen,

- selbstbewusst zu dir selbst und deiner Vielseitigkeit zu stehen,
- deiner eigentlichen Berufung auf die Spur zu kommen,
- dich für einen Beruf zu entscheiden, der zu deiner Persönlichkeit passt,
- Projekte zu beginnen und zu einem guten Abschluss zu bringen und
- ein Leben zu leben, das Platz für alle deine Wünsche und Träume hat.

Ein vielbegabter Mensch ist reich an geistiger Vielfalt und bunter Kreativität. Er kann lernen, sich als außergewöhnliches Individuum zu positionieren, um die vorhandenen Gaben für sich und andere gewinnbringend und sinnstiftend ein- und umzusetzen.

Es ist nicht so einfach, eine jahrelang praktizierte Denkweise von einem Tag auf den nächsten über den Haufen zu werfen und die eigene besondere Begabung zu schätzen. Aber es geht. Du wirst dich anders sehen und dein bisheriges vermeintliches Problem zum ersten Mal als eine Begabung begreifen lernen, die es auszuleben gilt.

Ich selbst begreife das Scanner-Phänomen als eine Spielart der Hochbegabung, besser gesagt: als Vielbegabung. Diese innere Vielfalt ist sicher eine außergewöhnliche Gabe, ebenso wie die außerordentliche Kreativität des Scanners. Ich bin überzeugt: Wo deine Gaben sind, sind auch deine Aufgaben!

Wenn du dir nicht ganz sicher bist, ob du wirklich vielbegabt bist, du aber schon längere Zeit auf der Suche nach deinem eigenen Weg bist, eignet sich dieses Buch auch für dich. Ich schreibe für alle Leserinnen und Leser, die klarer, fokussierter und lustvoller leben wollen und bereit sind, die Weichen dafür zu stellen.

Einige Statements von anderen vielbegabten Scanner-Persönlichkeiten können dir weitere Hinweise und Anregungen geben. Für dieses Buch habe ich meinen Klienten und Mitgliedern in Onlinegruppen Fragen über ihr Leben, über ihre Erfahrungen, über ihre Wünsche für das Leben als vielbegabte Scanner-Persönlichkeit gestellt. Lies, wie andere Menschen mit dieser Veranlagung umgehen, wie sie ihr Leben beeinflusst und welche Möglichkeiten in ihr liegen! Beachte ihre Tipps. Lass dich inspirieren. Verstehe: Du bist nicht allein mit dieser Gabe!

In diesem Buch findest du viele Hinweise, wie du lernen kannst, mit deinen Qualitäten umzugehen. Das kannst du locker und leicht umsetzen, wenn das deine innere Natur ist, oder durch harte Arbeit an dir selbst, wie du es wahrscheinlich bisher getan hast. Lass dir gesagt sein: Das Leichte ist effektiver, Freude und Lust sind zielführender als harte Arbeit an dir selbst. Sinn und Berufung sind leichter mit Hingabe an die Intuition und mit Vertrauen in den Verstand zu erreichen. Du findest hier viele Wege für deine Selbstverwirklichung.

Meine Vorschläge kannst du wie ein Buffet ansehen: Was du magst, nimm zu dir, was dir nicht schmeckt, lass liegen. Aber auch wenn du mit Spaß und Freude vorankommen willst, um dein buntes Potenzial zu leben, empfehle ich dir, so viel wie möglich schriftlich zu arbeiten. Lies dieses Buch nicht nur, sondern arbeite damit. An vielen Stellen bekommst du Anregungen zur Reflexion oder Aufforderungen, dir etwas zu erschließen. Du findest ganz praktische Übungen, die Klarheit in dein vielschichtiges Leben bringen können. Das wird dir gelingen, wenn du auch wirklich schriftlich mitmachst. Versprochen! Beschenk dich mit einem schönen Begabungsbuch, das dich beim Lesen begleitet und in das du dir Notizen machen kannst, wenn du Lust dazu hast.

Der Prototyp der Scanner-Persönlichkeit

Im Frühjahr 1984 besuchte ich ein Museum, das einer der ersten Scanner-Persönlichkeiten gewidmet war, mit der ich mich danach intensiv beschäftigt habe. Den Begriff gab es damals allerdings noch nicht, aber dieser Mensch und sein Schaffen haben mich maßlos fasziniert. Seitdem habe ich viel über diesen vielbegabten Mann gelesen und mich mit seinem Lebenswerk beschäftigt. Mit einer kurzen Geschichte über sein Leben, wie es sich vor allem aus Notizen und Tagebuchaufzeichnungen zeigt, möchte ich dir Mut machen. Wir alle haben in ihm ein großes Vorbild. Hast du eine Idee, wer dieser berühmte vielbegabte Mensch sein kann?

Wir sind nicht allein, es gibt viele Menschen, die ähnlich ticken, und es gab sie immer schon. Vielbegabte Menschen entziehen sich der Norm und sind anders als der Mainstream. Der Protagonist der Geschichte kann dir als Vorbild dienen. Er kümmerte sich wenig darum, was andere von ihm hielten, und blieb sich selbst treu, auch gegen Widerstände der Gesellschaft und der Familie.

Unser Scanner-Prototyp eckte an, er war unbequem, er lebte unangepasst. Leicht ist das nicht. Aber was ist schwerer: sich und seine vielen Begabungen, Interessen und Fähigkeiten dauerhaft zu verleugnen oder die Hingabe an all das? Eben! Die Hingabe kann nur ein Gewinn an Lebensglück, Zufriedenheit und Erfolg bedeuten. Der Verzicht darauf niemals. Ein Versuch, sich mit den vielen Interessen auszuleben, ist es allemal wert. Ich möchte dir mit dieser Geschichte gern aufzeigen, wie es sein könnte, wenn du dich traust, dich zu leben.

Mir begegnete dieser Mensch schon früher, als Kind bereits, ich war wohl zehn oder elf, denn meine Eltern hielten viel von Allgemeinbildung. Daher besuchte ich später, mit 23 Jahren, dieses Museum, als ich einmal ganz in der Nähe arbeitete. Als Kind sah ich vieles, was er geschaffen hat, und verstand nix davon, wie das bei Kindern manchmal so ist. Aber das, was ich sah, hat mich zugleich innerlich bewegt, es gab mir Kraft, hat mich ermutigt und ich wollte mehr von diesem Menschen erfahren, denn er machte mich neugierig und weckte meinen Fragehunger. All das wünsche ich dir auch.

Ja, leicht ist es nicht, als Scanner-Persönlichkeit zu leben, wie auch die Biografie unseres unbestrittenen und weltweit anerkannten Vielbegabten zeigt. Sie soll dich ermutigen, mehr zu wollen, und dich einladen, deinen vielfältigen Interessen zu folgen. Auf der Grundlage deiner Neugier, deiner Sensibilität, deiner Intuition und deines Verstandes. All das wird dich am Ende dazu führen, dass du glücklicher, zufriedener und erfolgreicher deine Begabungen leben kannst. Versuch es!

Aber bitte: Vergleich dich nicht, während du liest. Vergleiche haben noch nie zu etwas Positivem geführt. Nimm die Geschichte als Orientierung, als Paradigma, als gutes Omen. Suche Anregungen für dich, stell Analogien zu dir persönlich her, lausche so, wie du als Kind einem Märchen gelauscht hast: unvoreingenommen, staunend und bewegt.

Getrieben, beseelt, verrückt. Wer war das?

Die wohl bekannteste Scanner-Persönlichkeit, von der ich dir hier erzähle, lebte schon vor sehr vielen Jahren. Er war einer der vielseitigsten Menschen aller Zeiten. Getrieben war er von einer übergroßen Neugier, der steten Suche nach Erfahrung und Erkenntnis. Außerdem wollte er wirklich Großes für die Nachwelt schafften und so berühmt werden, dass sein Ruf noch lange nach seinem Tod bewahrt wurde. Das ist ihm gelungen.

Zeit seines Lebens schrieb er auf, was ihn beschäftigte, sodass wir heute umfangreiche Kenntnisse über seine vielfältigen Interessen haben: Architektur, Malerei, Bildhauerei, Zeichnen, Technik, Biologie, Mechanik, Geografie, Medizin, Anatomie, Philosophie und mehr. Es liegt daher nah, ihn als vielbegabte Scanner-Persönlichkeit zu verstehen.

Über 1000 Seiten seiner persönlichen Tagebücher offenbaren seine Obsessionen und zeigen uns den Geist, der in ihm lebte. In Mailand werden seine Notizbücher streng bewacht aufbewahrt. Sie sind der Schlüssel zum Verständnis dieses großen Geistes, um den es hier geht und von dem ein Hauch in jeder vielbegabten Scanner-Persönlichkeit weht.

Es ist wirklich vieles nicht »normal« an seinen Aufzeichnungen. Er schrieb seine Notizbücher von rechts nach links und in einem Code, der nur ihm und wenigen seiner Schüler bekannt war. Dieser Vielbegabte war Linkshänder und dies war die natürlichste Art des Schreibens für ihn, also passte er seine Schreibweise seinen Bedürfnissen an. Manche Abschnitte sind auch in Spiegelschrift geschrieben. Er schrieb durchschnittlich drei Seiten am Tag. Und er war von den unterschiedlichsten

Themen regelrecht besessen: Technik, Biologie, Geografie, Anatomie. Er fertigte Zeichnungen von fast allem an, was ihm im Laufe seines Lebens begegnete und interessierte.

All das machte ihn bereits in den Augen seiner Zeitgenossen zu einer außergewöhnlichen Person. Die 1119 Seiten des Codex Atlanticus, wie seine Notizbücher genannt werden, offenbaren auch die Widersprüche in seinem Charakter, denn er war zeitweise ein von Versagensängsten geplagter Mensch. Wer von uns kennt das nicht?

Unser Turbo-Scanner macht uns auch Mut, denn er sagte, dass das Leben offensteht für alle, die es zu nutzen wissen. Er meinte, dass es eine Verpflichtung für uns Menschen gäbe, alle vorhandenen Möglichkeiten auszunutzen. Er fragte: »Was bringt es, unbemerkt von der Erde zu verschwinden?« Sich selbst nannte er einen ergebenen Schüler der Erfahrung. Ist das nicht eine schöne Beschreibung für eine Scanner-Persönlichkeit?

Als uneheliches Kind eines Rechtsanwalts und eines Bauernmädchens wurde er von seinem Großvater erzogen. Er lernte nie wirklich Latein, das damals die Sprache der Wissenschaft war. Die gesamte damalige Bildung und Kultur war vorwiegend vom Lateinischen geprägt. Wer Latein konnte, hatte auch Zugang zu den neuesten Fachbüchern aus Wissenschaft und Kultur. Das war für unser Scanner-Vorbild sehr schwer, da er kein akademisches Studium absolviert hatte, wie so viele Menschen, die einfach nur ihren Interessen folgen. Daher bezeichnete er sich selbst als »ungebildet« und – vielleicht kokettierend – als »Analphabeten«, da er nicht einmal eine reguläre Schulbildung genossen hatte. (Auch ich habe übrigens nie eine Universität von innen gesehen, bis ich dort Vorträge halten durfte.)

Als hoch motivierter Vielbegabter ließ er sich von seiner mangelnden Bildung nicht aufhalten und entwickelte eine revolutionäre Denk- und Lernmethode. Er suchte nicht nur in den Büchern der Antike nach Antworten, sondern in der Natur seiner ländlichen Heimat. Er interessierte sich für alles, was er sehen, hören, riechen, fühlen oder schmecken konnte. Wir können daher davon ausgehen, dass er nicht nur vielbegabt, sondern auch hochsensibel war.

Bei allem, was er sah und wahrnahm, fragte er sich immer wieder: Warum riecht das so? Warum sieht das so aus? Wie funktioniert das? Das war seine Lernmethode. Er war davon überzeugt, dass Erkenntnis mit Empfindung und mit Erfahrung beginnt und nicht mit dem Studium des Latein. »Wissen beginnt mit Liebe«, schrieb er einmal. Wie schön ist das denn?!

Er war der Meinung, dass ein Künstler die Natur ausgiebig betrachten solle, um zu versuchen, ihre Gesetze zu verstehen. Sein Wissensdurst als Maler ging weit über das Erlernen von Techniken hinaus. Er lernte auch aus dem alltäglichen Leben auf der Straße. So machte er sich Gedanken über die Wahrnehmungsebenen von Hunden durch ihre olfaktorischen Fähigkeiten. Seine Interessen reichten also vom ganz Banalen bis zum Tiefgründigen. Er nannte sich selbst Malerphilosoph.

Und wie selbstkritisch er bei all dem war! Er führte in seinen Aufzeichnungen selbst alle Schwachpunkte und Fehler in seinen Beobachtungen auf und reflektierte darüber, wo es noch Mängel geben konnte. Er war sich selbst der strengste Kritiker. Ist das nicht auch bei dir so?

Sein radikales Denken machte ihn zu einem Pionier in der Wissenschaft und der Kunst. Doch das wirklich Revolutionäre war die Art und Weise, wie er die beiden miteinander verband. So war er beispielsweise fasziniert vom Wasser. Er beobachtete Flüsse, Wasserfälle und die Bewegung des Wassers. Er zog

Analogien zur Struktur des menschlichen Haares und wie es sich bewegt – glatt oder gelockt. Er entdeckte die spiralförmige Struktur des Wassers, was ihn auf einen für die damalige Zeit abenteuerlich neuen und kontrovers diskutierten Gedanken brachte: Er schaute sich spiralförmige Dinge an und suchte, wo sich weitere Spiralen zeigten, beispielsweise bei Pflanzen, deren Triebe sich ebenfalls spiralförmig entwickeln. Er erkannte dadurch, dass die Natur immer in Bewegung ist. Bewegung als die Ursache allen Lebens, sie ist die oberste Regel der Natur.

Immer suchte er grundlegende Strukturen in der Natur, sodass er von einer einmal erkannten Regel in einem Bereich auf einen anderen Bereich schließen konnte. So kam er auch auf den Gedanken, dass die Erde seit ihrer Entstehung viele Evolutionsstufen erlebt haben müsse, schon allein durch die Erosionen, die Strudel, die die Bewegungen des Wassers auf der Erde verursacht haben müssen. Er schloss daraus, dass die prähistorische Landschaft völlig anders ausgesehen haben muss. All das in einer Zeit, in der die Menschen noch glaubten, dass die Erde nur so aussehen und ewig bleiben könne, wie Gott sie geschaffen habe. Er war seiner Zeit also weit voraus, so wie manch andere Scanner-Persönlichkeit auch.

Was er annahm, war eine brisante Entdeckung in der damaligen Zeit, da er damit die Postulate der Kirche infrage stellte. Die Kirche lehrte die Menschen, dass das Leben zwar voller Qualen, für die Frommen jedoch nur eine Vorbereitung auf das Leben im Himmel sei. Sünder und Ungläubige wurden in die Hölle verbannt. Die Kirche verfügte damals über eine große Macht und durchdrang jeden Aspekt des Lebens. In ihren Augen war so ein Zweifel an der biblischen Schöpfungsgeschichte Ketzerei. Damals stießen immer wieder wissenschaftlicher Fortschritt und religiöse Vorstellungen aufeinander.

Wenn unsere Scanner-Persönlichkeit diese Theorien zu den enormen Veränderungen der Erde veröffentlicht hätte, wären sie äußerst riskant für ihn gewesen. Aber er behielt sie für sich und notierte sie nur in seinen Tagebüchern. In der Öffentlichkeit gab er sich also teilweise als angepasster Mensch aus. Welcher Scanner kennt das nicht?

Viele seiner Forschungen machte er aber auch deswegen nicht öffentlich, weil er versuchen wollte, sie zu Geld zu machen. Denn von irgendwas musste auch er schließlich seinen Lebensunterhalt bestreiten. Und er hatte Sorge, dass ihm der Widerstand der Kirche dabei im Weg stehen könnte. Diese Diskrepanz zwischen Broterwerb und Interessenslage kennt wohl jede Scanner-Persönlichkeit.

Am berühmtesten wurde dieser Vielbegabte durch seine Malerei, doch seine Notizbücher verraten, dass seine größten Ambitionen zeit seines Lebens ganz woanders lagen. Zum Beispiel darin, ein genialer und berühmter Ingenieur zu werden. Denn damals waren nicht die Maler die Superstars der Gesellschaft, sondern die Ingenieure. Er war wohl auch davon überzeugt, dass nur in der wissenschaftlichen und technischen Arbeit wirklicher Ruhm zu erlangen war, und nicht dadurch, dass man ein Stück Holz bunt anmalt.

So wandte er sich als 17-Jähriger nach Florenz, wo er eine Lehrstelle beim Baumeister des Doms erhielt. Die Vorrichtungen, die erforderlich waren, um riesige Steinmassen zu bewegen, bewegten ihn zu abenteuerlichen Plänen von machtvollen Maschinen. Er begann damit, solche Maschinen zu bauen. Dabei entwickelt er auf diesem Gebiet eine Reihe von außerordentlich innovativen Ideen. Wen wundert's?

Unser Scanner-Vorbild dachte dabei auch sehr praktisch, denn er wollte Maschinen erfinden, die den Menschen und

Tieren die Arbeit erleichtern. Einige seiner kühnsten Visionen mussten noch einige Jahrhunderte warten, bis zur industriellen Revolution, bevor sie in die Tat umgesetzt wurden. Er entwarf beispielsweise einen Wagen mit Selbstantrieb, einen automatischen Webstuhl, einen automatischen Schmiedehammer, Wasserpumpen sowie einen ersten automatischen Drehspieß zum Grillen von Rindfleisch. Vielleicht war das der Vorläufer der Dönerspieße?

Der Forscherdrang unseres Vielbegabten ging weiter: Er wandte sich dem Fliegen zu. Kaum ein anderes Thema hat ihn so fasziniert wie dieses. Berühmt wollte er werden, ja. Er wusste: Wer eine Maschine entwickeln könnte, die das Fliegen möglich mache, würde eine berühmte Person auf der ganzen Welt sein – und das war sein Ziel. Zeit seines Lebens wollte er mit einer Sache auf der Welt Spuren hinterlassen und den Menschen im Gedächtnis bleiben. Er dachte also immer groß – und was ist dagegen zu sagen?

Er schrieb in seinen Notizen, es sei seine Berufung, große Vögel zu erforschen. Und so, wie er als junger Mensch das Wasser erforscht hatte, untersuchte er nun die Luft. Dabei entdeckte er Parallelen, denn Luft und Wasser verhalten sich in mancherlei Hinsicht sehr ähnlich. So beschäftigte er sich mit den Luftströmungen, die Aufwind verursachen.

Seine Notizbücher zeigen auf, dass er ständig hin und her sprang zwischen unterschiedlichen Themen. Typisch Scanner-Persönlichkeit eben! Er schloss vom Wasser auf die Luft und fand durch dieses analoge Denken völlig neue Problemlösungen. Auch das ist typisch für vielbegabte Menschen.

So vereinte er schließlich seine beiden unvereinbar erscheinenden Leidenschaften: Natur und Technik. Er dachte darüber nach, wie Vögel fliegen und wie die Luftwirbel unter den

Flügeln funktionierten. Logischerweise dachte er, dass es nicht schwer sein dürfte, so einen Apparat nachzubauen. Dazu machte er sich Gedanken über die Natur der Sehnen und der Muskulatur. Um die Struktur von Körpern zu erfassen, beschäftigte er sich mit Anatomie. So kam er darauf, dass Fledermäuse und die Struktur von Fledermausflügeln hilfreicher sein könnten, um das Fliegen für Menschen zu ermöglichen, als das Gefieder von Vögeln. Er machte viele Versuche, die aber immer wieder misslangen. Sein Scheitern hielt ihn jedoch nicht davon ab, weiterzumachen, und so liefert er uns einen Schlüssel zum Erfolg eines Scanners: Durchhaltevermögen und Selbstdisziplin.

Auch eine Art Fallschirm hat der Tüftler entworfen. Experten waren überzeugt, dass dieses pyramidenförmige Gebilde aus Holz und Segeltuch niemals fliegen könne. Ein Engländer wollte es genau wissen und baute den Fallschirm anhand der Originalzeichnung nach und testete ihn im Juni 2000 in 3000 Metern Höhe. Er segelte sicher und sanft zu Boden. So wurde die Praxistauglichkeit der Idee unseres Multitalents nach 500 Jahren bestätigt: Der Fallschirm funktioniert.

Eine seiner Visionen von einem Fluggerät sieht dem heutigen Helikopter sehr ähnlich. Er musste hier sehr vorsichtig sein, da die Grenzen zwischen Technik und Magie leicht überschritten werden konnten. Mit seiner Idee des Fliegens war er dabei, die Grenzen der normalen menschlichen Fähigkeiten zu erweitern. Denn es gab Naturgesetze, die nur er verstand, die meisten anderen Menschen seiner Zeit nicht. Dadurch kam er in die gefährliche Nähe zur Zauberei. Ihn selbst störte das nicht, denn er dachte immer wieder daran, welche Bedeutung für die Menschheit die Fähigkeit des Fliegens haben und wie er damit Unsterblichkeit erlangen könne. Seine wunderbaren Notizbücher sind voller Zeichnungen und Grübeleien, die seine Gedankengänge bis heute zeigen.

Er schrieb in seine Tagebücher keine Alltäglichkeiten oder typisch tagebuchartige Bekenntnisse. Dafür gibt es eine Reihe von Parabeln und Geschichten, deren Subtext jedoch viele Hinweise auf seine Gefühle gibt. Es lassen sich innere persönliche Probleme darin erkennen. Er war ein Außenseiter. Er war unangepasst. Wie bekannt das einem Scanner ist!

In einer Parabel schrieb er zum Beispiel von einem Stein, der unter Blumen liegt, der aber lieber mit den andern Steinen auf der Straße liegen würde. Er scheint von anderen Menschen sehr enttäuscht gewesen zu sein.

In der Zeit, in der er die Kunst des Zeichnens und des Malens lernte, betonte er in seinen Notizen, wie wichtig die Ausdauer für ihn sei, ebenso wie für all die Menschen, die ein begnadetes Talent und viele Fähigkeiten haben, aber nicht die Ausdauer und Beharrlichkeit, an der Vervollkommnung ihrer Fähigkeiten zu arbeiten, und all die, die der Genauigkeit und Präzision zu wenig Raum geben. Ausdauer und Geduld des Scanners sind also gefragt. Es ginge nicht nur darum, etwas wahrzunehmen und das Oberflächliche zu beschreiben, sondern auch darum, wie die Dinge darunter beschaffen seien und sich auswirkten. Neben brillanten Zeichnungen finden sich über den ganzen Codex auch rasch hingeschriebene Notizen. Über Lebensmittel, Taschentücher, Schuhe, eine Jacke …

Seine Gedanken kreisten auch um Sex. Er machte sich viele Gedanken über die Natur der Lust. Vermutlich war unser Vielbegabter homosexuell. In den Tagebüchern gibt es kaum Hinweise auf seine sexuelle Orientierung, doch er heiratete nicht und seine engsten Vertrauten waren alle männlich. Auch wenn Homosexualität unter den Künstlern damals weitverbreitet war, war es doch ein Verbrechen, das mit dem Tode bestraft werden konnte. Mit 24 wurde er wegen sexueller Handlungen mit einem 17-jährigen Jungen angeklagt, denn er war in einem anonymen Brief denunziert worden. Die Auseinandersetzung mit der »Behörde der Nacht«, wie die Sittenpolizei damals genannt wurde, und die Denunziation stürzten unseren großen Scanner in einen tiefen Konflikt, auch wenn die Anklage schließlich fallen gelassen wurde. Danach fühlte er sich verletzlicher denn je. Diese zarte und feinfühlige Art haben viele Scanner-Persönlichkeiten.

Mit 26 machte sich unser Multitalent selbstständig und gründete eine eigene Werkstatt. So wie es viele Scanner-Persönlichkeiten tun, wenn sie wirklich frei ihren Begabungen und Interessen nachgehen wollen. Mit 29 begann er sein erstes großes Werk. Dieses Gemälde war etwas wirklich Neuartiges, es war voller Emotionen und Bewegungen, was für die damalige Zeit völlig neu war. Die Menschen dieser Zeit nahmen wahr, dass sie es mit einer Naturgewalt zu tun hatten. Leider hat er dieses Gemälde nie vollendet, wie einige andere Gemälde ebenfalls. Man vermutet, dass er sowohl emotionale als auch finanzielle Schwierigkeiten hatte. Kommt dir das bekannt vor?

Später verließ dieser erste bekannte Vielbegabte Florenz, die kultivierteste Stadt der damaligen Zeit, und ging nach Mailand, in eine Stadt, die noch sehr mittelalterlich war. So ein Umzug in der damaligen Zeit ist mit einer Auswanderung heute zu vergleichen. Dennoch schrieb er, er werde sich von keinem Hindernis aufhalten lassen. Er hatte auch die Gewissheit, dass er mit jeder Erfahrung, die er machen würde, nur noch reicher würde. Er wusste, er müsse nur Geduld haben, und schrieb: »Die Geduld beschützt mich vor Beleidigungen, wie mich warme Kleider vor der Kälte schützen, und wenn es kälter wird, ziehe ich mehr Kleider an.« Je mehr er also beschimpft wurde, umso geduldiger wurde er. Oder zumindest nahm er sich das in seinen Notizbüchern vor. Wäre Geduld nur nicht so schwer zu leben für einen Vielbegabten!

Der Mann, der in Florenz ein Jahr zuvor noch Meisterwerke malte, wollte sich jetzt dem Waffenbau widmen und bewarb sich als Militäringenieur beim damaligen Herrscher über Mailand. Außerdem suchte er in ihm einen finanzkräftigen Mäzen. Er pries sich in seiner Bewerbung als Entwickler und Erfinder von wahren Höllenmaschinen an, mit denen man Belagerungswälle durchstoßen, Brücken zerstören und seine Feinde in Windeseile beseitigen könne. Zeichnungen von riesigen Armbrüsten mit 24 Meter Breite und anderen Waffen beinhaltet sein Notizbuch aus der damaligen Zeit. Massenvernichtungswaffen würden wir heute dazu sagen. Parallel dazu zeigt sich in seinen Notizen auch eine große Abscheu vor dem Krieg. Er war also deutlich ambivalent seinen neuen Ideen gegenüber. Kommt dir das bekannt vor?

Daneben wollte er zum Ruhme des Herrschers die größte bronzene Reiterstatue erschaffen, die es zu der damaligen Zeit gab. So entstand das Notizbuch mit dem Namen Cavallo, in dem er sich intensiv mit der Anatomie und der inneren Natur des Pferdes auseinandersetzte. Auch hier begann er zuerst, persönliche Erfahrungen zu sammeln. Er beschrieb die Pferde von verschiedenen Freunden im Detail. Nachdem er sich den Auftrag gesichert hatte, nutzte er dieses Notizbuch, um alle Informationen für diese Arbeit zu sammeln. Er tat also das, was er immer tat: Er versuchte erst einmal alles herauszufinden, was es über das Ding des Interesses zu wissen gab. Er vermaß viele Pferde, notierte alle Maße und begann mit den Zeichnungen. Er sah mit den Augen und mit der Hand, so wie andere Vielbegabe ebenfalls mehrere Sinne intensiv nutzen.

Er fertigte ein Tonmodell seines Pferdes, dass etwa die dreifache Größe eines realen Pferdes hatte. Er experimentierte mit unterschiedlichen Bronzelegierungen. Er musste auch erst Öfen konstruieren, mit denen die großen Mengen an Material hergestellt werden konnten. All seine Energie steckte er in dieses Projekt, das jedoch durch einen Krieg schlagartig beendet war. Die 75 Tonnen Bronze, die er für seine Reiterstatur verwenden wollte, wurden zum Bau von Kanonen genutzt. Ein weiterer Rückschlag im Lebenslauf unseres vielbegabten Vorbilds. Wieder löste sich ein Traum in Luft auf. Kennen wir das nicht alle? Jahrhundertelang war der Entwurf dieser Reiterstatue vergessen. Doch heute ziert ein Nachbau des Pferdeentwurfes die Rennbahn von Mailand, jedoch ohne Reiter.

»Im Bett herumzuliegen, hat noch niemanden zu etwas gebracht.« So schrieb er in seine Notizbücher. »Du musst aufstehen und weiterarbeiten, weitere Erfahrungen sammeln und aus Rückschlägen lernen.« Wichtige Worte für uns!

In den Jahren in Mailand füllten sich seine Notizbücher mehr und mehr mit Skizzen, Berechnungen und detaillierten Zeichnungen, die auf den ersten Blick sinnlos erscheinen. So wie vieles, was Scanner-Persönlichkeiten tun, für andere nutzlos erscheint. Seine Notizen hatten damals keine Zusammenhänge zu konkreten Projekten oder Aufträgen. Auch hier arbeitete unser Vielbegabter wieder einfach nur zum Spaß und aus Freude an der Sache: weil er von einer chronischen Neugierde beseelt war. Er fand überall Proportionen, nicht nur bei Zahlen und Maßen, sondern auch bei Klängen und Gewichten. Wieder ein Hinweis auf seine Hochsensibilität.

Aus diesen Gedanken sollte schließlich eines seiner größten Werke entstehen. Er beobachtete die Menschen überall. Dies und seine Faszination für Mathematik führten dazu, dass er die Proportionen des Menschen und das, was als menschliche Schönheit und Ästhetik verstanden wird, in eine Formel zu fassen suchte. Er suchte darin auch die dem Chaos des Lebens zugrunde liegende Formel. Er erforschte, was ein Gesicht schön macht. Er analysierte die Einzelteile von Gesichtern und wie sich die einzelnen Teile proportional zum Ganzen verhalten. Unser Multitalent betrachtete die Proportionen eines Körpers als eine Art göttliche Musik. Diese proportionale Harmonie müsse sich, so meinte er, ganz durch das Universum ziehen. So beschrieb er als Erster die Physiognomie in mathematischen Formeln. Nichts war ihm zu banal, er fragte sich einfach: Was ist eine Nase, wie kann ich sie beschreiben? Und er fand zehn verschiedene Arten von Nasen und beschrieb sie in Breite, Länge, Spitze. Das nenne ich vielbegabte Gründlichkeit!

Er forschte so lange an den Proportionen der Natur des Menschen, den Gesetzen von Ästhetik, Schönheit und Harmonie, dass daraus am Ende seine berühmteste Zeichnung entstand: »Der vitruvianische Mensch«. Es handelt sich um eine Skizze mit Notizen aus einem seiner Tagebücher, die einen Mann mit ausgestreckten Extremitäten in zwei überlagerten Positionen zeigt. Mit den Fingerspitzen und den Sohlen berührt die Figur ein sie umgebendes Quadrat und einen Kreis.

Dank seiner Studien der Proportionen und der Bewegungen und Gesten der Menschen schuf unser Universalforscher schließlich eines der größten Werke der Menschheit: »Das letzte Abendmahl«. In diesem, von dem Herzog von Mailand für die Wand eines Speisezimmers eines Klosters in Auftrag gegebenen Gemälde wollte er die musikalische Harmonie der Proportionen schwingen lassen. Seine Darstellung des letzten Abendmahls ist so lebendig, dass die Mönche im Kloster das Gefühl hatten, mit Jesus persönlich am Tisch zu sitzen. Der Überlieferung zufolge war die erste Reaktion auf dieses Gemälde so etwas wie: »Das sieht ja richtig echt aus!« Es kam dem Naturerlebnis optisch näher als jedes andere Gemälde zuvor. Anhand von Gesten zeigte er, wie aufgewühlt die Jünger sind. Aus seiner Besessenheit für Proportionen und Gesten schuf er ein Meisterwerk. Die Hingabe an ein Thema kann also nur nützlich sein!

Die Notizbücher des ersten mir bekannten Vielbegabten hatten sich bisher schon mit vielen unterschiedlichen Themen gefüllt, doch unser Meister war noch lange nicht am Ende. Nun beschäftigte er sich noch intensiv mit Medizin. Damals waren die Medizin und das Verständnis vom menschlichen Körper noch sehr begrenzt. Doch wie viele seiner Studien war auch dies eine kontroverse Sache. Seine intensivsten Arbeiten befassten sich mit der Anatomie. Diese Zeichnungen sind auch heute noch in ihrer Präzision unübertroffen. Er schreckte nicht davor zurück, für seine anatomischen Studien Leichen zu sezieren. Auch persönliche Grenzen stellte er damit infrage und warf sie über den Haufen.

Alles, was er fand, wurde akribisch notiert, auch wenn Obduktionen nicht zu seinen Lieblingsbeschäftigungen gehörten, wie er schrieb. Um all das tun zu können, musste unser Vielbegabter zunächst einmal seine eigene Seziertechnik entwickeln, denn er hatte hierfür keine Vorbilder. Die Anatomie war damals eine recht seltsame Disziplin, die mit allerlei Tabus und Schwierigkeiten zu kämpfen hatte. Der Kirche behagte es überhaupt nicht, wenn jemand unter der Hülle des Menschen,

Gottes größtem Geschöpf, herumsuchte. Unser Scanner-Vorbild war kein Anatom im heutigen Sinne. Seine Studien waren eher eine logische Folge seiner Suche nach dem Verständnis der Natur. Er entdeckte zum Beispiel, dass, ähnlich wie bei den Wasserwirbeln, die er vor vielen Jahren erforscht hatte, auch das Blut in den Adern spiralförmig fließt …

Bis zu seinem Tode im Alter von 67 Jahren suchte er Antworten auf die Geheimnisse des Lebens. Seine Notizbücher sind nie veröffentlicht worden und wurden erst nach Jahrhunderten ausführlich analysiert. Doch die genialen Werke, die er darin festgehalten hatte, fanden in einem weiteren Meisterwerk ihren Höhepunkt: dem Gemälde einer Kaufmannsfrau »La Gioconda«. In diesem Bild konnte er all seine Leidenschaften und Forschungen zur Schau stellen. Es zeigt sich in ihm all sein optisches und anatomisches Wissen sowie seine Kenntnisse über Stoffe und es scheint sich eine vierte Dimension aufzutun, die normalerweise in Gemälden nicht auftaucht: die Dimension der Zeit. Die Kaufmannsfrau lächelt noch nicht, sondern sie scheint kurz vor dem Lächeln zu sein. Und damit hielt die Dimension der Zeit Einzug in das Bild. Das war seinerzeit völlig neu –, wie so vieles, was Scanner-Persönlichkeiten ersinnen.

»Die Freude über die Erkenntnis ist für mich das oberste Vergnügen«, schrieb dieses Multitalent. Zum Zeitpunkt seines Todes wusste er nicht, ob er unsterblichen Ruhm erlangen würde, wie es so lange sein Ziel gewesen ist. Wahrscheinlich wäre er überrascht gewesen zu erfahren, dass er ihn letztlich seinen Gemälden verdankt. Denn für ihn war die Suche nach der Wahrheit hinter allen Dingen, die er in seinen Notizbüchern festgehalten hat, seine größte Errungenschaft.

Aus heutiger Sicht sind diese Notizbücher noch immer bahnbrechend in Bezug auf das Wissen von und über die Natur. Wären sie zu seinen Lebzeiten veröffentlicht worden, hätten seine Ideen vielleicht den Lauf der Geschichte und die Entwicklung der modernen Welt verändert – oder er wäre dafür gestorben. Er war seiner Zeit weit voraus – kennst du das auch?

Eine der ersten Scanner-Persönlichkeiten, einer der ersten Vielbegabten, das größte Multitalent, das mir bekannt ist, war der Schreiber dieser Notizbücher namens Codex Atlanticus und wir alle kennen seine Werke. Ich meine Leonardo da Vinci. Er lebte von 1452 bis 1519.

Was können wir von ihm lernen?

Leonardo da Vinci lebte in einer Zeit des Umbruchs, in der Renaissance. Er war so begabt und vielseitig, dass er diese Epoche wie kaum ein anderer verkörpert. Die einen sehen da Vinci daher als Universalgenie an. Andere hingegen empfinden ihn als sprunghaft, als einen Menschen, dem vorzuwerfen ist, dass er seine Projekte nur selten abschloss. Deswegen geriet er auch manchmal in Schwierigkeiten und fiel bei seinen Auftraggebern in Ungnade.

In seinen Notizbüchern sind alle Eigenschaften von vielbegabten Scanner-Persönlichkeiten enthalten:

- Chronische Neugierde
- Tiefe Begeisterung für seine Themen
- Die Suche und das Streben nach mehr
- Vielfalt der Begabungen und Interessen
- Hochsensibilität mit vielen Sinnen
- Die Einheit von Verstand und Gefühl

- Das Vertrauen in die eigene Intuition
- Tiefe Wahrnehmungsfähigkeit

Leonardo liefert uns mit seinem persönlichen Beispiel auch die Schlüssel für ein glückliches Leben als vielbegabte Scanner-Persönlichkeit:

- Ausdauer und Geduld
- Beharrlichkeit und Selbstdisziplin
- Unbeirrbarkeit durch äußere Umstände
- Die Beobachtung der Umgebung, der Natur
- Die Entwicklung von Erfahrungsvertrauen
- Rebellion gegen äußere Normen und Vorgaben
- Unbedingte Treue zu sich selbst
- Die Bewegung als Grundlage der Entwicklung
- Den gesunden Umgang mit dem Scheitern
- Und nicht zuletzt: Wie wichtig das Aufschreiben sein kann!

Ich werde dich in diesem Buch nicht intensiv beschäftigen oder gar belästigen mit den Schwierigkeiten, die das Leben von vielbegabten Scanner-Persönlichkeiten durchziehen. Du wirst sie zur Genüge kennen und daher will ich sie nicht vertieft beschreiben. All die Herausforderungen liegen auf der Hand.

- Die Schwierigkeit, sich zu entscheiden
- Probleme mit dem Selbstmanagement
- Das oft fehlende Selbstbewusstsein, den eigenen Interessen zu folgen
- Das Unverständnis der Umgebung für Vielfalt

- Das Anecken mit »Autoritäten« und der Gesellschaft allgemein
- Die sogenannte Prokrastination: das Aufschieben von Aufgaben

Leonardo war ein Chaot, ein Rebell, ein Lebenskünstler und ist vielfach gescheitert. Als Portfolioarbeiter hatte er eine Patchworkkarriere wie aus dem Bilderbuch. Und wer könnte behaupten, dass er es nicht zu etwas gebracht hätte? Auch dir kann es gelingen, ein glücklicher und erfolgreicher vielbegabter Scanner zu sein.

Wie steht's mit dir?

Ein Scanner zu sein ist eine ganz besondere Begabung. Ausgeprägte Neugier an vielen Themen ist ein Wesen der Hochbegabung oder in diesem Fall besser gesagt: Vielbegabung. Scanner haben, wie Leonardo da Vinci, eine unbändige Neugier auf eine Vielzahl von Themen, die keine Logik dahinter erkennen lassen, und wollen sich am liebsten mit all ihren Ideen sofort und gleichzeitig beschäftigen. Es muss ja nicht gleich so weit gehen wie bei dem alten Meister, aber es gibt auch bei der Vielbegabung sehr unterschiedliche Ausprägungen.

Vielleicht bist du vielbegabt – ohne es zu wissen? Mach den folgenden kurzen Selbst-Test. Er verschafft dir einen ersten Eindruck davon, ob du vielbegabt bist. Notiere jeweils, wie sehr die folgenden Aussagen im normalen Alltag auf dich zutreffen. Die Zahlen bedeuten:

0 trifft nicht oder fast nicht zu
1 trifft teilweise oder selten zu
2 ist oft zutreffend
3 ist besonders ausgeprägt
4 trifft außerordentlich stark zu

Sei in deiner Einschätzung ganz spontan, vertrau auf deine Intuition. Kreuz pro Aussage jeweils nur ein Kästchen an. Am Ende zählst du die Punkte zusammen.

		0	1	2	3	4
1	Ich habe eine unstillbare Neugierde, bereits seit der Kindheit.	❍	❍	❍	❍	❍
2	Ich verfüge über ein sehr breites, vielschichtiges Wissen.	❍	❍	❍	❍	❍
3	Ich eigne mir dieses Wissen meist recht schnell und autodidaktisch an.	❍	❍	❍	❍	❍
4	Ich habe viele unterschiedliche Talente und Fähigkeiten, die ich alle leben möchte.	❍	❍	❍	❍	❍
5	Ich lege weniger Wert auf viele kleine Details als aufs große Ganze.	❍	❍	❍	❍	❍
6	Ich kann mich schnell für neue Themen begeistern und verfolge diese dann intensiv.	❍	❍	❍	❍	❍
7	Ich durchschaue schnell Zusammenhänge und kann analoge Beziehungen herstellen.	❍	❍	❍	❍	❍

		0	1	2	3	4
8	Ich habe eine sehr gute Beobachtungsgabe und nehme mehr wahr als die meisten Menschen.	❍	❍	❍	❍	❍
9	Ich vermeide den Kontakt mit langatmigen, inaktiven, interessensarmen Menschen.	❍	❍	❍	❍	❍
10	Ich kann andere Menschen sehr gut motivieren und begeistern.	❍	❍	❍	❍	❍
11	Ich verfüge über eine stark ausgeprägte Intuition.	❍	❍	❍	❍	❍
12	Ich lese viel – vieles gleichzeitig und über sehr unterschiedliche Themen.	❍	❍	❍	❍	❍
13	Ich habe ein (selbst-)kritisches und unabhängiges Denken.	❍	❍	❍	❍	❍
14	Ich gehe in Problemen völlig auf, aber nur dann, wenn ich echt motiviert bin.	❍	❍	❍	❍	❍
15	Ich kann zuvor gewählte Themen auch sehr schnell wieder loslassen, wenn sie mich langweilen.	❍	❍	❍	❍	❍
16	Ich habe nicht das Bedürfnis, mich durchzubeißen und eine Sache zu Ende zu bringen, wenn sie mich nicht mehr interessiert.	❍	❍	❍	❍	❍
17	Ich möchte Routineaufgaben möglichst vermeiden, sie quälen mich oft geradezu.	❍	❍	❍	❍	❍

		0	1	2	3	4
18	Ich verfolge sehr unterschiedliche Themen: Technik, Musik, Soziologie, Kochen …	❍	❍	❍	❍	❍
19	Ich habe schon viele verschiedenartige Hobbys und Interessen in meinem Leben verfolgt.	❍	❍	❍	❍	❍
20	Ich kleide mich gern unkonventionell und auffallend; was »man« macht, kümmert mich wenig.	❍	❍	❍	❍	❍
21	Ich arbeite gern selbstbestimmt und frei, im Team muss ich mich zu sehr einschränken.	❍	❍	❍	❍	❍
22	Ich setze mir gern mehrere höchst motivierende Ziele auf einmal.	❍	❍	❍	❍	❍
23	Ich empfinde mich als sehr individuell, originell und eigenartig.	❍	❍	❍	❍	❍
24	Ich finde Meinungen von »Autoritäten« oft unwichtig und hinterfrage sie zunächst.	❍	❍	❍	❍	❍
25	Ich kann mit Hierarchien nicht gut umgehen und vermeide sie daher nach Möglichkeit.	❍	❍	❍	❍	❍
26	Ich kümmere mich wenig um Konventionen und Traditionen.	❍	❍	❍	❍	❍
27	Ich kann schnell und unerwartet meine Interessen verändern.	❍	❍	❍	❍	❍

		0	1	2	3	4
28	Ich suche gern aktiv die Nähe von ebenso »eigenartigen«, originellen Menschen.	❍	❍	❍	❍	❍
29	Ich habe oder suche Vorbilder/Mentoren, die ähnlich unkonventionelle Wege gegangen sind.	❍	❍	❍	❍	❍
30	Ich kann mich in andere gut einfühlen und nachempfinden, was sie bewegt.	❍	❍	❍	❍	❍
31	Ich verfüge über einen auffallend hohen Tatendrang, viel Unternehmungsgeist und Vitalität.	❍	❍	❍	❍	❍
32	Ich habe viele Facetten, wurde von anderen auch schon als Chamäleon oder ähnlich bezeichnet.	❍	❍	❍	❍	❍
33	Ich hatte bisher wenig Talent, ein gutes Zeitmanagement für mich zu finden.	❍	❍	❍	❍	❍
34	Ich habe öfter Schwierigkeiten, eine klare Entscheidung zu treffen und diese durchzuhalten.	❍	❍	❍	❍	❍

Weniger als 40 Punkte: Deine Fokussierung und Stabilität ermöglichen dir normalerweise ein geradliniges und stressfreies Leben. Daher bist du recht gut in der Lage, deinen Alltag zu meistern. Ausgeprägte Vielbegabung kann man dir nicht attestieren. Mithilfe der Anregungen in diesem Buch kannst du dennoch viel über dich selbst lernen und dir den Umgang mit vielbegabten Menschen in deinem Umfeld erleichtern. Du kannst dank deiner Gradlinigkeit eine gute Stütze für sie sein.

Zwischen 40 und 75 Punkten: Du bist sehr vielschichtig und manche deiner Begabungen machen dein Leben besonders intensiv. Du bist sicher gut in der Lage, deine Interessen zu steuern. Vermehrte Anreize und ständig wechselnde Aufgaben brauchst du nicht unbedingt und wahrscheinlich weißt du auch sehr gut, wie du dich selbst organisierst. Du bist damit sicher ein guter Teamplayer und ein kooperativer Mitarbeiter. Deine Fähigkeit zum strukturierten Arbeiten ist vermutlich vorbildlich. Dieses Buch unterstützt dich dabei, deine Fähigkeiten noch weiter zu vervollkommnen.

Zwischen 76 und 110 Punkten: Du bist sicher ein vielbegabter Mensch. Es könnte sein, dass deine vielfältigen Begabungen in deinem Leben ein Störfaktor sind, zumindest dann, wenn du noch keine Strategien gefunden hast, mit dieser Disposition umzugehen. Dies beeinträchtigt dann deine Lebensfreude und deine Fähigkeit, deine Lebensziele zu erreichen. Vielleicht verursachen deine bunten Interessen auch Störgefühle, weil es dir schwerfällt, dich zu entscheiden, oder mit Disziplin ein Ziel zu verfolgen. Dagegen kannst du etwas tun! In diesem Buch findest du zahlreiche Denkanstöße und Übungen, wie du deine Vielbegabung entdecken und so mehr Freude und Erfolg in dein Leben bringen kannst.

Über 110 Punkte: Du bist ausgeprägt vielbegabt, hast viele Talente und bist voller schöpferischer Kreativität. Diese Vielbegabung prägt deinen Alltag ganz erheblich und es ist eine schöne Lebensaufgabe, mit dieser Gabe umgehen zu lernen. Dieses Buch kann dir helfen, passende Wege zu finden, deinen manchmal überbordenden intensiven Interessenslagen zu begegnen, ohne dich unter Druck zu setzen. Du kannst dabei auch herausfinden, wie du deine vielen Talente, die du (noch) nicht auslebst, gezielt zum Leben erwecken und nutzen kannst. Natürlich kannst du deine Umgebung nicht unbedingt verändern. Aber du kannst die inneren und äußeren Einflüsse in deinem Sinne steuern und deine Lebenszufriedenheit damit deutlich erhöhen.

Bist du ein vielbegabter Scanner?

Du magst es bunt, lebendig und willst all deine reichen Begabungsfacetten leben? Dann lebe bunt, zeige Farbe, geh raus und freu dich, dass du dich selbst lebst. Einige machen es schon, sie fragen nicht, wie sie ankommen, es ist ihnen egal. Sie sind glücklich, das zu tun, was sie lieben und von Herzen wollen. Sie sind Rebellen des Geistes und leben das, was sie sind. Sie leben lustvoll, was sie leben wollen.

Lebe dich ebenfalls und erlebe ein wunderbares Leben voller Überraschungen und Abenteuer. Wie? Trau dich, du selbst zu sein. Zeig dich mit deinen bunten Facetten! Gib nicht so viel auf die Meinung anderer! Sei dir treu. Hab dich lieb, so wie du bist, mit all deiner Hochbegabung, Vielbegabung, Hochsensibilität oder Hochsensitivität. Es lohnt sich wirklich. Vergiss nie: Du selbst bist der Maßstab in deinem Leben, niemand anderes sonst.

Was hat es mit dem bunten Zebra auf sich?

In meinem ersten Buch »Außergewöhnlich NORMAL« habe ich das Bild des bunten Zebras erstmals beschrieben. Dieses bunte Zebra wurde hier im Titelbild wieder aufgegriffen, denn es liegt mir sehr am Herzen. Was ist ein buntes Zebra? Hier die Erläuterung dazu aus meinem ersten Buch:

Durch die Arbeit mit Hoch- und Vielbegabten sowie Hochsensiblen wurde mir klar, dass ihre Beziehung zu anderen Menschen zuallererst von dem Gefühl geprägt ist, anders zu sein. Sie empfinden sich oft als nicht dazugehörig, ausgeschlossen, einsam und ganz einfach fremd. So entstand das Bild einer Welt von Haflingern und bunten Zebras: Unsere Welt wird vorwiegend von Haflingern bewohnt, gestaltet und geregelt. Haflinger sind außerordentlich liebenswerte, nützliche, soziale und freundliche Pferde. Als ehemalige Reiterin im Leistungssport (Dressur und Springreiten) verbinde ich mit den Haflingern nur Angenehmes. Es ist keinerlei Abwertung darin enthalten. Haflinger sind auch sehr vielfältig: Man kann sie reiten, vor Kutschen spannen, im Wald und auf Wiesen mit ihnen arbeiten, sie sind sehr kinderfreundlich und unkompliziert. Haflinger leben gern in Herden und fühlen sich wohl mit ihresgleichen und pflegen soziale Kontakte untereinander.

Wie würde sich wohl ein Zebra, das aus der afrikanischen Steppe stammt, in einer Herde von Haflingern fühlen? Es reicht schon, schwarz-weiß gestreift zu sein, um in so einer Herde außerordentlich aufzufallen. Dennoch sind auch Schwarz und Weiß Farben, die in der Natur vorhanden sind und als normal empfunden werden. Wie viel auffälliger wäre es dann, wenn ein Zebra nicht nur schwarz-weiß gestreift wäre, sondern mit bunten Streifen durch das Leben ginge? So wie diese bunten Zebras fühlen sich hochbegabte, hochsensible und/oder hochsensitive Menschen in ihrem normalen Umfeld.

Noch einmal: Mit diesem Vergleich ist keineswegs eine Bewertung verbunden. Haflinger oder buntes Zebra zu sein, ist nicht gut oder schlecht. Die Welt der Haflinger ist einfach nur anders als die Welt der bunten Zebras und hinzu kommt, dass es wesentlich mehr Haflinger gibt als bunte Zebras.

Auch in der Welt der Haflinger gibt es große Unterschiede unter den Pferden, sie sind keineswegs alle gleich. Sie erkennen diese Unterschiede unter ihresgleichen und sie erkennen genauso gut, wenn sich ein Fremdkörper unter ihnen befindet. Und ein buntes Zebra ist ein Fremdkörper in der Welt der Haflinger. Also ist es eine ganz normale und natürliche Reaktion eines Haflingers, wenn er zunächst in Abwehr gegenüber dem geht, der nicht zu seiner Welt gehört.

Ebenso natürlich ist es für ein buntes Zebra, sich fremd zu fühlen. Unsere Gesellschaft ist auf das Leben der Haflinger ausgerichtet. Zebrafamilien fallen unter Haflingerfamilien auf. Zebraeltern haben es schwer mit ihren bunten Zebrakindern in ihrem sozialen Umfeld. Das Bildungssystem – vom Kindergarten über Schule bis hin zu Universitäten und anderen Ausbildungswegen – ist von und für Haflinger eingerichtet, nicht für bunte Zebras. Und so können wir die Analogien weiter fortführen und Beispiele finden, die aufzeigen, wie sehr sich die Lebensbereiche von Haflingern und bunten Zebras unterscheiden.

Es liegt auch auf der Hand, dass Partnerschaften zwischen Haflingern und bunten Zebras besonderen Umständen ausgesetzt sind. Ebenso sind jedoch Beziehungen von bunten Zebras untereinander nicht mit Beziehungen von Haflingern untereinander zu vergleichen. Bunte Partnerschaften benötigen manchmal ungewöhnliche Beziehungsmodelle.

Wie sehr unterscheidet sich auch die Arbeitswelt der Haflinger von einem Arbeitsumfeld, in dem bunte Zebras ihre Andersartigkeit ausleben können! Ganz egal, ob sich die Andersartigkeit eines Zebras in den Bereichen Denken und Logik oder Sprachbegabung und Wortgewandtheit oder Empathie und Sensibilität oder in der außerordentlichen Feinfühligkeit zeigt – immer entspringt die Norm und das, was von ihm erwartet wird, aus der Welt der Haflinger.

Beispielsweise fühlen sich bereits sehr junge Kinder in einer Familie, die ihre außergewöhnliche Art nicht nur nicht fördert, sondern sogar bekämpft, als fremdartig und falsch am Platz. Das kann so weit führen, dass sie felsenfest davon überzeugt sind, adoptiert worden zu sein, von einem anderen Stern zu stammen oder als Kind im Krankenhaus vertauscht worden zu sein. Nachdem ich solche und andere Beschreibungen über die Andersartigkeit von hochsensiblen, hochsensitiven und hochbegabten Menschen immer und immer wieder gehört haben, entstand das Bild der bunten Zebras in der Haflingerwelt … Und selbstverständlich ist die vielbegabte Scanner-Persönlichkeit ein ganz besonderes Mitglied der Zebraherde.

Wie steht's mit mir?

Einen ganz »normalen« Job bekäme ich nie. Kein einziger Personalchef würde mich mit meinem Lebenslauf einstellen. Eine Jobbeschreibung für meine Fähigkeiten und Interessen kenne ich nicht. Meine Tätigkeiten in den letzten drei Jahrzehnten waren Hausfrau und Mutter und dann für einige Jahre Model und freie Mitarbeiterin in einer Modeagentur (früher hieß das Handelsvertreterin) für Topmodelabels wie Armani und Boss. Parallel zu diesem Broterwerb habe ich Ausbildungen gemacht als Atemtherapeutin, Gesprächstherapeutin, in verschiedenen Massagetechniken, Sterbebegleitung, in Meditationsformen, Kommunikation und Erlebnispädagogik. Dann verdiente ich damit meinen Unterhalt in einem Seminar- und Therapiezentrum, bis ich meinen zweiten Ehemann kennenlernte. Dieser war in seinem Leben Geschäftsführer und Leiter eines Instituts für wissenschaftliche Fotografie, einer Sprachschule, einer Fachschule für Betriebswirtschaft, einer Schule für schwer erziehbare Kinder und Jugendliche gewesen, dann Heilpraktiker und genialer Psychosomatiker, Erfinder eines alternativmedizinischen Diagnose- und Therapieverfahrens, Ausbilder für Ärzte und Heilpraktiker, Seminarleiter, Fachbuchautor, Romanautor, Mystiker, Lyriker, Poet, Pianist, Organist, Astronom, Sammler von alten Fotoapparaten und Mikroskopen, Vater von sieben Kindern und einiges mehr.

In den Jahren mit ihm habe ich alle Scheu vor meiner unstillbaren Neugier verloren und gelernt, meinen Interessen zu folgen, nichts zu unterdrücken, viele Paralleluniversen zu beleben und Weiterbildungen zu genießen, selbst wenn ich nicht wusste, wohin das führen könnte. So wurde ich Heilpraktikerin, Kommunikationstrainerin, Coach, Ausbilderin, Seminarleiterin, Autorin – und ich bin noch lange nicht am Ende. Ich bin etwa 30 Mal in meinem Leben umgezogen und habe in Nord-, Mittel- und Süddeutschland gewohnt, ebenso wie in Spanien, der Schweiz und Österreich. Nebenbei habe ich auch mal als Reitlehrerin gearbeitet, im Akkord Pilze gepflückt, in einem Friseursalon als Aushilfe gejobbt und war als Reiseführerin und Sekretärin tätig, um mein Leben zu finanzieren. Viermal war ich verheiratet, zwei Kinder habe ich geboren, drei Kindern war ich Vollzeit-Vizemutter und für weitere sieben Kinder war ich Besuchsstiefmutter.

In den letzten Jahrzehnten habe ich mehrere Millionen Wörter geschrieben: Tagebuch, Gedichte, Aphorismen, Bücher, Fachartikel, Blogartikel, Social Media Postings und mehr. SMS und Tweets sind nicht meine Welt, das ist für mich quälende Sprachreduktion.

Meine Bibliothek besteht aus Tausenden von Büchern, die keinerlei System erkennen lassen und auch bis heute nicht wirklich geordnet sind. Aber ich weiß einfach, wo was steht, wenn ich ein Buch suche. Da gibt es Romane und Krimis, Gedichtbände und Biografien, Reiseführer und Lexika und viele Fach- und Sachbücher sowie Ratgeber für alle möglichen spannenden Themen und Lebensbereiche: Psychologie, Philosophie, Management, Wirtschaft, Religion, Spiritualität, Musik, Kochen, Sport, Kindererziehung. Und natürlich vieles zu Hochbegabung und Hochsensibilität.

Mit Computern kenne ich mich sehr gut aus und beim Webdesign habe ich schon mehrfach erlebt, das mein Laienwissen deutlich größer war als das von professionellen Dienstleistern, die ich um ein Angebot bat.

Meinen Eltern habe ich wohl in all den Jahren immer wieder viele Sorgen bereitet. Nicht, dass sie mich gebremst hätten, nein, das nicht. Ich habe auch nie ein kritisches Wort zu meinem »Lebenswandel« von ihnen gehört. Aber natürlich merkte ich, dass sie sich Gedanken gemacht haben, wohin das alles führen soll: »Sag mal, wie sieht das eigentlich mit deiner Altersvorsorge aus?«

Ich bin Hunderten von Menschen begegnet, die genauso ticken. Entweder haben sie es geschafft, ihre Leidenschaften zu leben. Oder diese schaffen in ihrem Leben mehr oder weniger großes Leiden. Im Coaching mit diesen Menschen habe ich mit ihnen Strategien entwickelt, wie das Leben als Vielbegabter lustvoll und erfolgreich sein kann. Diese gebe ich hier gern weiter. Es ist wirklich Zeit, dass unsere Welt die Menschen mehr schätzt und anerkennt, die ein breites Interessensspektrum haben, tatsächlich vergleichbar mit Leonardo da Vinci.

Wie steht's mit unserer Gesellschaft?

Unsere Gesellschaft versucht ständig, den Vielbegabten und Vielfühlern ein Leben zu diktieren, das sie gar nicht haben wollen. Überspitzt ausgedrückt wirkt es fast wie eine Verschwörung. Über diese Verschwörung spricht kaum jemand und sie ist doch immer gegenwärtig. Sie übt eine größere Macht auf uns aus als alle anderen angeblichen »Verschwörungen«, von denen man so hört. Was ist hier gemeint? Um dich von dieser mächtigen Verschwörung zu lösen und ein Leben in Freiheit und Glück zu leben, musst du die Hintergründe erkennen und wissen, worum es sich handelt und was es bei dir bewirkt.

In der Tat ist sie überall, in jeder Familie, im Kindergarten, in der Schule. Sogar in der Politik ist sie zu finden und sie hat den größten Einfluss auf den Menschen. Egal was du denkst, wie dein Handeln aussieht oder wie du mit anderen kommunizierst, alles steht unter dem Einfluss dieser Verschwörung. Dabei merken es die wenigsten, denn: Sie ist so unglaublich normal geworden. Ein völlig normaler Zustand im Leben, daher ist es so schwer, sie zu sehen und sich daraus zu befreien. Der Name der Verschwörung ist simpel, eigentlich so simpel wie die Verschwörung selbst, sie nennt sich: Mittelmaß.

Mittelmaß ist für viele ein ganz normaler Zustand. Ein Leben im Mittelmaß ist für einige Menschen ausreichend, denn sie wollen nicht zu viel vom vollfetten, prickelnd lebendigen, anstrengenden und herausfordernden Leben haben, aber bitte auch nicht zu wenig. Eben ausreichend. Viele Menschen denken, ihr Leben könne nur normales Mittelmaß sein. Das sei alles, was im Leben geht und zählt.

Lebt es sich gut im Mittelmaß?

Wenn du dein Leben als eine langweilige Geschichte leben möchtest – ja. Aber willst du das wirklich? Als vielbegabtes Multitalent? Oder möchtest du dein Leben als wundervoll erleben, aus dem Vollen schöpfen und dich glücklich und großartig fühlen? Wenn ja, dann verlasse den Weg des Mittelmaßes, denn es hindert dich daran, ein großartiges, wundervolles Leben zu leben, da du dich mit dem zufriedengibst, was du hast und was du bist.

Wer im Mittelmaß lebt, lebt sein inneres Sein nicht groß genug. Mittelmaß verhindert, dass du dein volles Potenzial und deine enorme Kreativität auslebst, dich groß fühlst, frei bist, deine freche Seite zeigst. Wenn du im Mittelmaß lebst, lebst du die Ansichten und Gedanken der Allgemeinheit. Das, was deine Eltern dir beigebracht haben, wozu sie dich ermahnt haben, was sie gesagt haben, wie du sein sollst. Mittelmaß bedeutet, sein Leben auf der sicheren Seite zu verbringen, aber es bedeutet auch wenig Abenteuer, kaum Veränderungen, noch weniger Freiheit. Ein Leben in der komfortablen, sicheren Zone.

Wer im Mittelmaß lebt, lebt wie in einem Versteck. Ziele und Zukunftspläne sind oft nur vage vorhanden, viel mehr ist man damit beschäftigt, herauszufinden und danach zu leben, was andere mit ihrem Leben machen und auch von dir erwarten. Auch Entscheidungen werden gern auf jemand anderen abgeschoben, schwierige Entscheidungen am liebsten gar nicht getroffen und solange es geht ausgesessen. Das Leben wird in Bescheidenheit gelebt und die Routine ist der beste Freund. Jedes Ausbrechen aus dem Gewohnten bedeutet unnötiges Risiko, das Leben wird ausgebremst.

Ja, ich will dich provozieren! Ja, ich will, dass sich in dir Widerstand regt, dass du dich aufregst, falls du einen Hauch von Bequemlichkeit und Angst vor Entscheidungen fühlst. Gern möchte ich dich auch warnen – vor dem, was passieren könnte, wenn du alle Handbremsen löst, die dich bisher davon abgehalten haben, mehr zu wollen und zu sein. Denn Menschen, die ihr Leben in vollen Zügen leben, werden von manch anderen mit einem herablassenden Lächeln beäugt oder schlimmer noch: bekämpft. Denn das Mittelmaß duldet keine Lebenslust, keine Veränderungen, keine Ekstasen, keine Scanner-Persönlichkeiten und vor allen Dingen: kein geilbuntes Glück.

Willst du den Weg der Super-Verschwörung verlassen? Dann lebe *dich* und sei dein eigener Maßstab! Lebe das, was du bist. Bist du kreativ? Lebe es und das genau so, wie du es willst, egal was dabei rauskommt. Wenn du glaubst, deine Kreativität könnte Anstoß in der Gesellschaft erregen, und sie daher unterdrückst, beugst du dich wieder dem Mittelmaß. Komm in Bewegung, zeig, wer und was du bist!

Bettina, 36

Richtig erkannt habe ich wohl erst, dass ich eine Scanner-Persönlichkeit bin, als ich einen Artikel darüber gelesen habe. Mir liefen schon nach dem ersten Absatz die Tränen übers Gesicht.

Aber eigentlich wusste ich es schon immer. Ich habe immer viel gemacht und war darin meistens auch noch gut. Viele Leute haben mich als Superwoman bezeichnet und ich kann mich noch an einen Freund erinnern, der mich irgendwann mitten im Gespräch mal angeschaut hat und nach etwas Zögern gefragt hat, ob es irgendetwas gibt, was ich nicht kann. In der Grundschule hatte ich in allen Fächern eine Eins. Nur mein Deutschlehrer – ein Freund der Familie – hat mir eine Zwei gegeben, weil es sonst »so perfekt« ausgesehen hätte. Auf dem Gymnasium war es eigentlich ähnlich. Nur hab ich da so schnell das Interesse an Lehrern und Fächern verloren, dass ich einfach nicht mehr zugehört habe. Die Noten blieben gut, aber sie waren nicht immer überall gleich.

Im letzten Jahr wussten die meisten anderen Schüler schon, was sie nach dem Abi machen wollen. Ich wusste gar nichts, da ich ja eigentlich alles so wahnsinnig spannend finde, es in der Schule aber unglaublich langweilig war und ich in allen Fächern gute Leistungen gezeigt habe. Dann musste ich mit den anderen an die Uni zum Schnuppertag. Da war ich als Letzte übrig (alle anderen waren schon in den Fachbereichen aufgeteilt worden). Dann hab ich gesagt, dass ich Maschinenbau studieren möchte, damit ich alle Arten von Maschinen bauen kann. Das Erste, was die Jungs in dem Fachbereich gesagt haben, war, dass sie mir in Mathe helfen können. Ich hab sie angeschaut, denen gesagt, dass ich auf Eins im Mathe-LK stehe, und bin gegangen.

Als Kind war ich ständig unterwegs. Ich war auf jedem Baum, hab jeden Käfer ausgegraben, hab jeden toten Vogel beerdigt, hab mir selbst das Fahrradfahren beigebracht, bin allein zur Bücherei gefahren (solange die noch neue Bücher hatten) und habe bei einer Tante im Laden gestanden und Kulis verkauft. Die Auswahl an Sportvereinen war beschränkt, also hab ich Handball gespielt (später in zwei Mannschaften); nachher noch Tennis und ich war mit meiner Familie segeln. Mit 16 konnte ich endlich meine Segelscheine machen. Ich wollte lernen, Gitarre zu spielen – aber der Lehrer war so öde, da hab ich recht schnell wieder aufgehört. Dann wollte ich Klavier spielen – aber ich kannte nur ein anderes Mädchen, dass auch Klavierunterricht hatte, und die fand ich doof. Ich will es immer noch lernen. Und Cello oder so was in die Richtung, aber da spielen meine handballgeplagten Finger nicht mit.

Ich lese alles, was sich halbwegs interessant anhört, und schaue gern Fernsehen. Am liebsten Dokumentationen. Wenn ich als Jugendliche etwas über das Weltall gesehen hatte, wollte ich Astronaut werden, wenn es um Wale ging, wollte ich dort arbeiten, ging es um Feuerwehrleute, hätte ich am liebsten sofort das erste Feuer gelöscht. Ich hab dann aber doch Wirtschaftswissenschaften studiert – nebenbei habe ich aber noch gearbeitet (weil ich fand, dass Studenten das so machen). Niederländisch- und Spanischkurse habe ich auch noch besucht, weil ich in den Niederlanden gewohnt habe und unbedingt Spanisch lernen wollte (den Kurs konnte ich am Gymnasium nicht belegen, weil ich den Anfang durch ein Austauschsemester in Kanada verpasst hatte, da musste ich auch mal gucken gehen). In den Semesterferien habe ich als Segellehrerin für ein Clubhotel gearbeitet, da konnte ich ins Ausland fahren und bin dafür bezahlt worden. Oh, bei McDonald's hab ich auch mal gearbeitet – nur für drei Wochen, um denen mal in die Küche gucken zu können.

An meiner Uni musste man für ein Semester an eine Partneruni oder ein Praktikum im Ausland machen. Ich konnte mich nicht entscheiden, also hab ich beides gemacht. Die Diplomarbeit hab ich ein bisschen flotter geschrieben und mehr Kurse auf einmal besucht – so war ich nach vier Jahren fertig. Dann hab ich mir gedacht, dass die Entwicklungszusammenarbeit doch super ist – immer im Ausland, wie spannend, und was Gutes tun. Bei einer NGO war ich schon (das Uni-Praktikum), also hab ich ein Praktikum bei der UN gemacht und noch eins bei der GTZ, nur um sicherzugehen, dass ich jetzt auch alle Berufssparten abgedeckt hatte. Dann hab ich aber doch lieber erst einmal meine Doktorarbeit geschrieben, weil ich dann doch nicht wusste, in welchem Bereich ich denn nun wirklich glücklich werden würde. Die Doktorarbeit hatte ich aber noch um ein Jahr verschoben, weil mir die GTZ nach dem Praktikum einen Job angeboten hatte – das konnte ich natürlich nicht ausschlagen und bin für ein Jahr geblieben (und hab in der Zeit noch einen Onlinekurs gemacht). Nach der Doktorarbeit war ich natürlich erst einmal recht stolz – bis mir eine Woche später auffiel, dass ich ja schon lange nichts mehr mit Statistik gemacht hatte und ich das meiste schon wieder vergessen hatte. Oh Schreck! Wie gern würde ich das sofort nachholen! Dann bin ich aber zunächst nach China gegangen und obwohl ich mir immer noch denke, dass ich doch noch meine Statistikkenntnisse auffrischen müsste und die Network Analysis so spannend ist und ich Französisch pauken möchte und es noch so viele Dokumentationen zu gucken gibt, habe ich gemerkt, dass ich einfach platt bin.

Lange habe ich gar nicht gewusst, dass ich ziemlich viel auf einmal mache – es sei denn, andere Leute haben ein bisschen seltsam geguckt. Dann ist mir irgendwann aufgefallen, dass die meisten ja nur einen Sport machen, aber das sehr intensiv. Oder immer nur den »Tatort« gucken. Oder nur Romane lesen (noch nicht mal Zeitung). Ich denke mir immer, dass das doch langweilig ist, aber sie scheinen sehr glücklich zu sein. Als ich dann in den letzten Jahren nur noch wenig Energie hatte, dachte ich, dass ich es vielleicht einfach übertrieben habe, dass ich zu ehrgeizig war. Und dass ich vielleicht zu arrogant bin, wenn meine Familie mich entsetzt angeschaut hat, als ich ihnen gesagt habe, dass mich auch viele Leute mit Doktortitel nicht verstehen und ich immer alles erklären muss und es doch ganz logisch ist, dass man Thema A, B und C superschlüssig zu einem Ganzen zusammensetzen kann. Die Unstetheit wurde unter Abenteuerlustigkeit abgespeichert. Einzig meine Mutter hat mir immer gesagt, dass ich eine Tochter mit vielen Talenten und sehr weit gefächerten Antennen bin. Jetzt bin ich recht glücklich zu wissen, dass es Scanner-Persönlichkeiten gibt und eigentlich alles in Ordnung ist.

»Hindernisse können mich nicht aufhalten;
Entschlossenheit bringt jedes Hindernis zu Fall.«

Leonardo da Vinci

Das Wesen der Scanner-Persönlichkeit

Scanner-Persönlichkeiten oder Vielbegabte, wie ich viel lieber sage, sind Menschen, die sich nicht für eine oder wenige Sachen im Leben entscheiden, sondern die viele Ideen haben, sich immer wieder von neuen Aktivitäten anregen lassen und sich für alles Mögliche begeistern können. Scanner sind begeisterungsfähige, kreative Menschen und haben oft viele Interessen, Projekte und Hobbys, sie sind vielfältig engagiert und können sich nur schwer entscheiden. Bei ihnen stehen die ungenutzten Golfschläger neben dem Spanisch-Sprachkurs und die Ölfarben neben dem Paket Wolle, aus dem ein Pulli gestrickt werden soll, und so weiter und so weiter.

Der Begriff »Scanner-Persönlichkeit« wurde erstmals 2006 von Barbara Sher genutzt. Das Buch, in dem die Autorin das Wesen, die Fähigkeiten und Probleme der Scanner-Persönlichkeiten beschrieb und dabei den Scanner-Begriff einführte, offenbart bereits im Titel, wie die kreativ veranlagten und oft hochbegabten Multitalente ticken: »Du musst dich nicht entscheiden, wenn du tausend Träume hast.« Dieser Buchtitel ist das alltägliche (Wunsch-)Programm der Scanner-Persönlichkeiten.

Allerdings halte ich den Begriff »Scanner« für etwas unglücklich gewählt, denn *to scan* bedeutet im Englischen so viel wie »abfragen«, »absuchen«, »abtasten«, »rastern«. Von Begabungen ist dabei leider nicht die Rede. Seit den Diskussionen über die Einführung von Körperscannern an Flughäfen zur Durchleuchtung von Passagieren sind viele negative Assoziationen mit dem Scanner-Begriff verbunden. Zudem ist dieser Körperscanner ein Sucher nach Sprengstoff oder Waffen, was sicher nicht zu angenehmen Gedanken und Gefühlen beim vielbegabten Menschen führen wird.

Ein Wort, das die Seele erreicht

Die Begriffe »Vielbegabung« oder »Multitalent« können viele Menschen leichter annehmen, denn sie führen dann endlich aus der Sackgasse eines negativen Kontextes heraus. Wer die Erkenntnis, ein Vielbegabter zu sein, annimmt, wird schnell ein viel besseres Verhältnis zu seinen kreativen, innovativen und sprudelnden Ideen und Interessen finden, was ein Durchatmen der Seele bewirkt. Ich habe dieses tiefe Aufatmen häufig miterlebt.

Vielbegabte Menschen sind oft wundervoll charismatische Zeitgenossen. Sie sind nie langweilig, meist geradezu ansteckend begeisterungsfähig, enorm idealistisch, faszinierend kreativ und haben nicht selten große, weite Herzen. Vielbegabte haben eine unbändige Neugier auf eine Vielzahl von Themen, die überhaupt kein Muster dahinter erkennen lassen, und wollen sich am liebsten mit all ihren Ideen sofort und gleichzeitig beschäftigen.

Im ersten Moment hört sich das alles wunderbar und problemlos an. Das ist jedoch nicht der Fall. In unserer heutigen

Erziehung und Kultur lernen wir, dass es nicht gut ist, »auf vielen Hochzeiten zu tanzen«, und dass ein Hansdampf in allen Gassen es nicht weit bringen wird. Jeder Mensch sollte wissen, was er gern mit seinem Leben anfangen möchte, und sollte genau dies tun. Expertentum, Spezialisierung und Geradlinigkeit sind gefragt! Man soll sich festlegen, sich positionieren, spezialisieren, einen Schwerpunkt finden und einen logisch aufgebauten Lebenslauf haben. Viele Projekte gleichzeitig zu verfolgen gilt geradezu als anrüchig und es wird im beruflichen Zusammenhang dann schnell von einem »Bauchladen« gesprochen. Echten Erfolg könnten nur besondere Spezialisten und richtige Koryphäen auf einem Gebiet erzielen, wird immer wieder behauptet.

Es wird als flatterhaft, wankelmütig und unstet empfunden, wenn jemand ständig wechselnde Interessen hat und sich mit immer wieder neuen und andersartigen Dingen befasst. Die meisten Vielbegabten müssen immer wieder hören, dass sie etwas verkehrt machen und sich ändern müssen. Das führt natürlich dazu, dass diese Multitalente ihre Gaben nicht nur nicht schätzen können, sondern sie denken sogar, dass mit ihnen etwas nicht stimmt, und schämen sich für ihre scheinbare Unbeständigkeit. Sie fühlen sich wie der unglückliche Universaldilettant.

Eine Aussage von vielbegabten Menschen, die ich immer wieder höre, ist: »Aber ich kann doch nichts wirklich richtig, sondern nur viel, und das durchschnittlich.« Eben universaldilettantisch. Geht dir das auch so? Denk noch mal zurück an Leonardo da Vinci. Seine Zeitgenossen haben ihn auch oftmals für einen Loser gehalten, der viele Projekte nicht zu Ende bringt. Selbstzweifel haben ihn ebenso begleitet wie die meisten anderen Scanner-Persönlichkeiten auch.

Es wird immer wieder versucht, den Vielbegabten einzureden, dass mit ihnen etwas nicht stimmt. Sie suchen daher ständig nach dem ultimativen Thema, das sie für immer fesseln und glücklich machen wird. Natürlich werden sie nicht fündig. Immer wieder kreiert ihr flinker Geist neue Ideen, die sie sich dann verbieten, weil sie denken, dass sie doch nicht schon wieder die Richtung ändern können. Sie zwingen sich durch Willenskraft zu einer klaren Linie und werden dadurch unglücklich. Um es mit dem Bild einer Speisekarte zu verdeutlichen: Vielbegabte können es tendenziell nicht leiden, wenn sie sich auf ein Gericht festlegen müssen. Es quält sie nahezu, wenn sie sich für eine Sache entscheiden müssen, obwohl sie eigentlich so viele mehr wollen. Wenn sie dann ein Gericht gewählt haben, geht es ihnen damit manchmal nicht gut. Denn es könnte ja sein, dass etwas anderes besser schmeckt.

Ein typischer Feierabend eines Vielbegabten

Du kommst nach Hause und checkst erst mal die E-Mails und Online-News der Welt. Dabei wird dir bewusst, dass du dringend deine Idee aus der Mittagspause aufschreiben wolltest. Dazu musst du noch etwas in Wikipedia recherchieren. Du kennst das schon: Vom ersten Link kommst du zum nächsten und eh du dich versiehst, ist eine Stunde vorbei und du hast eine neue Idee geboren, denn beim Surfen ist dir ein neuer Onlinekurs begegnet. Als schnelles Abendessen hast du dir ein neues marokkanisches Rezept ausgesucht, denn du besuchst gerade einen entsprechenden Kochkurs. Im Stapel der Kochbücher entdeckst du ein Buch über Grafikdesign, das du dir vor zwei Wochen gekauft hast, als du im Buchladen warst, um den neusten Roman von der Bestsellerliste zu kaufen. Den wolltest du deiner Mutter zum Geburtstag schenken, vorher aber noch gern selbst lesen. Also beginnst du damit und vergisst darüber, für deine morgige Gesangsstunde zu üben. Beim Gang in die Küche kannst du der Versuchung nicht wiederstehen, noch mal kurz die E-Mails zu checken. Dadurch wirst du erinnert, dass dein Probeabonnement der Astronomiezeitung bald endet, was dich erleichtert, denn du hast sie nur selten gelesen, da dir die Zeit fehlte …

Ja, so könnte ein Feierabend eines Vielbegabten aussehen. Viele dieser bunten Menschen neigen dazu, sich zu verzetteln. Und da alles Neue besonders spannend und interessant ist, ist auch die Gefahr, ständig noch etwas Neues zu beginnen, groß. Da diese Menschen oft aber auch noch Perfektion erreichen möchten, fühlen sie sich bald unvollkommen und unfähig – und da schließt sich dann der bekannte Teufelskreis der Unzufriedenheit.

Muss man als vielbegabter Mensch aufgrund seiner eventuell doch etwas zahlreicheren Interessen damit leben oder kann man das Ganze sinnvoll kanalisieren? Eindeutig Letzteres, denn es geht auch anders. Nämlich mit lustvoll gelebter Vielfalt.

Ein Vielbegabter ist oft (aber zum Glück nicht immer) ein Mensch, der aufgrund seines an Ideen, Eindrücken, Interessen und Möglichkeiten überquellenden Bewusstseins nicht mehr weiß, wann, wo, wie und wozu überhaupt er diese realisieren soll. Oder noch schlimmer: Er leidet darunter. Warum?

Noch einmal: Die heutige Gesellschaft lebt von Spezialisierung, Expertentum und Zielorientierung. Bereits in Schule und Studium wird den Scannern der übersprudelnde Geist aberzogen. Es wird ihnen beigebracht, dass nur Experten es weit bringen können, und Vielfalt wird mit Sprunghaftigkeit oder Oberflächlichkeit gleichgesetzt. Der Scanner erfährt also schon ab frühester Kindheit Ablehnung und Unverständnis für seine besondere Begabung. Das führt dazu, dass er sich falsch fühlt, immer meint, sich ändern zu müssen, und verzweifelt nach *dem* einen Ziel sucht, das seinen Hunger nach Abwechslung und Vielfalt stillt. Diese Suche ist aber immer zum Scheitern verurteilt. Der Scanner *kann* nicht glücklich sein, wenn er sich beschränkt und auf weniges fokussiert.

Bist du etwa ganz normal?

Je angepasster und normaler du bist, umso mehr Akzeptanz erlebst du an jedem einzelnen Tag innerhalb der Gesellschaft. Das Streben nach Normalität wird heute gern mit Perfektion gleichgesetzt. Doch warum scheint langsam unsere Fähigkeit zu verschwinden, hinter die Fassade des Normalseins zu blicken? Gerade für vielbegabte Menschen kann ein genussvoller Ausflug in das Anderssein zum ersten Schritt auf dem Weg zu sich selbst werden.

Was ist überhaupt normal? Im Laufe der Erziehung wird jeder Heranwachsende mit einer Vielzahl von moralischen und gesellschaftlichen Maßstäben konfrontiert. Dadurch entwickelt sich schnell ein verinnerlichtes Gespür für normales Verhalten. Spätestens im Teenageralter entscheidet sich dann, inwieweit dieser Sensor infrage gestellt wird. In der Rebellion, die zum Erwachsenwerden gehört, entstehen auch eigene Werte, die sich von allem so scheinbar Normalen und der gesellschaftlichen Mitte unterscheiden. Ein Leben außerhalb der

Norm erfordert immer einen besonderen Mut. Dieser Mut besteht zum Großteil darin, sich immer wieder mit dem eigenen Umfeld zu konfrontieren, da der Blick aus der Normalität auf andere Lebensmodelle nur selten positiv ist. Allerdings wird dich dieser Mut nicht selten mit einzigartigen Erfahrungen, tiefen Freundschaften und neuen Perspektiven belohnen.

Aber so »unnormal« sind Scanner-Persönlichkeiten gar nicht. Ich schätze, dass etwa zehn Prozent aller Menschen zu den Vielbegabten zu zählen sind. Wissenschaftliche Untersuchungen dazu gibt es bis jetzt allerdings nicht. In manchen Kreisen tummeln sich garantiert noch mehr von uns: Erfinder, Künstler, Coachs – überall dort, wo Querdenken und Unkonventionalität gefragt sind, gibt es besonders viele Multitalente.

Normal sein oder gegen den Strom schwimmen?

Die scheinbare Wahlfreiheit des Lebensweges stellt sich im straffen Pensum zwischen Schule, Ausbildung und Beruf nur allzu oft als Illusion heraus. Im Spiel zwischen äußeren Erwartungen und den im Inneren verborgenen sehnsüchtigen Lebensträumen gewinnt am Ende doch eigentlich immer die Vernunft die Oberhand, oder etwa nicht? Irgendwann kommen viele Scanner-Persönlichkeiten zu der Frage, ob sie in ihrem Leben wirklich sie selbst sind oder ob sie nur noch mit dem Strom schwimmen. Eine ehrliche Antwort auf diese Frage kann zu wirklich grundlegenden Veränderungen führen. Vielleicht bist du dann zum ersten Mal in deinem Leben in der Lage, deine alltägliche Normalität nach deinen persönlichen Herzenswünschen neu zu definieren und dein Leben entsprechend zu verändern.

Steh zu deinem Anderssein! Am Anfang erscheint das Akzeptieren des eigenen Andersseins wie ein nicht zu überwindender Berg aus Herausforderungen auf einem unbekannten Terrain. Doch bereits nach kurzer Zeit entsteht ein Gefühl von Freiheit, das nicht selten den vorher dominanten Wunsch, in jeder Lebenslage normal und angepasst zu sein, ersetzt. Neue Hobbys oder ein verändertes Aussehen erweitern den vorher eingeschränkten Blickwinkel und führen schnell zu neuen Prioritäten. Anstatt sich nach den Erwartungen anderer zu richten, stellst du dich selbst und deine Bedürfnisse in den Mittelpunkt deines Handelns und Lebens. Verschwende keine kostbare Zeit mit der Werbung um Verständnis bei der scheinbar so normalen Mehrheit, denn schließlich ist dein eigenes Glück das einzige Gut, das du sowohl in einer Hütte als auch in einem luxuriösen Anwesen finden kannst. Ob dich der Weg zu deinem Glück und zu innerer Zufriedenheit schlussendlich über den Posten in einer Chefetage oder zur freien Zeiteinteilung als Künstler führt, hängt nur von deinen Interessen und den dir gebotenen Chancen ab.

Sei nicht normal oder jemand anderes, sei nur du selbst

Nichts klingt so leicht und erweist sich dennoch als größte Herausforderung des Lebens. Eine Vielzahl neuer Erfahrungen kann jedoch zum Schlüssel zu wichtigen Erkenntnissen über dich selbst werden. Der berühmte Tapetenwechsel in Form einer Reise an bisher unbekannte Orte oder eine einfache Auszeit vom alles beherrschenden Alltag kann dazu führen, dass du neben dem Verstand auch deinen Sinnen neue Impulse gibst. Wenn deine Reise zu dir selbst einen Neuanfang zur Folge hat, liegt es ganz in deinen Händen, wie weitreichend dieser Neuanfang wird. Ob du umziehst oder deinen stressigen Job in eine entspanntere Teilzeitarbeit umwandelst, um mehr Zeit für das zu haben, was dir wichtiger ist – du kannst die Grenzen zwischen Normalsein und Anderssein mit gutem Gewissen ignorieren. Am Ende bist und bleibst du es, der entscheidet, sich nicht für irgendeinen Hauptfokus zu entscheiden und so jede Facette seiner eigenen Persönlichkeit, ob normal oder anders, mit Herz und Verstand zu umarmen.

Triebfeder und Bremsklotz

Der sprudelnde Geist des Vielbegabten ist seine Triebfeder und die anerzogene Vernunft der Bremsklotz, der ihn davon abhält, richtig hoch zu springen. Denn während jener nur so vor Ideen sprudelt und ruft: »Komm, lass uns die Welt entdecken in all ihren Facetten! Lass uns alles Potenzial gänzlich entfalten und alles neu gestalten!«, meldet sich die Vernunft mit den Worten: »Schuster, bleib bei deinem Leisten!« Wie sehr habe ich diesen Satz als Kind gehasst …

Scanner denken häufig, dass mit ihnen etwas nicht stimmt. Du findest in diesem Buch einige Geschichten von anderen Vielbegabten und ihren Erfahrungen damit. Bevor sie wussten, dass auch Vielbegabung ganz normal ist, dachten sie oft, dass irgendwas mit ihnen mental nicht in Ordnung ist. Bei mir war das nicht anders. Kein Wunder bei der weitverbreiteten Negativhaltung der natürlichen Neugier gegenüber. Aber wie gesagt: Es bringt Scannern nichts, ständig auf der Suche nach *der* einen Sache, die sie für immer fesseln und glücklich machen wird, zu sein. Sie können sich nicht »endlich mal festlegen«. Immer wieder kreiert ihr Kopf neue Ideen. Zwingen sie sich zu einer klaren Linie, werden sie nur unglücklich. Jede Festlegung wird eine innere Qual.

Nicht beschränken. Kanalisieren!

Die ganz »normale« Umwelt hat eher abwertende Assoziationen in Richtung »Wankelmut« oder »Sprunghaftigkeit« zu bieten. Meist versuchen die Mitmenschen, Vielbegabte dazu zu motivieren, sich auf ein oder zwei Themen zu fokussieren. Genau genommen ist das eine Art Kastration!

Aber auch die Vielbegabten selbst haben es nicht leicht, ihre vielen inneren Bedürfnisse in einem gesunden und harmonischen Maß auszuleben. Das Übermaß an Ideen führt mitunter dazu, dass sie im wahrsten Sinne des Wortes nicht mehr wissen, wo ihnen der Kopf steht. Aber sie spüren deutlich: Sie können keine Erfüllung finden, solange sie nicht erkannt haben, wohin sie ihr Weg der vielfältigen Chancen und Möglichkeiten führt. Das ist dann meistens der Zeitpunkt, wenn sich der Scanner Unterstützung von außen sucht und zu uns ins Coaching kommt. Dabei wird er aber keineswegs dabei unterstützt, sich zu beschränken und sich auf eine Sache zu konzentrieren. Wir suchen und finden gemeinsam Wege, wie er mit seinen zahlreichen Interessen jonglieren kann.

Wie verläuft die typische Geschichte der Scanner?

Vielbegabte Menschen schweifen oftmals ganz plötzlich von ihrem Hobby oder ihren häufig autodidaktisch erworbenen Interessen ab, egal wie gern sie sie bis dahin ausübten. Sie tun dies nicht aufgrund einer plötzlich eintretenden Langeweile, geschweige denn weil sie überfordert wären, sondern weil ihnen, wie aus heiterem Himmel, eine neue Idee, eine andersartige Eingebung im Kopf herumspukt. Dieser neu aufgetauchte (oder bereits früher schon einmal beschrittene) Weg fasziniert sie auf eine Art und Weise, die ihre ganze Aufmerksamkeit auf sich zieht – bis eben erneut eine »zündende Idee« erscheint. So leben sie einen zunächst himmlischen Kreislauf, den sie lange genießen können.

Nach einigen Monaten oder Jahren beginnen sie aber an sich zu zweifeln: Kann ich denn nichts bis zum Ende durchziehen? Kann ich mich nicht genug disziplinieren? Bin ich ein Loser? Dann gilt es, eine Art persönlichen roten Faden zu finden, der dem Scanner hilft, seine Vielfalt auszuleben, sie aber dennoch zu kanalisieren. Ich würde mich sehr freuen, wenn du deinen roten Faden beim Lesen dieses Buches findest.

Zeig dich!

Die für viele Mitmenschen aktiv und interessiert wirkende Scanner-Persönlichkeit entfaltet mitunter eine große Energie, sodass manche Menschen im Umfeld des Vielbegabten nicht wissen, wie sie damit umgehen sollen. Doch wenn sie sehen könnten, was im Scanner so alles vor sich geht, würden sie verstehen, welche Möglichkeiten diese Energie bereithält. Es gilt daher für den Vielbegabten, sich mitzuteilen. Zeig deine spannende Innenwelt selbstbewusst und fröhlich den Menschen in deinem Umfeld! Es ist immer wieder faszinierend zu erleben, welche außergewöhnlichen Ideen in diesen überaus wissbegierigen und begeisterungsfähigen Menschen wohnen. So ein unbändiger Tatendrang kann auch für viele andere äußerst motivierend sein.

Multitalente üben ihre Berufe aufgrund ihrer reichlich vorhandenen Fähigkeiten sehr oft mit großer Zufriedenheit aus, und zwar immer dann, wenn sie Gelegenheit haben, ihre geistigen Interessen zumindest teilweise auszuleben, oder wenn sie in ihrer Freizeit genug Spielfelder für ihre Vielbegabung finden. In vielen Jobs bleiben diese Fähigkeiten auf der Strecke. Deshalb machen sich manche Multitalente im künstlerischen oder sozialen Bereich selbstständig – insofern sich ihr Unternehmergeist mit ihrer »überbordenden Fantasie« in etwa die Waage hält oder indem sie Hilfe von jemandem bekommen, der weiß, wie sie ticken, und der ebenso weiß, welche fantastischen Möglichkeiten in diesen Menschen ruhen (oder besser gesagt toben). Auch so namhafte Persönlichkeiten wie Clint Eastwood, Peter Ustinov oder Bob Dylan sind vielbegabte Multitalente, die auch abseits ihrer weltweit geschätzten »Hauptarbeit« als erfolgreiche Allrounder gelten.

Auch Sensibilität ist eine Begabung

Viele vielbegabte Menschen sind gleichzeitig hochsensibel und/oder hochsensitiv. Genaue Zahlen dazu liegen mir nicht vor, aber der Prozentsatz ist ganz sicher so hoch, dass es sich lohnt, das Phänomen der Hochsensibilität hier kurz zu beleuchten. Außerdem war auch unser vielbegabter Held zu Beginn, Leonardo da Vinci, ganz sicher ein hochsensibler und hochsensitiver Mensch. Was ist damit gemeint?

Hochsensibilität ist nach meiner Definition eine besonders ausgeprägte Begabung zu feiner, intensiver und empfindlicher Wahrnehmung mit allen fünf körperlichen Sinnen. Hochsensible Menschen leiden oft unter Reizüberflutung durch die vielfältigen Eindrücke, denen sie mit ihren zarten Sinnen ausgesetzt sind. Menschen mit einer so hohen Wahrnehmungsfähigkeit haben aufgrund der physiologischen Disposition ihres Nervensystems einfach eine erhöhte Empfänglichkeit für Reize – und zwar sowohl für äußere Reize wie Geräusche oder Gerüche (was ich als Hochsensibilität begreife) als auch für innere wie beispielsweise Stimmungen, Gefühle anderer, Erinnerungen und Ahnungen (worunter ich Hochsensitivität verstehe).

Bei hochsensitiven Menschen kommt nach meiner Erfahrung noch eine weitere Komponente hinzu. Sie kann aber auch allein für sich stehen: eine stark ausgeprägte Wahrnehmung über die körperlichen Reizwahrnehmungen mit den fünf Sinnen hinaus. Sozusagen der sechste, der siebte und der achte Sinn: Hellsichtigkeit, Hellhörigkeit, Hellfühligkeit. Man könnte dies auch eine Hochbegabung im Bereich Sensitivität nennen. Hochsensitive Menschen fühlen sich oft zu Spiritualität, Philosophie und Metaphysik hingezogen. Ihre enorm ausgeprägte Empathie kann bis hin zur Medialität gehen. Es ist leicht vorstellbar, wie schwierig der Alltag mit diesen Voraussetzungen sein kann und wie stark ausgeprägt die kommunikative Einsamkeit manchmal ist. Es gibt außerordentlich wenige Menschen, mit denen sich über solche Erfahrungen vorurteilsfrei sprechen lässt. Viele Hochsensitive wissen nichts von ihrer Disposition, fühlen sich aber durch diese außergewöhnlichen Wahrnehmungen oft überlastet und überwältigt. Wer allerdings diese Feinfühligkeit in sich erkennt und lernt, konstruktiv mit ihr zu leben, findet große Sinnhaftigkeit darin.

Die möglichen Erscheinungsformen von Hochsensibilität sind also weit gefächert. Jeder Sinneseindruck kann stärker und damit detaillierter wahrgenommen werden. Dies führt dazu, dass hochsensible Menschen mehr Informationen aufnehmen können als ihre nicht hochsensiblen Mitmenschen, sodass sie Dinge registrieren, die anderen entgehen. So dünnhäutige Menschen verfügen zwar oft über ein reiches inneres Potenzial, können dieses aber meist nicht voll in ihr Leben integrieren, weil sie ständig damit beschäftigt sind, sich vor Reizen zu schützen und sich anzupassen. Das führt dann oft dazu, dass sie sich zurückziehen, emotional instabil werden, sich überfordert fühlen oder unter starken Stresssymptomen leiden.

Viele, aber nicht alle Scanner-Persönlichkeiten, sind gleichzeitig auch hochsensibel. Zu ihrer intellektuellen Begabung und ausgeprägten Neugier kommt die hohe Sensibilität hinzu. Tatsächlich ist die Hochsensibilität für mich eine besondere Form der Hochbegabung, eine Form der multiplen Intelligenz. Und hier schließt sich der Kreis, denn auch die Vielbegabung lässt sich zumindest teilweise im Modell der multiplen Intelligenz erkennen und beschreiben.

Dieses Konzept der multiplen Intelligenz wurde von Howard Gardner in seinem Buch »Abschied vom IQ. Die Rahmen-Theorie der vielfachen Intelligenzen« beschrieben. In diesem Buch zweifelt Gardner das Konzept der Intelligenzmessung an und legt dar, dass es mindestens acht verschiedene Intelligenzbereiche gäbe, in denen sich jeder Mensch entsprechend einordnen kann. Gardner gründet seine These auf der Tatsache, dass normal entwickelte Kinder von sich aus unterschiedliche Arten von Fähigkeiten zeigen. Nicht alle Intelligenzbereiche lassen sich aber mit Standardtests erfassen. Erst im Zusammenspiel dieser vielfachen Intelligenzen ergibt sich, wie Gardner es nennt, »menschlich kompetentes Verhalten«, das zu fördern die eigentliche Aufgabe jeder Gesellschaft sein müsste. Gardner unterschied ursprünglich acht Intelligenzformen: sprachlich-linguistisch, musikalisch-rhythmisch, logisch-mathematisch, bildlich-räumlich, körperlich-kinästhetisch, intrapersonal, interpersonal, naturalistisch. In neuerer Zeit verweist er auf eine neunte Form der Intelligenz, die existenzielle.

1. Sprachlich-linguistische Intelligenz
   Sensibilität für die gesprochene und die geschriebene Sprache, Fähigkeit, Sprachen zu lernen, Fähigkeit, Sprache zu bestimmten Zwecken zu gebrauchen. Rechtsanwälte, Redner, Schriftsteller und Dichter zählen zum Kreis der Personen mit hoher sprachlicher Intelligenz.
2. Musikalisch-rhythmische Intelligenz
   Musikalische Intelligenz bedeutet die Begabung zum Musizieren, zum Komponieren und Sinn für die musikalischen Prinzipien. Ebenso gehören dazu ein besonderes Gespür für Intonation, Rhythmik und Klang, aber auch ein subtiles Gehör.
3. Logisch-mathematische Intelligenz
   Zur logisch-mathematischen Intelligenz gehört die Fähigkeit, Probleme logisch zu analysieren, mathematische Operationen durchzuführen und wissenschaftliche Fragen zu untersuchen. Von der logisch-mathematischen Intelligenz machen insbesondere Mathematiker, Logiker und Naturwissenschaftler Gebrauch.
4. Bildlich-räumliche Intelligenz
   Zur räumlichen Intelligenz gehört der theoretische und praktische Sinn für die Strukturen großer Räume, die zum Beispiel von Seeleuten und Piloten zu erfassen sind, aber auch das Erfassen der enger begrenzten Raumfelder, die für Bildhauer, Chirurgen, Schachspieler, Ingenieure, Grafiker oder Architekten wichtig sind.
5. Körperlich-kinästhetische Intelligenz
   Sie enthält das Potenzial, den Körper und einzelne Körperteile zur Problemlösung oder zur Gestaltung von Produkten einzusetzen. Wichtig ist diese Form der Intelligenz für Tänzer, Sportler und Schauspieler, aber auch

für Handwerker, Mechaniker und andere technische Berufe.

6. Intrapersonale Intelligenz
   Die intrapersonelle Intelligenz ist die Fähigkeit, die eigenen Gefühle, Stimmungen, Schwächen, Antriebe und Motive zu verstehen und zu beeinflussen. Mit dieser Intelligenz haben wir nach Gardner ein zutreffendes mentales Modell unserer Persönlichkeit. Diese interne, auf Selbsterkenntnis beruhende zentrale Intelligenz verhilft Menschen zu richtigen Entscheidungen.
7. Interpersonale Intelligenz
   So wird die Fähigkeit bezeichnet, auch unausgesprochene Motive, Gefühle und Absichten anderer Menschen nachempfindend zu verstehen (vergleichbar mit Empathie) und deren Stimmungen und Emotionen zu beeinflussen. Diese Fähigkeit ist eine wesentliche Voraussetzung für den erfolgreichen Umgang mit anderen Menschen. Gardner sieht sie bei politischen oder religiösen Führern, bei geschickten Eltern, Lehrern sowie bei anderen beratenden oder heilenden Berufen besonders stark ausgeprägt.
8. Naturalistische Intelligenz
   Dies beschreibt die Fähigkeit, die Umwelt zu studieren und Gesetzmäßigkeiten zu erkennen sowie Lebendiges zu beobachten, zu unterscheiden und zu erkennen und eine Sensibilität für Naturphänomene zu entwickeln. Biologen, Botaniker, Förster, Tierärzte und auch Köche zeigen diese Intelligenz häufig.
9. Existenzielle Intelligenz
   Bei der existenziellen oder spirituellen Intelligenz geht es um grundlegende Fragen der Existenz.

Orientierung im Begriffsdschungel

Lass dich nicht verwirren! Im Dschungel der Begrifflichkeiten, die mit den vielbegabten, hochsensitiven und hochsensiblen Menschen in Zusammenhang gebracht werden, kann auf der Suche nach den passenden Merkmalen der eigenen Persönlichkeit schnell Verwirrung entstehen. Das eine passt, das andere auch, das nächste nicht. Manche Qualitäten sehen ganz ähnlich aus oder scheinen sich gegenseitig auszuschließen und du bringst die vielen Möglichkeiten nicht unter einen Hut. Lass dich von all diesen Bezeichnungen nicht durcheinanderbringen. Auch hier gibt es wieder einen gesellschaftlichen Zwang zur Entscheidung: Man muss sich irgendwie definieren können, um einer Gruppe zugehörig zu sein und anerkannt zu werden. Einen vielbegabten Menschen stellt das aber vor eine letztlich unlösbare Aufgabe. Wie so oft bei den Multitalenten kann die Lösung jedoch ganz einfach sein: kein Entweder-oder, sondern tatsächlich ein Alles-zusammen.

Scanner oder High Sensation Seeker?

Es gibt einen weiteren Begriff, der im Zusammenhang mit Hochsensibilität öfter auftaucht und der leicht mit dem Scanner-Begriff verwechselt werden kann: High Sensation Seeker. Dieser Typus ist ständig auf der Suche nach starken Gefühlen, neuen Erfahrungen, interessanten Entdeckungen. Physiologisch wird diese Persönlichkeit mit einem stärker ausgeprägten Verhaltensaktivierungssystem (BAS – Behavioral Activation System) in Verbindung gebracht. Dieses System ist eine neuroanatomische Struktur, die zu einem aktiven Verhalten führt, zum Beispiel bei Reizen, die eine Belohnung ankündigen und uns in Bewegung setzen. Eine autonome Erregung mobilisiert den Organismus für die Reaktion: Hiervon will ich mehr haben. Das BAS aktiviert die entsprechende Aufmerksamkeit, sobald eine Gelegenheit erkannt wird, etwas Gewünschtes zu bekommen oder eine interessante Erfahrung zu machen. Und das tut es beim High Sensation Seeker eben besonders intensiv.

Diese Menschen bevorzugen oft Sportarten, die einen gewissen Nervenkitzel beinhalten, erkunden gern fremde Städte und Länder, und wenn das eine kaum zu Ende ist, wird schon das Nächste angesteuert. Hier werden deutliche Parallelen zur Scanner-Persönlichkeit sichtbar: Das Springen von einem interessanten Thema zum nächsten, die Vielfalt gleichzeitig verfolgter Aktivitäten, die mangelnde Festlegung auf eine Sache, die dann konsequent zu Ende geführt wird. High Sensation Seeker sind jedoch im Gegensatz zur Scanner-Persönlichkeit echte Grenzgänger. Sie suchen regelmäßig Grenzerfahrungen, um damit immer neue Spannungsreize zu empfinden, die ihr Hormonsystem pusht wie eine Droge. Man spricht von einem physiologisch begründeten Konstrukt, und das unterscheidet den High Sensation Seeker vom Vielbegabten.

Jeder Mensch hat sein spezifisches Erregungsniveau. Über die Vermeidung von stimulierenden Reizen kann die Spannung reguliert werden. Menschen, die ein tendenziell geringes Erregungsniveau haben, suchen aufregende Reize und intensive Stimulationen – also die High Sensation Seeker. Sie brauchen diese neuen Reize, um den Level der als angenehm empfundenen Stimulierung aufrechterhalten zu können.

Die Scanner-Persönlichkeit hat wie der High Sensation Seeker ein aktiveres BAS, wobei für den High Sensation Seeker die hormonelle und damit physiologische Aufregung des Neuen, beim Scanner aufgrund seiner Vielbegabung aber eher die intellektuelle Neugier auf noch nicht gelebte Anteile vordergründig sind und keine körperlichen Reizzustände mit hohen Adrenalin-Ausschüttungen angestrebt werden. Ein High Sensation Seeker setzt häufig klare Schwerpunkte im Sport, während der Vielbegabte fast immer eine große Bandbreite an Erlebnisfeldern haben möchte.

Außerdem ist da noch seine häufige Hochsensibilität. Der liegt ein stark ausgeprägtes Verhaltenshemmungssystem (BIS) zugrunde. Dies regt den Organismus eher zu einem Vermeidungsverhalten an. Da es aufgrund der komplexeren Wahrnehmung von hochsensiblen Menschen schneller zu einer Überreizung kommt, muss das BIS dafür sorgen, dass neue Situationen aufmerksamer wahrgenommen werden und erst eine Handlung erfolgt, wenn das Feld als sicher erkannt ist. Ein aktives BIS braucht ein starkes BAS nicht auszuschließen, da es zwei getrennte Systeme sind. Allerdings kann das Gefühl auftreten, ständig mit einem Fuß auf der Bremse und mit dem anderen auf dem Gas zu stehen.

Du bist auch hier vielschichtig und erkennst in dir von allem etwas?

Sind Vielbegabung, Hochsensibilität und High Sensation Seeker in dir wirksam? Dann kannst du lernen, keinen Aspekt auszuschließen, sondern eine ausgeglichene Koexistenz zu suchen, indem du allen Teilen genug Raum gibst. Der High Sensation Seeker findet die neuen Themen, auf die sich die vielbegabte Scanner-Persönlichkeit dann stürzen kann. Der hochsensible Teil wacht darüber, dass es nicht zu viel wird, dass zwischenzeitlich auch einmal Ruhe einkehrt und Kraft für neue Aktivitäten getankt wird. Das wird zwar nicht immer reibungslos abgehen, aber der Aufwand lohnt sich, denn es kann sich ein spannendes und befriedigendes Leben entwickeln.

Das Hochstapler-Syndrom

Fast alle Menschen freuen sich über berufliche Erfolge und Aufstiege – vor allem dann, wenn sie hart dafür gearbeitet haben. Bei vielbegabten Multitalenten überwiegt allerdings oft das Gefühl, den Erfolg nicht verdient zu haben. Sie leiden unter Selbstzweifeln und kommen sich geradezu wie Betrüger vor. Dieses Phänomen ist als Hochstapler-Syndrom bekannt und stellt für Betroffene meist eine große Belastung dar.

Vielbegabten Menschen fällt es meist besonders schwer, die eigenen Leistungen anzuerkennen. Das Gefühl, Studium und Karriere nur mit Glück überstanden zu haben, sich irgendwie durchgemogelt zu haben, kennen viele Universalisten – schließlich mussten sie sich für ihre Leistungen ja nie richtig anstrengen. Auch Lob von außen hilft diesen »eingebildeten Betrügern« kaum weiter.

Dass das Hochstapler-Syndrom gerade bei vielbegabten Menschen weitverbreitet ist, hängt stark mit dem Gefühl zusammen, anders als die anderen zu sein. Vielbegabte müssen oft jahrelang mit dem Unverständnis ihrer Mitmenschen leben – vor allem dann, wenn ihre Fähigkeiten nicht frühzeitig gefördert werden. Während andere Menschen für den Erfolg in Schule, Studium und Beruf hart arbeiten müssen, fällt er ihnen scheinbar von selbst zu. Das bestätigt sie in dem Gefühl, den Erfolg nicht verdient zu haben, ihn sich geradezu erschwindelt zu haben.

Auffällig ist, dass Frauen sehr viel häufiger unter dem Hochstapler-Syndrom leiden als Männer. Gerade im Berufsleben können Frauen ihren Erfolg oftmals weniger akzeptieren als ihre männlichen Kollegen. Selbst jahrelange Erfahrung und nachweisbare Erfolge halten viele Frauen nicht davon ab, sich für mittelmäßig und nur begrenzt kompetent zu halten. Psychologen führen diesen Umstand auf die Tatsache zurück, dass die berufliche Leistung von Frauen bis heute anders eingeschätzt wird als die der Männer. Noch immer leiden viele Frauen unter der traditionellen Rollenverteilung, die eher Männer dazu anhält, auf ihre Leistungen stolz zu sein. Umso weniger verwundert es, dass das Hochstapler-Syndrom bei Frauen in besonderem Maße in Berufsgruppen auftritt, die als typisch männlich angesehen werden – etwa in der Wirtschaft und Wissenschaft, in Managerpositionen und bei Ärzten.

Wie äußert sich das Hochstapler-Syndrom?

Charakteristisch für Menschen, die unter dem Hochstapler-Syndrom leiden, ist das Gefühl der Mittelmäßigkeit. Sie sind der Meinung, ihren Erfolg nicht verdient zu haben und im Leben einfach nur Glück gehabt zu haben. Ihre Leistungen führen sie nicht auf ihre eigenen Fähigkeiten zurück, sondern erklären sie mit den verschiedensten Ursachen: ihrem Charme oder ihren Beziehungen, einem Irrtum oder einfach nur einem glücklichen Zufall. Ebenso typisch ist die Angst, dass der ganze Schwindel irgendwann auffliegen könnte. Betroffene halten sich für viel weniger talentiert und schlau, als ihre Mitmenschen sie wahrnehmen.

Gerade bei Vielbegabten hängt dieser Umstand sehr stark mit der Tatsache zusammen, dass sie im Gegensatz zu ihren Mitmenschen und Arbeitskollegen meist gar kein richtiges Leistungsgefühl kennen. Während andere Menschen monatelang für eine Prüfung lernen müssen, fällt der Erfolg Vielbegabten scheinbar von selbst zu – wirkliche Erfolgserlebnisse und Zufriedenheit über die eigene Leistung bleiben dadurch aus. Das Unverständnis der Umwelt für die Vielbegabung verstärkt den Selbstzweifel in den meisten Fällen noch zusätzlich.

Menschen mit dem Hochstapler-Syndrom lassen sich in sechs Typen unterteilen. Bei jedem dieser Hochstapler-Typen äußert sich das Phänomen auf andere Weise.

Die Arbeitswütigen

Arbeitswütige begegnen einem Gefühl von Minderwertigkeit mit einer fast schon krankhaften Arbeitswut. Sie überlassen nichts dem Zufall und bereiten sich auf jede denkbare Situation vor, um ja nicht unvorbereitet »erwischt« zu werden. Jede leise Kritik macht einen Erfolg für diese Menschen zunichte und spornt sie an, bei der nächsten Gelegenheit noch besser zu sein. Arbeitswütige sind im Hamsterrad der Leistungssteigerung gefangen.

Die Abergläubischen

Sie erklären ihre Erfolge mit äußeren Umständen, die in Wirklichkeit keinen Einfluss auf die Situation haben, sie empfinden sich daher nicht verantwortlich für ihren Erfolg. So sind sie zum Beispiel der Meinung, eine Prüfung oder einen beruflichen Erfolg nur gemeistert zu haben, weil sie an diesem Tag ein bestimmtes Kleidungsstück getragen haben. Oder sie schreiben ihren Erfolg einem glücklichen Zufall zu.

Die Anspruchslosen

Sie gehören zu den Hochstapler-Typen, die am meisten Schwierigkeiten haben, ihren Erfolg sich selbst zuzuschreiben. Sie können sich über Lob nicht freuen, sondern sehen immer eine Einschränkung in ihrer Leistung – zum Beispiel die Hilfe von anderen. Sie erheben keinen eigenen Anspruch auf ihren

Erfolg. Die Anspruchslosen schmälern den Wert ihrer eigenen Leistung, neigen dazu, selbst geringe Fehler überzubewerten, und versuchen, jede öffentliche Anerkennung zu vermeiden.

Die Charismatischen
Diese Menschen wirken offenherzig, charmant und attraktiv – ein Wesenszug, dem sie selbst ihre beruflichen Erfolge zuschreiben. Es fällt ihnen schwer, auch ihre tatsächliche Arbeitsleistung anzuerkennen. Die Charismatischen führen einen Erfolg auf ihren angeborenen Charme und ihre Ausstrahlung zurück (und nicht auf ihre wahren Fähigkeiten) und erkennen ihre eigene Leistung daher nicht an.

Die Angepassten
Diese Menschen haben sich daran gewöhnt, sich im Berufsleben anzupassen. Sie fürchten sich davor, Aufmerksamkeit zu erregen oder sich unangemessen zu benehmen. Das hat oftmals zur Folge, dass sie gar kein eigenständiges Verhalten mehr entwickeln. Die Fähigkeit, sich an jede Situation anzupassen, führt zur Unterdrückung der eigenen Persönlichkeit, nur um auf diese Art und Weise Anerkennung zu erhalten.

Die Selbstlosen
Diese Menschen sind immer bemüht, anderen jeden Wunsch zu erfüllen, am besten noch bevor er geäußert wurde. Sie leben häufig nur noch für ihre Mitmenschen und vernachlässigen dabei ihre eigenen Bedürfnisse. Die Selbstlosen erlangen Erfolg, indem sie sich voll und ganz darauf einlassen, die (oft nur vermuteten) Anforderungen anderer zu erfüllen. Dabei negieren sie die eigenen Fähigkeiten weitgehend.

Schluss mit dem Hochstapler-Syndrom

Entscheidend für die Überwindung des Hochstapler-Syndroms ist vor allem, dass du dir über das Problem klar wirst und dich nicht länger für einen Dilettanten hältst. Sobald dir deine Denkweise bewusst ist, fällt es dir leichter, deine eigenen Fähigkeiten und beruflichen Kompetenzen auch anzuerkennen. Der Gedanke »Ich bin hier, weil ich es mir verdient habe« ist für Menschen mit dem Hochstapler-Syndrom besonders wichtig. Wie fühlt sich dieser Gedanke für dich an?

Lerne, deine Fähigkeiten zu schätzen. Und nimm Kritik nicht persönlich und stell nicht aufgrund von einzelnen Kritikpunkten gleich deine Gesamtleistung infrage. Hilfreich kann es manchmal sein, die eigenen Zweifel offen anzusprechen und dich so zu offenbaren. Auf diese Weise kannst du dich von dem Gefühl befreien, deinen Mitmenschen etwas zu verheimlichen. Auch ein Austausch mit anderen, die das Hochstapler-Phänomen kennen, ist wichtig, um die eigenen Denkmuster zu erkennen und nachvollziehen zu können. Hierzu findest du im Anhang Tipps für Onlinegruppen.

Renate, 42

Das Gefühl, anders zu sein, begleitet mich schon immer. In der Vorbereitung aufs Abi wussten alle um mich herum, was sie mit ihrem Leben anfangen wollten. Mir bereitete die Vorstellung, mich nun auf Jahre, gar Jahrzehnte festlegen zu müssen, Panik. Sich auf eine Sache festzulegen bedeutet immer, etwas anderes nicht zu tun, es ist ein Kompromiss. Also habe ich zweimal ein Studium begonnen und abgebrochen, in Mexiko gelebt, als Stewardess gearbeitet, eine Sprachschule eröffnet, drei Kinder bekommen und vieles andere mehr gemacht, auch gleichzeitig.

Immer, wirklich immer hieß es in meinem Leben, ich solle doch endlich mal etwas zu Ende bringen. Dies brachte mich in immer größere Nöte, weil es das Gefühl von Unfähigkeit gegenüber allen anderen verstärkte, die etwas aus ihrem Leben machen, weil sie wissen, was sie wollen, und mich dazu antrieb, immer weiterzusuchen, um das endlich auch zu finden! Gleichzeitig begleitet mich das Gefühl, viel mehr zu können als andere, auch gleichzeitig. Ich hatte den Eindruck, mit angezogener Handbremse durchs Leben zu steuern, weil ich einfach nicht drauf kam, was richtig war! So viele Interessen und Ideen, die gar nicht in ein Leben passen, ob Überholspur oder nicht …

Letztlich kam ich über meinen mittleren Sohn zum Thema Scanner-Persönlichkeit. Meine große Tochter wurde zufällig als Hochbegabte getestet, der Mittlere ist hochsensibel und hat arge Schwierigkeiten mit bestimmten Lehrertypen. Der Kleinste reiht sich ein. Im Rahmen einer Therapie, viel Literatur zum Thema und durch die OpenMind Akademie bekam endlich alles einen Namen: Ich war eine Scanner-Persönlichkeit.

Als Allererstes spürte ich riesige Erleichterung. Das Ding hat einen Namen, ich bin nicht völlig gestört, nein! Es hat was Gutes, es ist nur einfach anders und ich darf mir jede einzelne meiner Ideen *erlauben*! Es ist ein spannendes Thema in unserer Familie und kein Makel mehr. Die Gedanken änderten sich von Müssen zu Dürfen. Ich erlaube mir nun, mir die Rosinen rauszupicken, mich auf meine Stärken zu besinnen und diese zu leben, anstatt krampfhaft einen Marathon durchstehen zu müssen!

Auch mein Mann ist nun entspannter. Gemeinsam können wir uns dem Ruf nach Einhaltung von Normen entziehen. Er unterstützt mich, wo er kann, während er sicher zu den »Spezialisten« gehört und trotzdem meine Ideen mitträgt. Meine Kinder schmunzeln nur noch, sie sind da hineingewachsen. Das Umfeld ist tolerant, wenn auch unverständig. Meine beste Freundin, selbst hochsensibel, hat natürlich einen anderen Blick.

Beruflich gab es immer Wechsel, Unbeständigkeit, Suche. Die wahren Träume bin ich nie angegangen. Im Vordergrund stand das Funktionieren, Den-Erwartungen-Entsprechen. Dies führte dazu, dass ich es kaum länger als sechs Monate irgendwo aushielt. Kaum wusste ich, wie es funktioniert, war es schon wieder langweilig und ich musste was Neues ausprobieren. Ich denke gerade darüber nach, meine Selbstständigkeit in die Hände einer Geschäftsführerin zu legen und dieses Standbein, statt es völlig aufzugeben, wie ich es früher bevorzugt hätte, nebenbei zu führen. Dann könnte ich ab sofort mehrere Tätigkeiten aus *Freude* verfolgen.

Ich muss sehr vorsichtig sein, was Zwänge und Routine angeht. Sehr schnell stellt sich ein Gefühl ein, gefangen und der Situation ausgeliefert zu sein. Ich benötige ein riesiges Maß an Freiheit, um meine Kreativität spüren zu können.

Anderen Vielbegabten möchte ich raten: Sucht Unterstützung! Habt den Mut, anders zu sein, nicht den Erwartungen zu entsprechen. Ich glaube ganz fest daran, dass Scanner ein gewaltiges Potenzial für die Gesellschaft in sich tragen.

*»Wer forscht, indem er sich auf Autorität beruft,
verwendet nicht seinen Geist,
sondern nur sein Gedächtnis.«*

Leonardo da Vinci

Deine Verbündeten: Intuition, Gefühl und Verstand

»Lass dein Herz entscheiden!« In vielen Situationen sieht man sich mit diesem Satz konfrontiert. Denn nicht nur in Liebesdingen ist es oft der richtige Weg, nicht allein dem Verstand zu vertrauen. Sogar im Straßenverkehr, in einem Bewerbungsgespräch, im Supermarkt an der Kasse oder sogar in einem geschäftlichen Meeting kann die »Befragung« der individuellen Gefühlsebene von einer nahezu grundlegenden Relevanz sein. Wenn das nur so einfach wäre, denn viele Menschen halten sich für »Kopfmenschen«, weil sie – vielleicht aus reiner Unwissenheit – der Ansicht sind, ihre »innere Stimme« zähle nicht oder habe gerade Pause. Dabei bedenken viele gar nicht, wie wertvoll die Intuition ist und dass sie mitunter nur geweckt werden möchte. Sie ist immer vorhanden und in vielen Situationen und gerade in Momenten der Entscheidungsfindung überaus wertvoll und folglich unverzichtbar.

Ich habe sehr viele Scanner-Persönlichkeiten kennengelernt, die über eine wirklich wunderbar ausgeprägte Intuition verfügen, und je mehr sie sich darauf verlassen haben, umso zufriedener wurden sie und umso leichter fiel es ihnen, ihre Interessen unter einen Hut zu bekommen. Sie hatten gelernt, ihrer Intuition zu folgen und darauf zu vertrauen, dass diese innere Instanz der Weisheit sehr genau weiß, was gut für sie ist.

Gelöste Vielbegabte, wie ich die Menschen nenne, die in Harmonie mit diesem Persönlichkeitsmerkmal leben, nutzen ihre intuitive Wahrnehmung. Oft hatten sie eine Kindheit, in der ihnen das Spielen nicht verboten wurde, und so spielen sie noch heute mit ihren Fähigkeiten und Gaben. Weil sie einfach Freude daran haben. Je mehr Erfahrungsvertrauen sie gesammelt haben, umso leichter fällt es ihnen auch, gute Entscheidungen für ihr Leben zu treffen.

Ungelöste Vielbegabte leiden darunter, dass sie sich lebenslang angepasst haben, weit unter ihren Kapazitäten leben und oftmals wenig Freude an ihrem Arbeitsalltag haben. Für sie ist es eine echte Qual, sich zu entscheiden, denn sie haben die spielerische Einstellung und damit den Zugang zu ihrer Intuition verloren. Diese ungelösten Vielbegabten halten sich oft für Universaldilettanten und haben ein geringes Selbstvertrauen. Wenn du das in dir entdeckst, kann ein besonderes Augenmerk auf deine Intuition ein erster Schritt sein, dein Leben wieder in Schwung zu bekommen.

Gesichter der Intuition

Es ist wissenschaftlich erwiesen, dass Kinder ihre Intuition viel eher und in einem größeren Umfang zu nutzen in der Lage sind, als es bei erwachsenen Menschen der Fall ist. Was aber keineswegs bedeutet, dass den »Großen« die Intuition oder das Bauchgefühl abhandengekommen wäre. Ganz im Gegenteil. Es ist da – und wartet. Das Schöne ist: Du kannst es wunderbar trainieren. Es gibt ganz unterschiedliche Arten der Intuition, die ich dir gern näher beschreiben will.

Das Bauchgefühl

Es handelt sich dabei um das sogenannte somatische Bauchgefühl, das dich vor möglichen Gefahren oder einer unguten Situation warnt; zum Beispiel durch Rumoren, dieses »Kribbeln in der Magengegend« oder Ähnliches. Darüber hinaus kennst du sicherlich auch dieses Gefühl des Aha-Erlebnisses. Ganz egal, wie lange du möglicherweise im Vorfeld über einen bestimmten Sachverhalt oder ein Problem nachgedacht und gegrübelt hast, aber dennoch zu keiner Lösung gekommen bist, stellt sich mitunter – kurz vor dem Ende eines »Ultimatums« – dieses »Aha« ein. Dir wird urplötzlich klar, was die beste Lösung für dein Problem ist. Oftmals wird dieses Gefühl auch bei Studenten, Wissenschaftlern oder Autoren beobachtet, die es über gewisse Zeiträume mit sogenannten Blackouts zu tun haben und schlichtweg nicht wissen, wie oder wo sie in ihrer Arbeit weiterkommen. Vielleicht kommt dir die Sache mit dem Aha-Erlebnis auch aus Prüfungsarbeiten oder Klausuren bekannt vor.

Ich kenne das jedenfalls sehr gut, auch beim Schreiben dieses Buches war es da. Erst hab ich monatelang Themen gesammelt. Dann lagen diese in ungeordneten Stapeln herum und ich hatte keinen Überblick mehr. Das machte mich dann zunehmend unzufrieden, auch weil ich wusste, dass noch etwas fehlt. Irgendwann kam der Moment, an dem der Knoten platzte und ich das Puzzle zusammensetzen konnte, nämlich als ich mich mit dem Lebenswerk von Leonardo da Vinci beschäftigt hatte – einfach absichtslos und aus dem Bauch heraus, weil es mich wieder einmal interessiert hat. Wenn das große »Aha« da ist, macht alles wieder riesig Freude!

Das Handlungswissen

Die wohl bekannteste Form der Intuition ist das sogenannte Handlungswissen. Dies hat nichts damit zu tun, besonders gut über einen bestimmten Sachverhalt Bescheid zu wissen oder informiert zu sein. Sondern hierbei steht im Vordergrund, in bestimmten, meist sehr schwierigen Situationen imstande zu sein, spontan genau das Richtige zu tun. Diese Form der Intuition wird vor allem auch in brenzligen Situationen beobachtet; zum Beispiel, wenn ein Mensch einen anderen rettet, vor einem Unfall bewahrt oder ihn aus einer schwerwiegenden Notlage befreit. Wenn der Helfer in einer erkennbar gefährlichen Situation den eigenen Verstand kurzzeitig ausschaltet und intuitiv entscheidet, was zu tun ist, um einer bestimmten Person zu helfen oder ein spezielles Ziel zu erreichen, so basiert eine solche Aktion auf dem Handlungswissen. Befragt man einen solchen »Helden« später nach seinem Gedankenablauf in dieser risikoreichen Situation, so lautet die Antwort häufig: »Ich habe gar nicht darüber nachgedacht. Ich habe es einfach gemacht.«

Die innere Stimme

Bauchgefühl, frühere Erfahrungen, feinste unbewusste Wahrnehmungen, sie alle speisen die innere Stimme. Es lohnt sich, wie neueste Statistiken belegen, diese »Fähigkeit« kontinuierlich weiter auszubauen. Denn wie die Wissenschaft nun weiß, ist intuitives Handeln mitunter weitaus erfolgversprechender als das Agieren, das erst nach gründlicher Überlegung erfolgt. Nicht zuletzt sind auch viele Manager, Kriminalbeamte oder

Unternehmer unter anderem deshalb so erfolgreich in ihrem Job, weil sie schlicht und einfach »einen guten Riecher« haben und bei bestimmten Sachverhalten einfach »der Nase nach« gehandelt haben. Rückblickend betrachtet, da sind sich diese Menschen einig, wären sie wohl nicht so rasch voran- oder ganz nach oben gekommen, hätten sie nicht auf ihre innere Stimme gehört. Auch wenn diese sich oftmals gänzlich von den Gedankengängen des Verstandes unterscheidet, so stellt sich bei intuitivem Handeln nachweislich häufig eine positive, Erfolg versprechende Dynamik heraus. Etwas, was sich auszubauen und zu nutzen in jedem Fall lohnt.

Lerne, auf deine Intuitionen zu hören

Viele Scanner-Persönlichkeiten haben einen direkten Zugang zur inneren Stimme und lassen sich vertrauensvoll von ihr leiten. Für mich ist sie seit Langem der wichtigste innere Berater und immer dann, wenn ich an irgendeiner Stelle meines Lebens nicht mehr weiterkam, habe ich sehr genau auf meine innere Stimme gehört. Ich bin nie von ihr enttäuscht worden.

Allerdings muss ich auch zugeben, dass ich mehrmals schlicht und einfach weggehört habe, was immer eine Bauchlandung zur Folge hatte. Daher meine Empfehlung an dich: Lerne, deine innere Stimme zu hören und ihr zu vertrauen. Beachte dein Bauchgefühl, lass dich von deiner Intuition ebenso leiten wie von deinem Verstand. All das ist dir gegeben, damit du davon Gebrauch machst.

Gefühl und Verstand – zwei Seiten einer Medaille

Gefühl und Verstand spielen immer eine Rolle, wenn Menschen sich entscheiden wollen oder müssen. Während die einen ihre Gefühle befragen, vertrauen die anderen auf Rationalität und Fakten. Und viele Scanner-Persönlichkeiten leben in einem ständigen Konflikt zwischen diesen beiden Instanzen.

Wer hat im Leben die besseren Karten: derjenige, der dem Verstand folgt, oder derjenige, der seiner Intuition mehr vertraut? Untersuchungen dazu gibt es viele, die Ergebnisse sind nicht ganz eindeutig, auch wenn die Intuitiven oft gewinnen. Am besten kommen nach meiner Erfahrung die Menschen klar, die beide Seiten heranziehen und keine missachten. Dabei kommt es auf die richtige Gewichtung an.

Sicher ist es dir auch schon so ergangen: Du stehst vor einem Problem und willst nicht groß grübeln. Oder es ist einfach keine Zeit dazu. Du fällst also aus dem Bauch heraus einen Entschluss. Wie dir geht es vielen Menschen und nicht selten liegen sie mit ihrer Wahl richtig. Das Unterbewusste reagiert sofort, verarbeitet das Problem ganzheitlich, ohne dass wir denkend eingreifen. Zweifellos ein bequemer Weg – und bei banalen Entscheidungen im Alltag auch der richtige.

Doch nicht immer führt uns die spontane, die erste Intuition zum Erfolg. Noch dazu, wenn sie durch andere Einflüsse geschickt beeinflusst wird. Nur zu gut sind Beispiele bekannt, wo windige Berater Sparer in riskante Geldanlagen getrieben haben. In vielen Fällen ist der Jammer bei Betroffenen groß: »Hätte ich doch den Verstand benutzt!« Hätte man – und sollte man auch, wenn es um wichtige Fragen geht. Gefühl und Ratio sind im Grunde zwei Seiten ein und derselben Medaille.

Beide müssen sinnvoll kombiniert werden. Erst nach einem gründlichen Faktencheck kommst du zu einem verwertbaren Ergebnis.

Verstand und Gefühl sind in jedem Menschen vorhanden, auch wenn es manchmal anders scheint. Der Verstandesmensch schaltet die Emotionen nach Möglichkeit aus, der Gefühlsbetonte verachtet Entscheidungen aus reiner Ratio. Doch damit ist jeder von ihnen auf dem Holzweg: Die sinnvolle Kombination beider Ebenen ist entscheidend für die bestmöglichen Entschlüsse, auch wenn Irrtümer wie immer möglich sind.

Jeder Mensch trifft Entscheidungen in Bezug auf eine Zukunft, die er niemals klar erkennen kann. Daher muss immer ein Rest Unsicherheit einkalkuliert werden. Das heißt aber nicht, dass du dann die Hände in den Schoß legst und überhaupt nicht mehr handelst, bis entweder dein Verstand oder dein Gefühl eine klare Meinung haben. Du kannst dennoch lernen, das Beste aus all deinen Möglichkeiten herauszuholen und wirklich fundierte Entscheidungen zu treffen. Es ist gar nicht so schwer. Lies am besten weiter und lerne immer besser, dich von beidem leiten zu lassen.

Wie kannst du Verstand und Intuition vereinen?

Stehst du vor einer Herausforderung, meldet sich die erste Eingebung in der Regel sofort. Ohne den Verstand zu bemühen, kennst du die Richtung. Du weißt: So oder so musst du die Angelegenheit regeln. Im ungünstigsten Fall bist du unentschlossen. Zur weiteren Beurteilung der Lage nimmst du die erste Intuition am besten als Entscheidungsgrundlage zur Kenntnis. Bleib neutral und lass dich, vor allem bei wichtigen Entscheidungen, nicht zu übereilten Handlungen verleiten.

Jetzt ist der Verstand gefragt, schalte also deine Gefühle möglichst aus. Analysiere das Problem, nimm es auseinander und untersuche die einzelnen Aspekte. In Tabellenform könntest du alles, was für und gegen deine instinktive Option spricht, notieren. Kennzeichne, welche Punkte dabei unbedingt erfüllt werden müssen, welche es sollen oder können. Auch andere Meinungen sind von Belang, ebenso Fakten, die du sammeln kannst, zum Beispiel aus Fachbeiträgen.

Bewerte im letzten Schritt die Ergebnisse, fasse sie zusammen und gleiche sie mit deinen Anforderungen ab. Von großer Bedeutung ist dabei: Du solltest in diesem Prozess objektiv bleiben. Vermeide ein »Schönrechnen«, sonst kannst du dir die Mühe sparen und gleich der ersten Intuition folgen.

Allmählich solltest du zu einer Entscheidung kommen. Lass dir genügend Zeit, aber nicht zu viel. Du hast irgendwann genug Wissen gesammelt, um auf der Basis der Verstandesarbeit ein Resümee zu ziehen. Perfekt, wenn das rationale Herangehen zum selben Ergebnis kommt wie das erste Bauchgefühl. Es gibt dann keine Zweifel und die Devise heißt Handeln. Klar, es kann auch sein, dass der Verstand mit sehr guten Gründen das ablehnt, was du vorhast und was deine Intuition sagte. Das ist zwar ärgerlich, doch du kannst stolz sein, dich nicht selbst belogen zu haben. Schätze dieses Resultat richtig ein, nimm es wenn nötig hin und suche nach alternativen Lösungen.

Die schlechteste Variante wäre: ein Patt. Kopf sagt Ja, Bauch sagt Nein. Kopf sagt Nein, Bauch sagt Ja. Geh dann in dich und frage dich, was passieren würde, wenn du den einen Weg gehst, und was, wenn du den anderen wählst. Könntest du mit beiden Konsequenzen leben? Sind die Alternativen äquivalent und von geringer Tragweite? Ist dem so, dann entscheide dich nach Belieben, es macht vermutlich keinen Unterschied. Ansonsten bleiben dir nur das Risiko und das gute Gefühl, in vollem Bewusstsein gewählt und dein Bestes versucht zu haben.

Kein Entweder-oder

Noch ein Wort zu den Gefühlen, von denen manche ja meinen, sie wären nicht wichtig. In jeder Lebenssituation sind wir mit Gefühlen konfrontiert, selbst in geschäftlichen Meetings. Wir nehmen sie nur nicht immer wahr. Doch unentwegt, auch bei beruflichen Erfolgsgeschichten, spielen Emotionen mit. Manche hatten bei Jobentscheidungen einfach ein Gefühl dafür, dass ihr Weg der richtige ist. Sie hatten eine Ahnung, ein Kribbeln im Bauch, ganz unabhängig von sachlichen Informationen.

Tatsächlich besitzen wir ein Gehirn im Kopf und ein zweites im Bauch. Das ist das sogenannte Bauchhirn. Erst vor wenigen Jahrzehnten haben Forscher herausgefunden, dass diese beiden Supergehirne (es sind die größten Ansammlungen von Nervennetzen in unserem Körper) zwar unabhängig voneinander arbeiten, aber eng kooperieren. Wird eine Information im Kopf verarbeitet, reagiert das Bauchgehirn, auch Little Brain genannt. Nehmen wir die falschen Nahrungsmittel zu uns, meldet das Zentralorgan in unserem Kopf die notwendigen Maßnahmen, beispielsweise das Erbrechen von verdorbenen Speisen.

Vielbegabte Scanner-Persönlichkeiten erleben oft, dass Verstand und Gefühl intensiv miteinander ringen. Dass es nicht richtig sein kann, in extremem Maß nur auf die eine oder die andere Seite zu hören, sagt bereits der gesunde Menschenverstand. Denn wir bestehen nun einmal aus beiden Systemen, ob uns das gefällt oder nicht. Der Emotionsgeladene rennt mit Leidenschaft und einer hohen Anfangsenergie mit Volldampf in die eventuell falsche Richtung. Der Verstandesmensch wägt alle

Einzelheiten sorgfältig ab und sieht dann einen klaren Weg vor sich, für den er merkwürdigerweise überhaupt keine Energie aufbringen kann. Oder er geht ebenso in die falsche Richtung, weil er Wichtiges übersehen hat. Oder er kommt nie zu einem Entschluss, weil es einfach zu viele Fakten zu beachten gibt. Das einzig Sinnvolle ist: beides kombinieren, Verstand und Gefühl.

Betrachten wir ein langfristiges Projekt. Es kann sich beispielsweise privat um einen Umzug handeln, beruflich um einen Jobwechsel oder, bei Unternehmern, um eine Firmenumstellung. Das Gefühl bewegt sich zwischen Zustimmung und Angst, daher wird der Verstand nötig, der die widersprüchlichen Gefühle auf eine rationale Ebene hievt – und zwar nicht erst hinterher, wenn das Kind schlimmstenfalls bereits in den Brunnen gefallen ist, sondern schon während der Entscheidungsfindung. Dieser Prozess kann kürzer oder länger dauern, das hängt von der Übung des Einzelnen ab, sich mit beiden »Polen« zu befassen; aber auch von der Größe des Projekts, den verfügbaren Informationen, der Unterstützung durch andere Menschen und anderen Punkten.

Das Gefühl ist meist schneller, deswegen musst du den Kopf aktiv einladen, sich an der inneren Diskussion zu beteiligen. Beachte sorgfältig alle Informationen, die dir durch klare äußere Fakten, aber auch durch deine eigenen inneren Quellen zur Verfügung stehen. Lass dir Zeit dabei, übereile nichts. Lass dein Erfahrungsvertrauen wachsen. Je öfter du deinen Wahrnehmungen vertraut hast und damit erfolgreich warst, umso leichter wird es dir künftig fallen.

Versuch nicht, perfekte Entscheidungen zu treffen

Vielbegabte und hochsensible Menschen haben oft ein Problem: ihr Streben nach Perfektion. Es kann im Extrem dazu führen, dass ein Multitalent ein Vorhaben lieber gar nicht angeht, um es nur ja nicht unzureichend auszuführen. Aus der Begabung wird ein Fluch, der ein glückliches, zufriedenes Leben mit den eigenen Talenten verhindert. Zum Glück hat sich Leonardo da Vinci von seinem Anspruch an Perfektion nicht abhalten lassen. Im Gegenteil, er war für ihn ein Motor, der seine Schaffenskraft antrieb.

Das Streben nach Perfektion kann dir also als Ansporn dienen. Das verkrampfte Festhalten am Perfektionismus behindert dich jedoch. Wichtig ist, dass du Perfektion nicht als Ziel, als Endpunkt auffasst, sondern als Streben, als Annäherung an einen Punkt in der Unendlichkeit. Du wirst merken: Je weniger du wirkliche Perfektion willst, desto leichter fällt es dir, deine Aufgaben gut zu lösen.

Also bitte, liebe(r) Vielbegabte: Es ist sinnvoll, dir bewusst zu machen, dass sowohl Überlegungen als auch Bauchgefühle ihre positiven Seiten haben, andererseits beide Grenzen aufweisen. Unsere Ratio ist ein überlegenes Instrument, wenn es darum geht, Informationen zu recherchieren, zusammenzufassen, zu gliedern und zu ordnen. Sich auf das Wesentliche zu fokussieren, ist oftmals der richtige Weg, um Ziele zu erreichen, gerade angesichts unserer unermesslichen Informationsmengen. Irgendwann hat das Sammeln der Details ein Ende, es gilt, den Worten auch Taten folgen zu lassen.

Auf der anderen Seite warnt uns vielleicht der Instinkt aus unserem Bauchraum, sich doch nicht auf diesen Geschäftspartner einzulassen, diese Wohnung nicht zu mieten oder kein weiteres Engagement anzunehmen. Uns ist nicht ganz klar, warum sich hier ein merkwürdiges Grummeln meldet, denn alle äußeren Details sind angenehm oder sogar verführerisch, alles passt zusammen, der Erfolg scheint sicher. Oft warnt uns unser Instinkt aus einer Erinnerung heraus. Die Wohnung riecht merkwürdig und erinnert an ein unschönes Zuhause, unter dem wir als Kind gelitten hatten; der Geschäftspartner hat zwei, drei merkwürdige Eigenschaften oder benahm sich bei einem Telefonat komisch; die ehrenamtliche Arbeit hat Nachteile oder ist uns schlicht zu viel, war es nicht genau so, bevor wir ein Burn-out bekamen?

Nimm solche Empfindungen ernst und werde dir darüber klar, was dein Bauchhirn dir sagen will. Es liegt in seiner Natur, dich zu warnen, doch du musst sicherlich selten urplötzlich vor wilden Tieren davonstürmen. Du kannst dir Zeit nehmen, um deine Gefühle zu prüfen und mit den rationalen Gründen abzugleichen. Vielleicht wird es Zeit, die Vergangenheit zu bewältigen, dem Partner zu vertrauen und das berufliche Engagement zu prüfen. Ein Scheitern muss immer einkalkuliert werden, auch das gehört dazu. Niemand ist perfekt, selbst wenn wir Verstand und Gefühl so optimal wie möglich ausnutzen und kombinieren. Die Wahrscheinlichkeit für einen Erfolg, der uns nicht nur rational, sondern auch emotional befriedigt, steigt allerdings enorm, wenn wir beide Seiten sprechen lassen.

Stopp dein Overthinking

Hinter dem Begriff »Overthinking« verbirgt sich nichts anderes als zu viele Gedankengänge auf einmal. Es ist vollkommen normal, dass wir viel denken, wenn uns etwas beschäftigt, aber sobald das Denken unser Leben kontrolliert, spricht man von Overthinking.

Manchmal geben wir uns Gedankengängen hin, obwohl wir genau wissen, dass sie unnötig sind. Du hast dich vielleicht schon selbst dabei ertappt, dass du über die Vergangenheit nachgedacht hast. Vielleicht hast du dir auch schon Fragen gestellt wie »Was wäre, wenn es anders gelaufen wäre?«. Auf diese Frage gibt es keine konkrete Antwort. Im Gegenteil, die Antwort darauf wird immer reine Spekulation bleiben. Auch in Bezug auf die Zukunft rennen wir manchmal Gedanken hinterher, für die es keine Antwort gibt: Wir machen uns Sorgen. Dieser Vorgang ist total normal, aber wenig hilfreich. Wenn dich das unentwegte Denken in deinem Leben einschränkt und dir den Schlaf raubt, solltest du in Betracht ziehen, dass du von Overthinking betroffen bist, so wie viele andere vielbegabte Multitalente ebenfalls.

Was ist Overthinking?

Wenn dich ein Problem belastet, denkst du so lange darüber nach, bis sich deine Gedanken im Kreis drehen, du vollkommen erschöpft bist und das Problem dann letzten Endes beiseitelegst oder verdrängst. Du hast es quasi totgedacht, bis es für dich nicht mehr existent scheint. Aber es ist ja deswegen nicht gelöst worden. Handelt es sich um eine anstehende Lebensentscheidung, könntest du durch das Overthinking einen großen Fehler begehen. Etwas zu zerdenken hat mich persönlich zumindest noch nie zum Ziel geführt.

Auch wenn du denkst und denkst und sich plötzlich negative Emotionen auftun, bist du auf dem besten Weg dazu, dein Problem zu zerdenken. Anfangs warst du bei einem Thema vielleicht noch davon überzeugt, dass es eine gute Idee war. Nach und nach wirst du aber nun von negativen Emotionen überschüttet, bis du plötzlich davon ausgehst, dass die Idee doch nicht so toll ist. Der Weg ist vielleicht zu anstrengend, zu schwer und die Opfer zu hoch. Sobald deine Gedanken vom

Guten und Schönen in das Schwierige und Problematische umschwenken, denkst du zu viel über die Sache nach.

Was kannst du gegen Overthinking tun?

1. Halte dich von Menschen fern, die dich dazu anregen oder darin bestärken, deine Ideen zu zerdenken.
2. Da wir meist nur das glauben, was wir sehen können, ist es vorteilhaft, wenn du deine Gedanken aufschreibst. Ganz gleich, was es ist, schreib es nieder und lies das Geschriebene täglich einfach durch, ohne viel darüber nachzudenken.
3. Selbstgespräche sind für viele undenkbar. Dabei sind Selbstgespräche etwas vollkommen Normales und Gesundes. Denn du sprichst dabei mit deiner inneren Stimme und bekommst nicht selten Antworten, die dich zufriedener werden lassen.
4. Wenn dich etwas beschäftigt und du erkennst, dass du beim Zerdenken angekommen bist, dann lenk dich ab. Lies ein Buch, mach einen Spaziergang oder treib Sport. Sobald du wieder neue Energie zum Denken hast, kannst du dich dem Thema wieder hingeben.
5. Schreib nieder, welche schlimmsten Szenarien bei deinem Problem entstehen könnten. Lös dich aber auch dabei von unrealistischen Fantasien und konzentrier dich auf das, was wirklich geschehen könnte. Schon hast du die Hälfte der Gedanken aus deiner Welt verbannt.

Martina, 53

Wie sich die Vielbegabung bei mir beruflich auswirkt? Ich habe 27 Jahre lang bei einem Automobilzulieferer gearbeitet, vorher die einjährige höhere Handelsschule, angefangen in der Produktion (auch schon ab zwölf in den Ferien), dann Maschinenarbeitsplatz mit Roboteranlage, erlernt nur durch Zuschauen bei einer Kollegin. Irgendwann war der nächste Robby, der bei uns aufgestellt wurde, meiner. Ich habe die Siebdruckanlage gefahren, alle möglichen Maschinen bedient. Und dann bin ich nach einer Knie-OP direkt ins Büro als »Aushilfe«. Nach drei Jahren war der Arbeitsplatz dort meiner. Habe technisches Verständnis entwickelt, weil ich die Schriften meines hyperintelligenten Legastheniker-Kollegen am besten interpretieren konnte (er hat sich dabei entspannt, im Kopf Maschinen zusammenzubauen). Am Computer konnte ich vorher schon schreiben und habe dann dort zuschauend gelernt, wie ich ihn für die Arbeit einigermaßen nutzen konnte. Die letzten 20 Jahre in dem Unternehmen war ich auch nicht freigestellte Betriebsrätin, von Anfang an im Wirtschaftsausschuss (nach den ersten vier Jahren auf Wunsch der Geschäftsleitung), nicht weil ich so gut Bilanzen lesen konnte (das kann ich nicht, weil mich das eher langweilt, obwohl ich das ja mal gelernt habe), sondern weil ich ehrlich meine Meinung sag und auch öfter so formuliert: »Ich habe so das Gefühl …« Dies wurde von der Geschäftsleitung hoch geschätzt (auch wenn wir nicht immer einer Meinung waren). Zum Schluss (die letzten sechs Jahre) war ich auch im Betriebsausschuss. Die Arbeit musste natürlich trotzdem weitergemacht werden und das habe ich alles »so nebenbei« erledigt. Dann kam die Ausbildung zur zertifizierten Mediatorin zur Unterstützung meiner

Betriebsratstätigkeit, natürlich mit dem Hintergedanken, dies später zu nutzen, um mich von dem Unternehmen zu lösen. Eine Behinderung und ein paar andere Dinge ließen mich dieses Ziel nicht mehr aus den Augen verlieren. Und als sich die Chance ergab, habe ich genommen, was mir die Firma an Geld zu geben bereit war, und den Schritt gewagt. Ich habe die Zeit bis jetzt aber auch politisch genutzt und Wahlkampf für die Piraten bei der Landtagswahl für den Direktkandidaten des Wahlkreises betrieben.

Im Moment lese ich sehr viel (im letzten Winter waren es 18 Bücher mit geschätzten 15 000 Seiten) und lasse mich nur zu gern von all den vielen interessanten Links auf Facebook ablenken – es gibt noch so vieles, was ich nicht weiß.

Was ich im Leben beachten muss, um glücklich zu sein? Es passiert mir öfter, dass ich vergesse, dass andere meine Gedanken ja nicht hören können. Ich vergesse auch gern mal, dass die Dinge, die für mich so offensichtlich erscheinen, weil ich sie so deutlich entweder »sehe« oder »spüre« oder auch »erahne«, noch lange nicht die Realität der anderen darstellen. Meine engen Freunde haben über die Jahre gelernt, mir ganz direkte Ansagen zu machen wie zum Beispiel: »Jetzt ist mal langsam gut …« Oder: »Wir müssen das ja auch nicht verstehen …« Das kann einfach nicht jeder, obwohl ich frühzeitig darum bitte, wenn mir jemand besonders wichtig ist.

Dann ist es so, dass mein Kopf eigentlich immer auf Hochtouren läuft. Ich analysiere, ich bewerte, ich versuche, alle möglichen Eventualitäten einzukalkulieren und in Bezug auf Situationen, auf Menschen und deren Handlungen auch mögliche systemische Einflüsse (aus der Familie und so weiter) mit einzubeziehen. Das läuft einfach immer so automatisch im Hintergrund mit, ohne große Anstrengung meinerseits. Und das ist den meisten Menschen im engeren Kontakt mit mir schnell mal einfach zu viel.

Mich zu entspannen, indem ich die Dinge tue, die mir Spaß machen, ist da hilfreich. Ich bin etwas eingeschränkt durch die finanzielle Situation, gehe aber sehr gern angeln (lieber bei schönem Wetter) und habe dieses Jahr viel draußen in der Natur gesessen, dort gibt es auch viel zu beobachten. Einfach mal nur am Wasser sitzen, die Sonne spüren und den Wind, die Düfte der Natur in sich aufnehmen … Meistens gibt es eine nachmittägliche kleine bis mittlere Siesta. Ich spüre einfach, dass ich mich damit besser fühle, mich selbst zu entschleunigen und zu erholen. Das kann zwar kaum jemand nachvollziehen, aber ich will mich dafür auch nicht mehr rechtfertigen. Meine körperlichen Ressourcen müssen genau eingeteilt werden und dieser Rhythmus hat sich bewährt. Und es ist mein ganz persönlicher Rhythmus, den muss auch kein anderer verstehen.

Ich liebe es, auf meiner Vespa zu fahren, vorzugsweise bei schönem Wetter. Das ist in einem guten Sommer während der heißen Tage dann ein guter Grund, mich frühmorgens selber am Ohr hochzuziehen und dann schön abzukühlen bei angenehmen Temperaturen. Oder auch ganz früh an der Weser zu sitzen und zu angeln. Während des Wahlkampfes hier auf dem kleinen Markt dienstags habe ich Ballonfiguren für die Kinder gebastelt und ab und an auch für traurige Erwachsene. Es hat mit gutgetan, einfach zu einem Bestandteil des Marktes zu werden (und die gleichen Rabattpreise bei den anderen Händlern zu genießen wie diese untereinander). Ich konnte in der Sonne sitzen und einfach den Menschen zusehen, in all ihren Interaktionen mit und auch gegeneinander, einfach ein Beobachter sein …

Ich kann meine Talente am besten in der Arbeit mit Menschen leben, im persönlichen Gespräch oder auch am Telefon. Manchmal aber auch einfach nur für mich, indem ich interessantes Neues lerne oder auf andere Weise erfahre, erfühle, erspüre. Ich liebe Musik, obwohl ich weder ein Instrument spiele noch besonders gut singen kann. Dennoch finde ich in den vielen unterschiedlichen Musikrichtungen so viel Inspiration oder einfach nur schöne Emotionen, dass es für mich sehr, sehr bereichernd sein kann. Ich leiste mir ab und an die Hybris zu glauben, ich hätte ein (fast) perfektes Gehör (für Musik).

Ich bin oft die erste Ansprechpartnerin, wenn meine mir wichtigen Menschen mal richtig reden möchten, werde aber auch recht früh während eines Gesprächs mit fremden Menschen zur Vertrauensperson. Ich kann wirklich gut organisieren und viele unterschiedliche Interessen unter einen Hut bringen. Ich erkenne die Verflechtungen von Systemen untereinander und kann darauf gut Einfluss nehmen.

Ich glaube, Multitalente können ihre besonderen Herausforderungen am besten leben, wenn sie sich nicht von anderen beirren oder beschneiden lassen in dem, was sie ausmacht. Es ist wichtig, dass sie lernen, ihrer Intuition zu trauen und ebenso ihren anderen Fähigkeiten. Genauso wichtig ist es, vor allem wenn man mit anderen Menschen nicht nur auf einer rein oberflächlichen Beziehungsebene zusammenleben will, sich selbst nicht als das Maß aller Dinge zu sehen. Nach meiner Erfahrung neigen Hochbegabte und auch Scanner mindestens gelegentlich zu Hybris (ich weiß, wovon ich spreche …). Es gibt noch mindestens eine weitere Welt außerhalb der eigenen zuweilen ein wenig selbstbezogenen Wirklichkeit. Man sollte unbedingt neugierig und aufgeschlossen bleiben.

Wie steht es nun um meine Kreativität und Entscheidungsfähigkeit? Fantasie ist mein zweiter Vorname. Mit Entscheidungen tue ich mir manchmal ein bisschen schwerer. Das war in meinem früheren Arbeitsleben nicht so, aber da war es einfach. Ich hatte mein sicheres Monatseinkommen, einen sicheren Job und wusste eigentlich immer, was ich zu tun hatte. Nur selten war der Abteilungsleiter gefordert (etwas mehr, nachdem er sich einmal leicht beschwerte und sich wünschte, ich würde ihm zumindest ab und an mal das Gefühl geben, er würde noch gebraucht).

Früher habe ich öfter gesagt, dass ich sein könnte, was immer ich auch wollte, es war meine feste Überzeugung und ich *wusste*, ich würde noch andere Dinge im Leben tun. Heute denke ich das noch immer, fühle mich aber irgendwo in der Schwebe, da ich keine wirklich feste Arbeit habe, zumindest keine, für die Geld bezahlt würde. Gäbe es ein Tauschsystem, würde ich mich deutlich wohler fühlen, vermute ich mal. Ich stehe jedoch nach wie vor zu meinen Überzeugungen und trete auch für diese ein, genauso wie für politisch engagierte Freunde, die sich öffentlich gegen Rechts stemmen. Ich bin bereit, dafür auch Unbill in Kauf zu nehmen, das gehört dazu und ist Teil meiner Loyalität, mit allen möglichen Konsequenzen.

Wenn ich anderen Scannern etwas mit auf den Weg geben könnte … Ich denke, wir sollten uns immer bewusst sein, dass wir zwar nicht unbedingt zur »großen grauen Masse« gehören, dass dies aber noch lange keinen guten Menschen aus uns macht. Wir sind immer dazu aufgefordert, auch andere in ihrer Einzigartigkeit anzuerkennen und an uns selbst zu arbeiten. Oberflächlichkeit in Beziehungen beispielsweise ist nicht dienlich, nur weil man Abwechslung will. Es kann auch sehr entspannend sein, etwas »Altes«, Vertrautes in unmittelbarer

Nähe für längere Zeit zuzulassen. Das Argument, man würde sich mit bereits Bekanntem so schnell langweilen, kann ich nicht gelten lassen, das ist einfach nur oberflächlich und gedankenlos. Damit macht man es sich zu leicht, ich zumindest empfinde das als Ausrede und auch nicht als besonders ehrlich. Weder anderen noch sich selbst gegenüber …

Es geht für mich auch in anderer Hinsicht darum, mich zumindest gelegentlich zu disziplinieren, auch wenn »Freiheit« wohl eine der großen Antriebsfedern ist. Sich immer mal wieder zu besinnen, was genau man eigentlich tun möchte, die angefangenen Aktivitäten auch mal zu einem Ende zu bringen, auch wenn man zwischendurch einen kleinen oder auch mittleren Bogen schlägt.

»Alle unsere Erkenntnisse haben ihren Ursprung in der Empfindung.«

Leonardo da Vinci

Deine speziellen Intelligenzformen nutzen

Es gibt jede Menge Vorurteile und Fehlannahmen zu Intelligenz und Begabung. Viele Menschen, die sich als Scanner-Persönlichkeit entdecken, hatten bislang stark ausgeprägte Vorurteile in sich, die verhindert haben, dass sie ihre innere Vielfalt als besondere Begabungsform anerkennen konnten. Begabt zu sein, hat für die meisten etwas mit Genialität, Erfolg, Titeln und Hochleistung zu tun. Das ist aber wirklich ein grober Fehler und schürt nur die vielen Mythen und Vorurteile über Begabungen. Diese entstehen oft aus schlichtem Unwissen über das Thema. Aber das kann sich ja leicht ändern!

Vorurteile bezüglich Begabung und Intelligenz

Ein Begriff wie »Begabung« weckt bei vielen eine ganze Kette von Assoziationen, die irgendwie mit Hochbegabung zusammenhängen. Hochbegabung ist jedoch ein schillernder Begriff und nicht einmal die Experten sind sich über die Definition wirklich einig. Wie denn auch, wenn nicht einmal das Konstrukt Intelligenz eindeutig definiert werden kann? Aber leider hat so gut wie jeder heute eine Meinung und versprengte Teile von Vorwissen zum Thema. Jeder hat schon einmal Berichte über hochbegabte Kinder gehört, gelesen oder gesehen, denn die Medien sind voll von teilweise bizarren Beiträgen. Das, was da vorgestellt wird, hat oftmals nicht sehr viel mit der Realität zu tun. Hier scheinen die gleichen Marketinggesetze wie sonst in den Medien auch zu gelten: Je spektakulärer eine persönliche Geschichte ist, umso eher wird Wind darum gemacht. Der ganz »normale« Hoch- oder Vielbegabte ist zu langweilig, um realitätsnah darüber zu berichten. Doch wo es vorrangig um Quote und Werbeeinnahmen geht, bleibt die Realität des Lebens tendenziell fern.

Was glaubst du über Vielbegabte?

Diese Berichterstattung prägt vielleicht auch deine ganz persönlichen Vorstellungen. Vielleicht glaubst auch du, dass nur Menschen wie Albert Einstein besonders begabt sind oder so schrullige Typen wie Sheldon Cooper aus »Big Bang Theory«. Und natürlich kannst du mit so einer Vormeinung nur schwer anerkennen, dass deine Vielseitigkeit und Kreativität ebenfalls eine Form der Begabung sein könnte.

Bei sogenannten Experten ist es nicht viel anders: Fragen wir fünf Experten, was Intelligenz ist, erhalten wir fünf verschiedene Antworten. Und das ist noch maßlos untertrieben. All die folgenden Intelligenzformen werden in unterschiedlichen Publikationen ausführlich beschrieben – und es ist ja auch gut, dass sie so differenziert betrachtet werden. Jeder Mensch besitzt viele Arten von Intelligenz in unterschiedlichem Maße (du erinnerst dich sicher an Howard Gardner, der hier einige Intelligenzformen beisteuert):

- Sprachliche oder linguistische Intelligenz
- Musikalische Intelligenz
- Logisch-mathematische Intelligenz
- Räumlich-bildliche Intelligenz
- Körperlich-kinästhetische Intelligenz
- Intrapersonale Intelligenz
- Interpersonale Intelligenz
- Naturalistische Intelligenz
- Existenzielle Intelligenz
- Emotionale Intelligenz
- Soziale Intelligenz
- Spirituelle Intelligenz
- Physische Intelligenz
- Kognitive Intelligenz
- Praktische Intelligenz
- Professionelle Intelligenz
- Kreative Intelligenz
- Vitale Intelligenz
- Kristalline und fluide Intelligenz

Ich hoffe und wünsche mir, dass diese sogar noch unvollständige Liste dazu beiträgt, dass wir uns die Absurdität der eindimensionalen Definitionsversuche von Begabung und Intelligenz bewusst machen. Es hilft nur eines: Besinn dich darauf, was du selbst empfindest. Mach dich frei von Vorurteilen, denke neu und anders. Leg einfach immer weniger Wert auf Anerkennung und Bestätigung von irgendeinem Experten oder irgendeinem Test. Ich wünsche mir für dich, dass es dir vollkommen egal ist, welches Etikett dir auf die Stirn gepappt wird. Und ich freu mich darüber, wenn du durch eigenes Nachdenken und Nachspüren herausfindest, in welcher Weise du ein außergewöhnlicher Mensch bist. So kannst du auch feststellen, welche Lebensumstände und Lebensbedingungen für dich nützlich und hilfreich sind.

Erfahrungsintelligenz der Scanner-Persönlichkeiten

Es gibt zwei besondere Formen von Intelligenz, mit denen sich die Begabungen der Scanner-Persönlichkeiten perfekt beschreiben lassen: fluide und kristalline Intelligenz. Raymond Cattell stellte die seither sehr bekannte Zweikomponententheorie 1971 auf. Sowohl Vererbungsfaktoren als auch das im Laufe des Lebens erlernte Wissen spielen bei beiden Intelligenzfaktoren eine Rolle.

Wenn sich ein vielseitig interessierter Mensch durch das Ausleben seiner Interessen besonderes Wissen aneignet, wird seine kristalline Intelligenz dadurch höher. Beim Scanner ist sie also gut ausgeprägt. Denn die kristalline Intelligenz bezeichnet das Wissen, das sich aus Lernprozessen ergibt, die Allgemeinbildung, das Schulwissen, Erinnerungen und vielfältige Erfahrungen. Es ist nachgewiesen, dass die kristalline Intelligenz bei allen Menschen bis zu einem Alter von etwa 65 Jahren stetig ansteigt. Erst dann bleibt sie konstant und kann in manchen Fällen sogar ein wenig zurückgehen. Durch gezielte Trainingsmaßnahmen lässt sich erreichen, dass die kristalline Intelligenz im Alter weniger schnell abnimmt und somit beispielsweise das Risiko, an Alzheimer zu erkranken, minimiert wird.

Im Gegensatz zur kristallinen Intelligenz steht die fluide Intelligenz. Sie wird auch flüssige oder geistige Intelligenz genannt, da sie die angeborenen Fähigkeiten eines Individuums beschreibt. Faktoren der fluiden Intelligenz sind die Flexibilität, Kreativität, die Problemlösefähigkeit und das logische Denken. Weiterhin beeinflussen die Intuition sowie die Fähigkeit, neue Ideen zu entwickeln, die fluide Intelligenz.

Und schon wieder erkennen wir auf den ersten Blick, dass vielbegabte Scanner-Persönlichkeiten auch eine hohe fluide Intelligenz besitzen müssen, da sie ständig neue Ideen haben und kreative Inspiration erleben. »Wissen ist das Kind der Erfahrung«, sagte Leonardo da Vinci einmal. Und auch: »Hüte dich vor den Lehren jener Spekulanten, deren Überlegungen nicht von der Erfahrung bestätigt wird.« Wie recht er hat! Also, lieber Scanner-Mensch: Mach so viele Erfahrungen, wie du kannst, und misstrau den Theoretikern.

Du kannst deine Intelligenz beeinflussen!

Die kristalline Intelligenz lässt sich wie ein Muskel trainieren, wenn sie konstant gefordert und gefördert wird. Ich nenne sie gern Erfahrungsintelligenz. Wer also ständig neuen Interessen nachgeht, seine Neugier füttert und immer begeisterungsfähig bleibt, wird mit dieser Art Gehirntraining seine kristalline Intelligenz beständig erhöhen. Nichts anderes tut eine Scanner-Persönlichkeit. Die ganz normale Aktivität eines Vielbegabten wirkt sich jedoch nicht nur auf die kristalline Intelligenz aus, sondern trainiert ebenso das Arbeitsgedächtnis. Außerdem wächst auf diese Weise die Fähigkeit, Probleme zu lösen.

Zur Steigerung der kristallinen Intelligenz gibt es einige ganz einfache und bekannte Wege, die dir als Scanner-Persönlichkeit nicht schwerfallen sollten.

- Beschäftige dich möglichst häufig (am besten ausschließlich) mit Dingen, die sich positiv für dich anfühlen.
- Vermeide Routine und Langeweile.
- Lebe, denke, fühle und handle vielfältig.
- Suche Herausforderungen, die dein Niveau weiter anheben.
- Folge dem, was dich motiviert.
- Suche die Verbindungspunkte zwischen deinen Interessen.

Das sind die Grundlagen jeden Gehirntrainings und genau das, was jeder vielbegabte Scanner tagein, tagaus ohnehin schon tut, wenn er sein Wesen zulässt. Logisch also, dass der Scanner eine hohe kristalline Intelligenz besitzen muss. Interessanterweise hilft dir deine hohe fluide Intelligenz dabei, die kristalline Intelligenz stetig auszubauen.

Segen oder Fluch?

Trotz dieser Vorteile in Sachen Intelligenz: Ich möchte noch einmal darauf kommen, dass es Vielbegabte nicht immer leicht haben. In einer Welt, die sich gern am Mittelmaß orientiert und in der der Wert eines Menschen fast ausschließlich anhand seiner erbrachten Leistungen gemessen wird, werden Personen außerhalb der Norm oft ignoriert und ausgegrenzt. Sie werden als »nicht voll funktionstüchtige Wesen« wahrgenommen. Es ist verständlich, das vielbegabte Erwachsene ihre eigentlich positiven Eigenschaften deshalb wie ein negatives, da unerwünschtes Paket mit sich herumtragen. Sie erleben ihre Begabungen eher als Belastung, die es zu verstecken gilt, und nicht als eine Gabe, die ausgelebt und verfeinert werden könnte.

Ich habe viele hoch- und vielbegabte Klienten erlebt, deren Begabung bis zum Erwachsenenalter als gering angesehen wurde (von ihnen selbst ebenso wie vom Umfeld). Sie konnten gar nicht glauben, dass sie von etwas fast schon »zu viel« haben, das ihnen jahrzehntelang nur mangelhaft vorhanden zu sein schien. Diese Menschen mit ihren besonderen Fähigkeiten wurden von ihrem Umfeld (ähnlich wie körperlich oder geistig eingeschränkte/behinderte Personen) entweder mit Samthandschuhen angefasst oder mit abwertender Überlegenheit behandelt.

Beides drängt vielbegabte Menschen, die sich mit ihrem »Anderssein« nicht abfinden können und wollen und sich vor allem nicht abwerten lassen möchten, nur noch weiter in ihre eigene (Gedanken-)Welt. So werden der Beruf, aber auch die Anforderungen des Alltags nicht selten zu einer nur schwer zu bewältigenden und somit belastenden Aufgabe.

Doch anders als bei weniger bis gering begabten Menschen, die zwangsläufig unter die sozialen Fittiche der Gesellschaft genommen werden, besteht der Alltag von vielbegabten und darüber hinaus meist überaus sensiblen Individuen oftmals aus einem wahren Hindernislauf, wobei diese Hürden aus der undifferenzierten Meinung des nicht ausreichend informierten Umfelds entstehen. Für minderbegabte Menschen gibt es besondere Förderung, spezialisierte Institutionen oder persönliche Lernhilfen und Sonderunterricht an Schulen. Hingegen habe ich oft erlebt, dass die Idee einer besonderen Förderung von Hochbegabung und Vielbegabung mit einem Kopfschütteln quittiert wurde und der Bemerkung »Wozu das denn? Die haben es doch sowieso schon leichter«.

Oder noch schlimmer: Statt dass man sich auf die positiven Potenziale und Fähigkeiten der Vielbegabung bei Erwachsenen konzentriert, werden diese Menschen im besten Fall als seltsame Sonderlinge, im schlimmsten Fall als untragbare Außenseiter ohne soziale Anpassungsfähigkeit abgestempelt. Was für ein Verlust für uns alle!

Schwer kann es für Vielbegabte vor allem in beruflicher Hinsicht werden, wenn ihre Arbeitsbereitschaft und ihre Lust, sich für etwas einzusetzen, durch Vorgesetzte ausgebremst werden. Dann stagnieren die Fähigkeiten der Vielbegabten im Frust und werden aufgrund der negativen Rückmeldungen irgendwann nicht weiter eingesetzt. Dabei müsste jedem Menschen klar sein, dass in einer Gruppe von zehn Vielbegabten wesentlich mehr Potenzial steckt als in einem Betrieb mit 100 »reibungslos funktionierenden« Angestellten.

Schon allein deshalb ist es wichtig, dass sich die Vielbegabten mit ihrem So-Sein auseinandersetzen und aktiv mithelfen, dass sich das Bild, das die Gesellschaft von ihnen hat, wandelt. Lebe also deine Intelligenz. Such dir Gleichgesinnte, tausch dich aus! Für Vielbegabte ist gerade der Kontakt zu anderen Scanner-Persönlichkeiten äußerst wichtig. Der bedeutendste Effekt, vor allem für Menschen mit Problemen im sozialen Bereich, ist die Einsicht, dass es noch viele andere mit ihrer Eigenart gibt und sie nicht »falsch« ist. Hierdurch kann sich ein neues Selbstvertrauen bilden, was die Lebenssituation gewaltig verbessern kann. Zudem fällt die Interaktion mit anderen Vielbegabten auch oft leichter als mit »normalen« Leuten, weil hier keine (oder nur eine sehr geringe) Anpassung des Verhaltens nötig ist.

Gehirnforschung und vielbegabte Multitalente

Seit einigen Jahren gewinnen die Erkenntnisse, die aus der modernen Gehirnforschung gezogen werden, immer mehr an Bedeutung. Und das ist auch nicht verwunderlich, denn insbesondere bezüglich des Lernens und der Rolle unserer Gefühle für einen erfolgreichen Lebenslauf gibt es einige interessante Neuigkeiten. Wenn du verstehst, wie Prozesse im Gehirn ablaufen und wie du sie beeinflussen kannst, wird plötzlich so viel möglich. Denn tatsächlich ist das Gehirn mit seinen neuronalen Verknüpfungen und seinen aktiven Regionen formbar wie ein Muskel.

Da vielbegabte Scanner-Persönlichkeiten sehr intensive Gehirnaktivitäten lieben und aktiv produzieren, ist das Wissen über die entsprechenden Hirnfunktionen äußerst nützlich. Die moderne Gehirnforschung kann heute sogar nachweisen, wie Kreativität, Motivation und innovative Problemlösungen entstehen.

Das Gehirn ist die Schaltzentrale für alle Funktionen deines Körpers. Von hier aus wird dafür gesorgt, dass all deine Organe arbeiten, dass du deinen Körper bewegen kannst und dass dein gesamtes System bei Tag und Nacht, auch ohne deine willentliche Entscheidung dazu, funktioniert.

Der Mensch besteht aber nicht nur aus Taten, sondern auch Gedanken, Gefühlen und Empfindungen, sämtliche Wahrnehmungen und Erlebtes werden im Gehirn gespeichert und verarbeitet. Gerade in puncto Erfolg fragst du dich vielleicht, warum manchen Menschen Dinge leichter von der Hand gehen und anderen das nicht gelingt. Bevor wir uns näher mit diesem Thema beschäftigen, möchte ich zuerst etwas näher auf die Errungenschaften moderner Gehirnforschung eingehen. Denn dann wird sich dein Verständnis von den Möglichkeiten und Unmöglichkeiten höchstwahrscheinlich rapide verändern.

In der modernen Hirnforschung kommen bildgebende Verfahren, etwa die sogenannte funktionelle Magnetresonanztomografie, zum Einsatz, damit wir Einblicke in die Prozesse und Funktionen des menschlichen Gehirns bekommen. Mithilfe der Magnetresonanztomografie lassen sich aktive und weniger aktive Regionen im Gehirn bildlich darstellen. Im Gehirn gibt es unterschiedliche Zuständigkeitsbereiche, beispielsweise für logisches Denken, für intuitives Handeln, für Glück, Trauer, Hass und alles mögliche andere. Bei Menschen, die ihre Gedanken vermehrt auf die positiven Dinge im Leben richten, konnte festgestellt werden, dass die Region, die im Gehirn für das Glück zuständig ist, aktiver ist. Beschäftigst du dich über einen längeren Zeitraum mit einer Sache, beispielsweise mit dem Üben eines Klavierstücks, dann bleibt diese Region auch nach Beendigung des Übens noch wochenlang aktiv. Während des Tuns, das ja willentlich von dir forciert werden kann, werden diese Gehirnregionen nicht nur aktiviert, sondern es bilden sich neuronale Verknüpfungen, die die Regionen im Gehirn immer weiter verzweigen und ausbauen. Dies ist die Fähigkeit der Neuroplastizität. Das bedeutet für dich ganz konkret, dass du es mit der regelmäßigen Beschäftigung und dem bewussten Lenken von Gedanken selbst in der Hand hast, ob du in einer Sache gut bist oder nicht. Was du mit Begeisterung übst, wirst du immer besser können, weil sich dein Gehirn entsprechend umbaut.

Bei kreativ tätigen Menschen wurde festgestellt, dass sich die neuronalen Netze auch leichter mit weiter entfernt liegenden

Regionen verknüpfen. Das hängt damit zusammen, dass der Zugang zu irgendwo abgelegten Gedächtnisinhalten maßgeblich für neue Ideen ist. Aus hirntechnischer Sicht können demnach kreative Lösungen leichter gefunden werden, wenn es gelingt, Wissensinhalte, die bisher voneinander getrennt waren, gleichzeitig wachzurufen. Und tun nicht Vielbegabte genau das, wenn sie beinahe gleichzeitig die unterschiedlichsten Interessensgebiete beackern?

Lernen ist unvermeidbar

Gerade in Sachen Lernen und Pädagogik arbeitet die Neurowissenschaft daran, neue Erkenntnisse zu gewinnen. Nicht umsonst hat sich unter vielen Pädagogen der Begriff »Neurodidaktik« durchgesetzt. Er verweist darauf, dass Schule und Pädagogik auf die Prozesse im menschlichen Gehirn vermehrt Rücksicht nehmen – oder nehmen sollten – und die neuen Erkenntnisse in den Unterricht mit einbauen. Lernen ist ein unvermeidbarer Prozess, er ist eine Folge der Wahrnehmung.

Betrachtet man den Lernprozess von Kindern von einer kognitiven Ebene aus, dann kann man feststellen, dass er viel mit Freude und Begeisterung zu tun hat. Kleine Kinder leben oft über lange Zeit in einem begeisterten Zustand. Alles, was entdeckt, neu erlernt oder auf spielerische Weise erfahren wird, begeistert Kinder im Moment des Tuns. Viele Erwachsene haben diese Begeisterungsfähigkeit verloren, denn das Leben der meisten ist nach dem Prinzip des Funktionierens ausgerichtet, egal ob im Alltag, im Beruf oder in Beziehungen.

Tatsächlich aber kannst du dein Gehirn am besten über deine Emotionen aktivieren und seine Netzwerke ausbauen. Denn seine emotionalen Bereiche erreichen mit ihren Nervenzellen und deren Fortsätzen alle anderen Regionen und können sie ebenfalls anregen. Durch diese Fortsätze werden neuroplastische Botenstoffe ausgeschüttet, die Nervenzellverbände dazu bringen, bestimmte Eiweiße herzustellen. Diese werden dazu benötigt, dass die Fortsätze weiterwachsen können, neue Verknüpfungen im Gehirn entstehen und stabilisiert werden. Aus diesem Grund werden Menschen, die Dinge mit Begeisterung tun, schneller besser. Ihre positiven Emotionen befeuern sie.

Natürliches Doping

Die Begeisterung für eine Sache kann als natürliches Doping für das Gehirn betrachtet werden, das für sämtliche Umbau- und Wachstumsprozesse neuronaler Verknüpfungen benötigt wird. Die Motivation spielt bei der Entfaltung deiner Potenziale eine große Rolle. Entweder hast du die Fähigkeit, dich selbst jeden Tag aufs Neue zu motivieren, oder andere in deinem Umkreis sprechen dir motivierend zu. Denn dies wirkt ebenfalls auf emotionaler Ebene, verleiht der Sache eine gewisse Wichtigkeit und versetzt dich in einen begeisterten Zustand. Mit dieser Mischung aus Leidenschaft, optimistischen Gedanken und einem Gefühl, dass dein Tun wichtig ist, saugt dein Gehirn geradezu alles auf, was du ihm zuführst. Die dadurch angeregte Ausschüttung neuroplastischer Botenstoffe setzt einen positiven Kreislauf in Gang.

Das menschliche Gehirn ist aus neurobiologischer Sicht nicht zum Abarbeiten von Routinen geschaffen, sondern besonders für kreative Problemlösungen. Dies ist vor allem an der Beobachtung erkennbar, dass neuronale Verknüpfungen weitaus schneller passieren, wenn das Gehirn auf weiter entfernt liegende Regionen und auf bereits gemachte Erfahrungen zurückgreifen kann.

Es geht bei Kreativität also nicht nur darum, Neues zu erfinden, sondern auch auf Altes zurückzugreifen und es mit neuen Impulsen zu verknüpfen. Die Voraussetzung für kreative Lösungen ist eine emotionale Beteiligung. Je mehr positive Gefühle du entwickelst, während du beispielsweise mit einer Problemlösung beschäftigt bist, umso besser. Nimm also alles, was du tust, mit Begeisterung in Angriff. Du solltest das Kribbeln förmlich unter der Haut spüren. Lass deinen Geist weiterhin offen sein, indem du dich auch künftig von festgefahrenen Vorstellungen verabschiedest und neue Erfahrungen zulässt.

Das soziale Verhalten

Auch die sozialen Neurowissenschaften haben sich mit dem Phänomen der Neuroplastizität beschäftigt und wollten herausfinden, wie das soziale Verhalten in der Gruppe auf unser Gehirn wirkt. Wir Menschen sind empathische Wesen und fühlen uns permanent in unser Gegenüber ein. Ist zum Beispiel ein Lehrer von seinem Thema, das er vermitteln möchte, selbst überzeugt und kommuniziert er es mit Leidenschaft, dann springt dieser Funke auch auf die Schüler über und der Lernstoff prägt sich durch die positiven Emotionen viel leichter ins Gehirn ein. Die Vorbildfunktion der Mitmenschen beeinflusst uns und unsere Fähigkeiten immens. Hat jemand das Glück, von Freunden, Eltern oder Lehrern umgeben zu sein, die diese Form der empathischen Kommunikation leben, dann wird auch er mit Begeisterung für seine Sachen einstehen. Er wird sich diese Verhaltensform aneignen.

Werde wieder zum Kind

Doch egal in welchem Alter, auch dies hilft Vielbegabten sehr: Erlaube dir, dich in manchen Situationen wieder wie ein Kind zu fühlen. Gewähre der Freude an neuen Entdeckungen, dem Schatzsuchen sowie deiner angeborenen Gestaltungslust freie Bahn. Pflege und hüte diese emotionalen Eigenschaften wie einen Schatz. Jetzt, wo du weißt, dass du dein Gehirn in jede Richtung trainieren kannst und dadurch praktisch alles möglich ist, darfst du dir auch gern etwas zutrauen. Vertrau auf deine Fähigkeiten und lass dir nicht von Neinsagern den Spaß verderben. Es gibt viele Menschen, die neue Ideen, die vielleicht noch nicht ganz ausgereift sind oder utopisch klingen, sofort mit allen negativen Aspekten, die ihnen einfallen, zerstören. Lass dich von solchen Menschen nicht entmutigen, sondern besprich deine Ideen und Entdeckungen mit jenen, die dich motivieren weiterzumachen oder die dir sogar neue Impulse liefern, um deine neuronalen Netzwerke weiter auszubauen.

Gönn dir ausreichend Pausen

Eine ganz wichtige Voraussetzung für die Entwicklung deiner Potenziale sind aber auch die Pausen, die du dir regelmäßig erlauben solltest. Sei es durch ausreichend Schlaf oder die Beschäftigung mit jeweils anderen Dingen. Es ist gar nicht so viel zu tun. Auch ein paar Tage Ferien an einem neuen Ort schaffen viele neue Eindrücke, die dein Gehirn wie ein Schwamm aufsaugt und mit den bereits gemachten Erfahrungen verknüpft.

Gehst du mit Begeisterung an ein Problem heran, werden die entsprechenden Wahrnehmungskanäle im Gehirn aktiviert und ein komplexes Nervenfasernetz entsteht neu oder baut sich weiter aus. Durch die Erregung greift das Gehirn auf ältere Bereiche zurück und verknüpft alles, was zum Thema gehören könnte. Erst wenn dieser Prozess in Gang gesetzt wurde, beginnt dein ganzes Wesen ernsthaft damit, eine Lösung zu finden. Denn die innere, emotionale Erregung soll irgendwann wieder abklingen. Findest du jetzt die Lösung für dein Problem, wird diese als neue Erfahrung regelrecht ins Hirn eingebrannt. Gelerntes sitzt dadurch fest und ist beim nächsten Mal oder bei einer Prüfung verlässlich abrufbar. Je öfter du diesen Zustand der aufgeregten, begeisterten Lösungssuche erlebst, desto mehr werden deine Lust und deine innere Bereitschaft am Gestalten und Entdecken wachsen.

Max, 42

In meiner frühen Kindheit habe ich es irgendwie leichter gehabt als viele andere Kinder. Ich komme aus einer Künstlergroßfamilie, wo ständig etwas Neues ausprobiert wurde. Meine Mutter ist Malerin und Bildhauerin, mein Vater Musiker (er beherrscht etwa 15 Instrumente). Kreativität war bei uns in riesigem Ausmaß vorhanden, wurde exzessiv gelebt und wir Kinder (ich habe noch einen Zwillingsbruder und eine Schwester) wurden für unsere Ideen von den Eltern und Großeltern, die bei uns wohnten, gelobt. Unsere Eltern waren sehr jung und wir haben sie nie als Autoritäten wahrgenommen, die uns laufend Grenzen setzten. Wir durften Dreck machen, hatten Platz im Haus und im Garten und einen Satz wie »Das macht man doch nicht« habe ich nie gehört. Wir hatten nie einen geregelten Tagesablauf. Ins Bett gingen wir, wenn wir vom abenteuerlichen Tag müde waren, und aufgestanden sind wir, wenn wir Hunger bekamen.

In den Kindergarten gingen wir nicht. Es war so spannend und schön zu Hause, da hat es keinen von uns hingezogen. Genau das wurde später zu einem großen Problem, denn in der Schule fing dann der Kummer an. Wir mussten still sitzen und die langweiligen Sachen machen, wie alle anderen. Das hatten wir nicht gelernt. Mein Bruder und ich und unsere jüngere Schwester waren unangepasst, unruhig, konnten nicht pünktlich sein und sahen auch noch anders aus als alle anderen, denn meine Großmutter machte unsere Kleidung meist selbst oder recycelte sie: Aus zwei ollen Teilen machte sie eins, was immer bunt und ziemlich außergewöhnlich aussah. Praktisch vom ersten Tag in der Grundschule begann das Mobbing, sowohl von den Kindern als auch von Lehrern, was sich mehr oder weniger intensiv durch unsere gesamte Schulkarriere zog. Ich weiß nicht, wie oft unsere Eltern in die Schule zitiert wurden, um sich Beschwerden über uns anzuhören. Es wurde ihnen empfohlen, einen Kinderpsychologen aufzusuchen und eine Familientherapie zu beginnen, damit Ordnung in unser aller Leben kommen könnte. Das kümmerte sie zum Glück nicht. Wir drei Kinder wechselten alle mehrfach die Schulen, sowohl Grundschule als auch später Gymnasium beziehungsweise Realschule. Unser Großvater war nur noch damit beschäftigt, uns ständig durch die Gegend zu fahren, was er aber gern tat, denn im Auto konnte er immer so herrlich ungestört und laut singen.

Mein Bruder und ich wurden zu Rebellen, wir schlossen uns eng zusammen, das war wohl unsere Überlebensstrategie. Die Details spare ich mir hier, es war wirklich eine schlimme Zeit, wir waren sicher eine Landplage für die, die uns nicht leiden konnten, und wir hatten sehr wenige Freunde. Meine Schwester fand überhaupt keine Freundin. Sie reagierte auf den Druck in der Schule ganz anders: Erst machte sie wieder ins Bett. Dann hatte sie Albträume. Später stotterte sie, dann redete sie außer Haus monatelang gar nicht und mit zwölf begann ihre

Bulimiekarriere, die sie sehr lange verheimlichte. Erst als sie mit 18 einen Selbstmordversuch unternahm, wurden wir alle wachgerüttelt. Da war ich schon mit der Schule fertig und wollte gerade um die Welt trampen mit 500 Dollar Reisekasse. Ich liebe meine Schwester, darum blieb ich erst mal zu Hause und wir redeten. Tage-, nächte-, wochen- und monatelang. Bis sie anfing, endlich über ihren Kummer zu sprechen. Je mehr ich mit ihr redete, umso mehr Wut auf die ganze Welt kam in mir hoch. Ihre kalte, stille Depression und meine heiße, laute Wut haben sich irgendwie ausgeglichen. Sie bekam wieder Energie und begann zu kämpfen, ich merkte, wie nutzlos so eine Wut doch eigentlich ist.

Als es meiner Schwester wieder gut ging, sind wir zusammen auf die Weltreise gegangen. In Amerika entdeckte sie ihre Liebe zur Musik wieder. Sie verdiente Geld mit ihrer wunderschönen, klaren Stimme, verliebte sich in einen Amerikaner und bewarb sich an einer Musikhochschule. Ihr Mann ist auch Musiker und spielt sehr erfolgreich in verschiedenen Bands und als Studiomusiker.

Mein Weg hatte sehr viele Stationen, ich kürze das hier ab. Nach einem langen Aufenthalt in einem Ashram in Indien und über die Welt verteilten Jobs als Dogsitter, Webdesigner, Koch, Fassadenmaler, Eventmanager und Landschaftsgärtner habe ich mich selbstständig gemacht und in Spanien ein Café eröffnet. Da habe ich dann auch Anne Heintze kennengelernt. Die Gespräche mit ihr haben mir die Augen geöffnet. Plötzlich verstand ich unsere Familiengeschichte viel besser und ich fühlte mich nicht mehr als Loser und Dilettant. Allein dieser Mindshift durch die Umkehr der Vorzeichen von zu wenig (Disziplin, Konformität, Anpassungsfähigkeit etc.) hin zu einem Zuviel von etwas (Kreativität, Individualismus, Vielfältigkeit, Neugier, Universalismus) hat unser aller Leben verändert. Die ganze Familie ist irgendwie aufgewacht und hat ein neues Selbstbewusstsein bekommen. Ich bin wochenlang mit einem breiten Grinsen im Gesicht rumgelaufen und erzählte jedem, der es wissen wollte, und allen anderen auch von der vielbegabten Scanner-Persönlichkeit.

Was dabei sehr interessant war: Viele meiner Freunde haben sich in dieser Beschreibung auch erkannt und wir haben so herausgefunden, dass unsere Familie eine ganze Herde von bunten Zebras um sich geschart hat, einfach, weil sie sich bei uns immer so wohlgefühlt haben. Jeder durfte so »verrückt« sein, wie er wollte, und wurde nicht, obwohl er so war, sondern weil er so war, wirklich geschätzt. Ich glaube, das ist das Geheimnis eines glücklichen Lebens als vielbegabte Scanner-Persönlichkeit: Je mehr gleichgesinnte Menschen um einen herum sind, umso leichter fällt es, wenn man ganz anders als die Normalos ist. Also empfehle ich jedem Vielbegabten, wirklich sofort auf die Suche zu gehen nach Menschen, die so ähnlich ticken wie er selbst.

Wir haben zusammen ganz spannende Projekte begonnen, die Arbeit miteinander macht echt Freude, niemand muss langsamer, einfacher oder berechenbarer sein. Ja, kann sein, dass wir für Normalos anstrengend sind. Aber kann das unser Maßstab sein? Wir dürfen doch glücklich und zufrieden sein wie alle Menschen. Jeder auf seine Art.

*»Wer seinem Stern folgt,
kehre nicht um.«*

Leonardo da Vinci

Deine persönlichen Grundlagen entdecken

Für manche vielbegabten Menschen ist es schmerzhaft, wenn sie den Sinn ihres Lebens, ihre Berufung und ihre Zukunftsvision noch nicht gefunden haben. Das kann sogar äußerst schmerzhaft sein. Jeder Mensch, der sein Leben als sinnvoll empfindet, wird das gut nachempfinden können. Aber wie kommt man da hin? Es gibt eine wunderbare Frage, um sich dem anzunähern: Was ist mir wirklich wichtig auf dieser Welt?

Wenn du das herausgefunden hast, kannst du auch leicht dein Leben in den Dienst dieser wichtigsten Sache stellen und dann empfindest du dein Leben auch als wert- und sinnvoll.

Um herauszufinden, was wirklich wichtig und wertvoll für dich ist, musst du dich vor allem mit deinen Werten beschäftigen. Werte sind für dich und dein Verhalten von großer Bedeutung, denn sie sind deine Grundlage, von ihnen geht alles aus. Werte helfen dir, dich richtig zu verhalten, und ermöglichen es auch anderen, dich einzuschätzen und zu unterstützen. Wenn du deine Werte definiert hast, findest du auch leichter den Sinn deines Lebens, der wesentlich ist, wenn du deine

Bestimmung leben willst. Um sie zu finden, gibt es noch weitere Ebenen.

Wie du deine Bestimmung finden kannst

Sieben Ebenen ermöglichen es dir, deine Bestimmung zu entdecken: Umfeld, Verhalten, Fähigkeiten, Glaubenssätze, Werte, Identität und zum Schluss der Sinn.

Das Umfeld ist der einfachste aller Bereiche, weil er so offensichtlich ist, und zwar sowohl für dich als auch für jeden anderen. In diesen Bereich fallen ganz banale Dinge wie beispielsweise eine neue Frisur oder Statussymbole, die dich umgeben. Er umfasst alles aus deinem Leben, was du selbst im Außen verändern kannst, was einen direkten Einfluss auf die Umwelt hat, darauf, wie du auf andere wirkst. Dein Umfeld spiegelt dir deine Außenwirkung wieder. Beobachte sie sehr genau! Dieser Bereich zeigt den Kontext, in dem wir leben. Die Fragen zu dieser Ebene: Wo bist du? Wer ist bei dir? Was ist um dich herum?

Der zweite Bereich betrifft dein wahrnehmbares Verhalten. Dabei spielt es keine Rolle, wie du dich äußerlich gibst. Hast du einen Trainingsanzug an, bedeutet das nicht zwangsläufig, dass du Sport machst. Dieser Bereich zielt mehr auf das ab, was du tust oder auch nicht tust. Fragen zu diesem Bereich: Was tust du? Was geht in dir vor? Was kannst du oder was können andere von dir wahrnehmen?

Wie dein Verhalten können auch deine Fähigkeiten, der dritte Bereich, von außen her gesehen und erkannt werden. Fähigkeiten beschreiben die Dinge, die du kannst oder auch erlernen kannst. Du kannst sie wie auch dein Wissen stetig weiterentwickeln und vertiefen. Übung macht den Meister, das ist hier das Zauberwort. Frage zu dieser Ebene: Wie tust du etwas?

Der nächste Bereich befasst sich mit deinen Glaubenssätzen. Hier kommen vor allem deine inneren Einstellungen zum Tragen. Diese können schon einmal zum Verhalten im Gegensatz stehen. Viele deiner persönlichen Einstellungen sind unbewusst und dir im Laufe deines Lebens und deiner Entwicklung einfach mitgegeben worden. Diese Kategorie lässt sich in zwei Bereiche unterteilen, in deine begrenzenden und deine hilfreichen Einstellungen. Gemeint ist hier die Grundhaltung, wie du an eine Sache oder ein Problem herangehst. Klar ist, dass du keine Chance hast, wenn du von Anfang an nicht an dich glaubst. Glaubenssätze dieser Art sind begrenzend. Hilfreich bedeutet in diesem Zusammenhang, dass du an dich und deine Ziele glaubst. Dann sind deine Chancen wesentlich besser, etwas zu erreichen. Du musst also deine Einstellungen immer wieder hinterfragen und auf den Prüfstand stellen. Fragen zu diesem Bereich: Warum ist das so? Was ist dir wichtig?

Der nächste Bereich sind die Werte. Werte bezeichnen den Hintergrund der Dinge, die du tust. Was steckt dahinter, wenn du etwas machst? Geht es um finanzielle Interessen, deine Gesundheit oder die Familie? Es ist hilfreich, deine Werte zu definieren und zur Erreichung deiner Ziele Strategien zu entwickeln, die mit deinen Werten im Einklang stehen. Stell dir hier immer die Frage, ob es dir wichtig genug ist, etwas zu machen. Bedenke auch immer deine Motivation und deine tatsächlichen Bedürfnisse. Denn nur wenn du es schaffst, nach deinen Werten zu agieren, hast du ein zufriedenes und erfülltes Leben. Das bedeutet, dass du deine Werte auch an die bereits beschriebenen Bereiche anlehnen oder sie aus diesen herleiten kannst.

Der sechste Bereich betrifft deine Identität. Bei der Frage nach der Identität dreht sich alles darum, wer oder was du bist oder sein möchtest. Dabei ist deine Identität nicht etwa eine eindeutige Essenz oder ein unveränderliches Wesen. Im Gegenteil: Sieht man Identität als psychologisches Konzept, geht man davon aus, dass du dich mit etwas identifizierst. Dazu gehört es, bestimmte Merkmale einer Gruppe oder »der Gesellschaft« als eigene Wesensmerkmale anzunehmen und zugleich individuelle persönliche Merkmale auszubilden. Zur Identität gehört auch die Erfahrung der Einzigartigkeit, des Ich, in dem eine Person sich als »anders als die anderen« erlebt. Die Identität bestimmt auch dein Selbstbild und deine Rolle in Familie, Beruf und Freizeit. Die Frage zu dieser Ebene lautet: Wer bist du?

Der letzte Bereich ist der Sinn. Der Sinn beschreibt, was du persönlich in etwas siehst: Wozu soll oder könnte es gut sein? Um zufrieden und glücklich zu leben, gilt es auch, die tiefe Sinnhaftigkeit deiner Existenz zu erfahren. Wenn du weißt, was für dich Sinn macht, wenn du Nutzen, Ziel, Zweck deines Seins und Tuns erkannt und die anderen sechs Bereiche definiert hast, resultiert daraus für dich am Ende dein persönlicher Sinn des Lebens.

Bevor du weiterliest: Mach eine kurze Bestandsaufnahme. Mit welchen der sieben Bereiche hast du dich schon beschäftigt? Welche Erkenntnisse hattest du dazu? Haben sich daraus Handlungen für dich abgeleitet? Wie hast du diese umgesetzt? Was hat dich dabei unterstützt? Wenn nicht: Was war stattdessen? Erkenne vielleicht auch ganz einfach, dass du dich mit diesen Ebenen (oder einzelnen davon) noch nicht befasst hast.

Dann ist jetzt vielleicht die richtige Zeit dazu. Schreib auf, welche Erkenntnisse du gewonnen hast.

Welche Werte fördern deine Gaben?

Schauen wir noch genauer auf die Werte. Werte sind nichts, was du von Geburt an hast. Werte werden dir in erster Linie vorgelebt und du übernimmst sie als Kind, ohne dir über sie oder ihre Inhalte im Klaren zu sein. Den größten Einfluss nimmt dabei deine nähere Umgebung, also Familie, Schule und Freunde, auf dich und deine Wertedefinition. Außerdem natürlich die Gesellschaft an sich mit ihren kulturellen Eigenheiten, die sich über Jahrhunderte herausgebildet haben.

Ich verwende den Begriff folgendermaßen: Werte sind die Vorstellungen, die Orientierung verleihen. Es gibt Werte für einen einzelnen Menschen und solche, die in einer Gemeinschaft als wünschenswert angesehen werden. Ich unterscheide moralische (Aufrichtigkeit, Gerechtigkeit, Treue), religiöse (Gottesfurcht, Nächstenliebe), politische (Toleranz, Freiheit, Gleichheit), ästhetische (Kunst, Schönheit), materielle (Wohlstand) und Familienwerte (Zusammenhalt, Loyalität zum Beispiel). Werte sind auch bestimmte Auffassungen von Objekten, Zuständen und Prozessen, die als angemessen, gerecht und wünschenswert angesehen werden. Werte prägen sowohl die Gesellschaft als auch die Existenz des Einzelnen.

Wirft man einen Blick darauf, wie der Begriff »Wert« im Allgemeinen verstanden und benutzt wird, so gewinnt man leicht den Eindruck, als handle es sich dabei um eine Art Forderung nach einem bestimmten Verhalten, wie es jeder gute Bürger akzeptieren sollte. Ich meine jedoch gelebte Werte, echte

Handlungswerte. Unter Handlungswerten verstehe ich all die Werte, die dem Handeln zugrunde liegen. Also keine theoretisch-philosophischen Konstruktionen, sondern real gelebte Grundlagen, die darüber bestimmen, wie du deine Ideen umsetzt, wie du arbeitest, wie du mit den Menschen um dich herum umgehst, wie du deine Ziele zu erreichen versuchst, wie du kommunizierst. Handlungswerte sind also das Wie deines Handelns.

Werte und Bedürfnisse als Grundlage des Glücks

Der amerikanische Psychologe Abraham Maslow erforschte gesunde, erfolgreiche und glückliche Menschen. Dabei entdeckte er, dass man die menschlichen Bedürfnisse in eine bestimmte Rangordnung einteilen kann. Alle Bedürfnisse zusammen bilden dabei eine Pyramide in mehreren Schichten. Die Basis der Pyramide bilden die physiologischen Bedürfnisse, anschließend folgen Sicherheitsbedürfnisse, soziale Bedürfnisse, Individualbedürfnisse und schließlich steht an der Spitze der Pyramide die Selbstverwirklichung.

Sobald eine Stufe erreicht ist, hat der Mensch das Bestreben, die nächsthöhere Stufe zu erklimmen. Erst wenn die Bedürfnisse einer unteren Stufe gestillt sind, strebt der Mensch nach Bedürfnissen der nächsten. Oder anders ausgedrückt: Die nächsthöhere Stufe wird erst erklommen, wenn die tiefer gelegene Schicht ihm keine Schwierigkeiten mehr macht.

Wenn alle »unteren« Bedürfnisse befriedigt sind, die physiologischen-, die Sicherheits- und Sozialbedürfnisse, wird eine neue Unruhe und Unzufriedenheit im Menschen erwachen: Er strebt nach Selbstverwirklichung.

Es geht dabei um den Wunsch, das eigene Potenzial auszuschöpfen, also das zu werden, was einem Menschen anlagebedingt maximal möglich ist. In welcher Form sich dieses Bedürfnis letztlich ausdrückt, ist im höchsten Maße vom Individuum selbst abhängig. Vielleicht will jemand eine gute Mutter sein, ein Athlet, ein Erfinder oder was auch immer. Hier kommen dann auch die Werte ins Spiel: einmal die theoretischen Werte, aber auch die Handlungswerte.

Ein Allheilmittel für eine persönliche Schieflage stellt die Klarheit über die eigenen Werte nicht dar, aber ein wichtiges Lebensprinzip. Werte sind Orientierungshilfen im Dschungel der Wahlmöglichkeiten. Im Zweifelsfall entscheiden Werte, nicht Wünsche über das eigene Verhalten in Berufs- und Privatleben.

Eine Renaissance der Werte wie Sicherheit, Verlässlichkeit, Schönheit, Qualität, Klarheit, Orientierung, Sinn, gutes Gewissen, Wohlbefinden, Lebensfreude, Respekt ist nicht zu übersehen. Sie belegt, wie wichtig eine Werteorientierung für uns Menschen ist. Das Entdecken und dann das konsequente Leben nach den eigenen Werten – das ist die Grundlage, um ein selbstbestimmtes, glückliches Leben zu führen. Auch und gerade für Scanner-Persönlichkeiten, für die Selbstbestimmung so wichtig ist wie die Luft zum Atmen.

Zielstrebigkeit, Motivation, Glaubwürdigkeit, Integrität, Ethik und Entscheidungsfähigkeit lassen sich nur entwickeln, wenn das persönliche Wertesystem eine feste Basis bildet. Persönliche Werte sind ein wirksames Instrument, um Sinnhaftigkeit zu erfahren sowie tragfähige und wertvolle Veränderungen einzuleiten, wann immer das nötig ist. Werte sind also wichtige Komponenten, die jeder Mensch braucht, wenn er eine stabile Lebensvision entwickeln will. Wenn du deine Werte kennst, dann kannst du …

- die Initiative ergreifen,
- deinen Willen zeigen,
- dich wirkungsvoll engagieren,
- andere Menschen von deinen Ideen überzeugen,
- Vertrauen gewinnen,
- einen klaren Standpunkt vertreten,
- deine Themen vorantreiben,
- deine Potenziale voll ausschöpfen.

Finde dein Warum

Wer nicht weiß, warum er etwas tut, kommt privat wie beruflich eines Tages in eine Sackgasse. Wer sich selbst klar darüber ist, was ihn antreibt, kann auf Motivation von außen verzichten, er lebt selbstbestimmt und zielgerichtet – und er ist in der Lage, andere Menschen zu begeistern, mitzureißen.

Dann erfährt er Unterstützung, vielleicht sogar von unerwarteter Seite, und wird selbst mit Fehlschlägen sehr viel besser fertig. Wer die Antriebskraft in sich selbst spürt und benennen kann, führt in erster Linie sich selbst und kann dadurch, sofern erforderlich, auch sehr gut Mitarbeiter und Mitstreiter führen.

Diese Menschen werden sich für ihn einsetzen, denn sie sind überzeugt, auf dem richtigen Weg zu sein, und investieren buchstäblich alles in ihre Arbeit, weil die Führung stimmt. Hier werden ganz neue Kräfte frei, die uns auch durch Schwierigkeiten tragen und die uns immer wieder an uns und unser Handeln glauben lassen.

Eingefahrene Gleise führen nicht immer in die richtige Richtung

So geht es vielen Menschen, nicht nur Vielbegabten: Der Tag steckt voller Termine, die Zeit läuft weg und immer haben wir das Gefühl, wir sollten noch viel mehr tun. Andererseits planen wir Aktivitäten, wenn wir endlich mal Zeit haben: Im Urlaub wollen wir sehr viel erleben, in der Rente werden wir die Fotos der vergangenen Jahrzehnte sortieren … und beim nächsten Job wird alles ganz anders. Außerdem träumen wir von Karrieren, mehr Geld, einem neuen Zuhause … Und während diese Gedanken tagtäglich durch unser Gehirn geistern, fühlen wir uns ständig unzufrieden, privat wie beruflich. Das Ergebnis: Wir meckern, beschweren uns, sind aggressiv oder auch völlig antriebslos, unlustig, missgelaunt und im schlimmsten Fall depressiv. Dabei wissen wir nicht einmal, was mit uns los ist. Depressionen haben doch nur andere Leute, nicht wir.

Eigentlich stimmt doch alles: Der Berufsweg war gut, das Gehalt stimmt, die Familie ist groß genug, das Zuhause schön eingerichtet. Wir erleben mindestens einen Urlaub im Jahr und treffen Freunde, Verwandte und Bekannte. Ein bisschen Sport, ein bisschen Freizeit, ein bisschen von allem … Doch irgendetwas stimmt offenbar nicht, denn wir sollten uns gut fühlen – außer wir erleben gerade echte Krankheiten und konkrete Traueranlässe, die niemandem erspart bleiben. Aber wenn doch alles recht gut ist – was läuft schief in unserem Leben, dass wir nicht glücklich sind? Und wie können wir das ändern? Dies sind Fragen, die viele noch unerkannte Vielbegabte tagaus, tagein mit sich herumtragen und die zu einer stabilen Unzufriedenheit führen, wenn sie nicht beantwortet werden können.

Sich selbst zuhören

Die Stimmen in unserem Inneren ruhen nie, aber viele Menschen haben es verlernt – oder nie gelernt –, auf sie zu hören. Unser kluges Bauchhirn und die innere Stimme geben immer Bescheid, ob sich etwas gut anfühlt oder nicht. Es geht vor allem in der Anfangsphase der Selbsterkenntnis nicht darum, sofort das ganze Leben umzukrempeln, doch es kann natürlich mit der Zeit zu mehr oder weniger einschneidenden Veränderungen kommen. Es ist wichtig, sich selbst und seine Überzeugungen kennenzulernen, um die Weichen richtig zu stellen.

Vielleicht hilft manchem das von dem amerikanischen Unternehmensberater Simon Sinek kreierte Bild des Goldenen Kreises: Er besteht aus drei Kreisen. Im innersten Kreis steht WHY: Warum? Im mittleren finden wir ein HOW: Wie? Und im äußersten Kreis wohnt das WHAT: Was? Das Was steht für Dinge oder Leistungen, die sich in Fakten und Zahlen umsetzen lassen, also verstandesbezogen sind. Was tun wir? Das Wie sagt uns, auf welche Weise und aus welchen Gründen wir diese Dinge oder Leistungen haben möchten oder schon besitzen. Es erreicht die Emotionsebene, die für Entscheidungen zuständig ist, reicht aber nicht, um unsere Entscheidungen aus unserem Innersten zu erklären. Dafür brauchen wir das Warum. Es steht für unseren eigentlichen Antrieb, der aus allen möglichen Kanälen gespeist werden kann. Hier kann die Angst vor Armut sitzen, die wir vielleicht als Kind erlebt haben. Darum freuen wir uns so sehr auf den nächsten Karriereschritt, der viel Geld bringen wird, auch wenn wir den Job unter diesem entsetzlichen Chef nicht besonders mögen. Doch wir bleiben am Ball.

Sich selbst erkennen

Es geht also um ein Innenleben, das uns zu steuern scheint. Dabei gibt es immer einen Grund, warum wir so und nicht anders handeln. Wir sollten uns allerdings klar darüber werden, welche Stimmen uns führen, damit wir sinnvoll und erfolgreich damit arbeiten können. Wer sich selbst kennt, kann beispielsweise den Wunsch nach dem höheren Gehalt prüfen und beschließen, dass dies für den Moment oder für die nächsten zwei, drei Jahre die richtige Entscheidung ist. Dann allerdings könnte der Weg woanders hinführen.

Wir können uns entscheiden, bewusst Kinder zu bekommen, nicht zufällig, und dann auch Zeit für sie zu haben. Dabei geht es gar nicht darum, dass der Beruf aufgegeben oder ausgesetzt werden müsste. Berufstätige Eltern, die sich in der freien Zeit bewusst mit ihrem Nachwuchs beschäftigen, etwas mit ihm unternehmen und für die Kinder da sind, geben den Kleinen erwiesenermaßen alles, was sie brauchen. Dagegen lassen manche offiziellen Vollzeiteltern ihre Kinder eher »nebenbei« mitlaufen und widmen sich ihnen letztlich nicht mit ganzem Herzen. In aller Deutlichkeit: Es geht bei diesem Reizthema und an dieser Stelle nicht um die Frage der besseren und schlechteren Eltern, sondern um die Frage des jeweiligen inneren Antriebs. In Bezug auf die Elternschaft kann es also sein, dass die Kinder vielleicht doch nicht die richtige Wahl sind, weil der eigene innere Lebensentwurf von Weltreisen, Forschungsdrang und Singledasein mit allen Freiheiten träumt. Das ist jedermanns gutes Recht. Darum ist es wichtig, sich etwas klarzumachen: Man kann sich in jeder Sekunde seines Lebens neu entscheiden – in den äußeren Tatsachen oder in der inneren Einstellung. Das ist das Gute daran.

Es gibt allerdings einen Preis, der zu zahlen ist, wenn Änderungen eintreten. Dieser kann größer oder kleiner ausfallen. Und man muss akzeptieren, dass sich die Vergangenheit nicht mehr ändern lässt. Und wer beispielsweise bereits Mutter oder Vater ist, hat die Verantwortung für sein Kind. Die perfekte Kombination lautet: Den Istzustand akzeptieren und sich Zeit nehmen, die innere Einstellung zu prüfen und eventuell neu zu definieren.

Das ist nicht immer einfach, denn es gibt Einflüsterungen von allen Seiten. Menschen, die uns etwas neiden, weil sie selbst ihr Leben nicht so leben, wie sie es wünschen; Menschen, die glauben, sie wüssten, was für uns das Beste ist; oder Menschen, die uns etwas vorleben, das wir für erstrebenswert halten – oder bisher für wünschenswert hielten. Vielleicht ändert sich das jetzt mit einem Schlag.

Deine persönliche Stärke

Wenn du an diesen Punkt der inneren Klarheit gekommen bist, kann Erstaunliches geschehen: Du findest dich selbst. Und bist eventuell sehr überrascht, dass manches von dem, an das du bisher geglaubt hast, gar nicht deinen Überzeugungen entspricht. Ein Leben neben der individuellen Spur und abseits ihrer Begabungen gerät oftmals aus der Bahn: Depressionen, Burn-out, chronische Krankheiten, Drogenmissbrauch, Süchte und manchmal sogar ein Suizidversuch können der Ausdruck für ein falsch gelebtes Leben sein, in dem das Warum bisher nicht wirklich dem eigenen Wesen entsprochen hat. Natürlich gibt es auch andere Ursachen für solche Krankheiten oder Schieflagen, doch gerade Burn-outs sind der klassische Zusammenbruch eines Lebens, das dir nicht entspricht: Ein »Seeleninfarkt« zeigt dir dies überdeutlich.

Darum ist es so wichtig für jeden Einzelnen, sein Warum zu finden: Weshalb stehst du auf? Was treibt dich an? Es geht dabei um deinen Lebenssinn, der sich nicht in Geld, Anerkennung und Ehrenmedaillen ausdrückt, sondern nur in einer Zufriedenheit, die ihren Sitz ganz tief in deinem Inneren hat und von außen nicht »gefüttert« werden kann. Alles andere kann dein Leben als Zusatz bereichern, ist aber auf lange Sicht meist nicht wichtig. Dauerhafte Zufriedenheit erlebt man nicht mit dickem Bankkonto und Berühmtheit, sondern nur dann, wenn man seiner inneren Stimme folgt und seine Begabungen lebt.

Deine persönliche innere Stärke hat viel mit deinem Warum zu tun. Sie wächst, je besser du deine Eigenmotivation kennst, wenn du so willst: deinen Lebenssinn. Dann reizen dich Prämien und Ehrungen kaum, denn du erbringst außergewöhnliche Leistungen, weil du es so willst, nicht weil sie jemand anderes belohnen könnte oder von dir einfordert. Es ist ein komplett anderes Arbeitsgefühl, das leider vielen Menschen fehlt.

Bist du außerdem Führungskraft, vermittelst du dieses Gefühl auch nach außen. Es gibt ein schönes Bild, das dieses Prinzip verdeutlicht: Wenn du andere dazu bringen willst, ein Boot zu bauen, erzähle ihnen nichts von den technischen Erfordernissen, den Materialien und der komplizierten Vorgehensweise. Wecke in ihnen den Traum von einer Reise über das Meer. Welche Mitstreiter werden den Bootsbau wohl mit mehr Herz und Leidenschaft beginnen? Die, die das technische Wissen erhalten haben? Oder die, die mit ganzem Herzen aufs weite Meer hinaus wollen? Genau. Führst du dich selbst von innen heraus, kannst du deinen »Mitarbeitern« (in welchem Bereich auch immer) dein eigenes Warum so vermitteln, dass sie an dich und das Projekt glauben.

Deine persönliche Lebensaufgabe

Nahezu jeder Vielbegabte kennt die Lebensphasen, in denen er sich fragt, wie das Lebensziel, die Bestimmung oder die eigene Berufung aussehen. Oft begleitet diese Fragen ein zermürbendes Gefühl, das daraus resultiert, dass wir uns selbst unter Druck setzen und das Nichtwissen kaum ertragen. Dieses Gefühl kann das Leben sehr unangenehm werden lassen. Es gibt einige Methoden, mit denen du deiner Lebensaufgabe, die eng mit dem Lebenssinn verbunden ist, näherkommen kannst. Probiere einfach aus, was für dich passend ist. Was nicht funktioniert, lass sein.

Die Situation annehmen

Ein planloses Leben macht häufig keinen Spaß. Doch es gibt auch Situationen, in denen wir lernen müssen, dass wir nichts tun können. Das Tun gehört ebenso zu einem ausbalancierten Leben wie das Nichttun. Gerade das Nichtstun ist für Scanner-Persönlichkeiten aber oft eine große Herausforderung.

Teste doch einmal, wie gut du die Stille aushältst, ohne dich abzulenken oder etwas zu erwarten. Nimm die Atmosphäre des augenblicklichen Moments wahr und beobachte dabei, wie es sich anfühlt, einfach nur zu sein. Sorgen irgendwelche Gefühle in dir für Unruhe und Hast? Es ist nichts Schlimmes daran. Nimm sie ruhig wahr, fühle sie und versuche, sie zu akzeptieren. Denn alles, womit du dich anfreundest, behindert dich nicht mehr. Du kannst lernen, darauf zu vertrauen, dass das Leben dir in jedem Moment die richtigen Signale sendet. Immer, wenn du etwas verändern möchtest, nimm erst einmal die Gegenwart an und akzeptiere den Zustand, der jetzt gerade ist. Erst dann kannst du deine Begabungen wirklich frei nutzen, um deinem Lebensziel und deiner Bestimmung näherzukommen.

Den Interessen folgen

Die Interessen sind der eigentliche Motor der Scanner-Persönlichkeit. Ihre vielen Interessen geben ihrem Leben einen echten Sinn und schenken innere Freude und Lebenslust. Immer, wenn du diese Freude spürst und denkst, dass du die Zeit nicht hättest sinnvoller verbringen können, hast du etwas getan, das zu deinem persönlichen Lebensweg gehört. Daher sind die Interessen des vielbegabten Menschen seine optimalen Wegweiser, um den persönlichen Lebenssinn finden und ausleben zu können. Suche – gerade in Momenten des Zweifels – ganz gezielt danach, was dir solch eine Freude bereiten könnte. Du kannst auch einfach etwas ausprobieren und wirst fühlen, ob es dir Erfüllung schenkt.

Sich Abwechslung gestatten

Die Abwechslung, die du als Vielbegabter suchst, ist tatsächlich auch ein hilfreicher Unterstützer, um auf die wichtigsten Lebensfragen kreative Antworten zu finden. Daher kann es sinnvoll sein, die eigenen verschiedenen Sinne herauszufordern und ständig Neues zu erleben. Hochsensible Scanner-Persönlichkeiten, die ihre Feinfühligkeit einsetzen, finden so leichter ihren Lebenssinn.

Es gibt so viele Möglichkeiten, die du dir gestatten kannst: Konzerte, Besichtigungen, Ausstellungen, Hobbys, Workshops, Vorträge und so weiter. Häufig genügt es schon, Gewohnheiten des Alltags zu ändern, um mehr Zufriedenheit zu erlangen: eine neue Ernährungsform, eine neue Balkongestaltung oder gleich eine neue Wohnung. Ein zusätzlicher Vorteil ist dabei, dass Verstand und Geist fit bleiben, wenn sie sich an ungewohnte Situationen anpassen müssen und stetig neu herausgefordert werden.

Vernetze dich mit anderen vielschichtigen Menschen
Lerne neue, zu dir passende Menschen kennen, die deine vielfältigen Interessen und damit deinen Lebenssinn nicht nur nicht behindern, sondern sogar fördern. Diese Menschen erkennst du daran, dass du dich aus irgendeinem Grund zu ihnen hingezogen fühlst. Nutze die Gelegenheit und sei offen für diese wertvollen Menschen. Besuche passende Orte oder Veranstaltungen, um neue Leute kennenzulernen, was natürlich ebenso in jeder alltäglichen Situation möglich ist: in der Bahn, im Café, im Park und so weiter. Auch auf der Straße könntest du Fremde ansprechen, die du auf den ersten Blick interessant findest. Dadurch kannst du auch Ängste überwinden und neuen Mut schöpfen. Wage dich einfach ins Unbekannte. Versuche, stets von Menschen umgeben zu sein, die so sind, dass du dich in ihrer Nähe gut fühlst.

Auf das Bauchgefühl hören
Und wieder spielt die Intuition eine große Rolle! Wie ich schon geschrieben habe: Verkrampft nach einer Lösung zu suchen, bringt selten etwas. Kreativität, die helfen kann, den Sinn oder die »große Antwort« zu finden, kommt meist in den Momenten, in denen wir loslassen und uns von jedem Druck befreien. Daher solltest du nicht versuchen, etwas zu erzwingen, sondern dich von deinem Bauchgefühl leiten lassen. Du kannst es besser hören und verstehen, wenn du weniger grübelst. Dies bedeutet selbstverständlich nicht, dass du von nun an deinen Kopf nicht mehr einsetzen sollst. Meistens haben wir ein

Bauchgefühl dafür, was richtig ist oder was als Nächstes getan werden sollte. Der Kopf wird dann nur noch dafür benötigt, um das Vorhaben zu prüfen, zu planen und umzusetzen.

Wenn du auch zu den Menschen gehörst, die zu viel denken, solltest du üben, deinem Bauchgefühl nachzugehen, indem du nicht auf deine rationalen Gedanken hörst und das tust, was dir deine Intuition sagt. Du wirst sehr schnell merken, dass dir dadurch wertvolle Erfahrungen und Lebensmomente geschenkt werden, und vor allem, dass sich die so getroffenen Entscheidungen meist als richtig erweisen. Dein Gefühl im Bauch leitet dich in der Regel zu Situationen, die für deine Weiterentwicklung wichtig sind und an denen du wachsen wirst. Du kannst ruhig auf deine Gefühle vertrauen und deinen Verstand ebenso nutzen.

Meditieren

Die Meditation ist eine sehr wertvolle Methode zur Selbstfindung, denn dadurch wird eine Verbindung zu den einzelnen Ebenen der Intuition geschaffen. Wenn du nicht wirklich bei dir selbst bist und dich wirre Gedanken oder gar das Overthinking plagen, dann kann Meditieren helfen, wieder mehr Durchblick und Klarheit zu finden.

Mit Yoga oder Tai-Chi kannst du Meditation und Bewegung vereinen. Du musst dich für das »reine« Meditieren in keine komplizierte Sitzhaltung begeben. Es genügt, wenn du dich aufrecht auf einen Stuhl setzt und deine volle Aufmerksamkeit auf deinen Atem lenkst. Wenn du bemerkst, dass du von Gedanken abgelenkt wirst, kehrst du immer wieder zu deinem Atem zurück. Dabei beobachtest du die Bewegungen deines Brustkorbs und des Bauches.

Es genügen zu Beginn bereits fünf Minuten. Die Meditation kann eine große Hilfe sein, dank der entstehenden Gedankenruhe den eigenen Weg im Leben sehen zu können. Du wirst ruhiger und gelassener, konzentrierter und kreativer und nebenbei wird auch dein Immunsystem gestärkt, wie die Meditationsforschung eindrücklich belegen konnte.

In die Stille gehen

Die Welt ist sehr schnell und hektisch und oft fehlt etwas ganz Wichtiges: die Stille, ein Moment oder ein Ort, an dem nichts mehr hörbar ist und du in dich gehen kannst. Falls du dich gerade fragst, wozu du dies benötigst: Die Stille ist der perfekte Spiegel, um zu erfahren, wer man wirklich ist. Natürlich braucht die Scanner-Persönlichkeit viel Abwechslung und will sich mit vielen Tätigkeiten beschäftigen. Doch dies lenkt oftmals von uns selbst ab, zumindest solange wir den Lebenssinn und die Berufung noch nicht gefunden haben. Wenn du jedoch auch einmal nichts tust, also nichts konsumierst oder machst, und du einfach nur dasitzt und in dich gehst, dann wirst du mit der Stille und gleichzeitig auch mit dir selbst konfrontiert. Wenn du diese Stille ertragen und genießen kannst, dann ist dies etwas ganz Besonderes, das du für dich nutzen solltest. Wenn sich die Stille auf dein Inneres auswirkt, werden auch dein Verstand und dein Geist stiller und du lernst, die Sprache des Lebens zu verstehen. Das führt dich automatisch zu deinem Lebenssinn. Daher solltest du jeden Tag einen Moment der Stille schaffen und in vollen Zügen genießen. Wo dies passiert, ist egal, zum Beispiel kann es dein Lieblingsplatz im Park sein, in der Natur oder du kannst dich auch einfach zu Hause in Stille hinsetzen und einfach nur wahrnehmen, was mit und in dir passiert. Es ist dann auch eine Art Meditation.

Zu lieben beginnen

Wenn du deinen Lebenssinn erfahren möchtest, dann solltest du beginnen, dich und das Leben zu lieben. Denn dir wird lediglich von den Menschen und Dingen etwas gegeben, die du auch liebst. Hierbei ist nicht die Rede von der partnerschaftlichen Liebe oder von Verliebtheit. Es geht um die universelle Liebe.

Möchtest du vom Leben wissen, was dein Sinn, was deine Bestimmung ist? Dann ist es wichtig, dass du beginnst, das Leben zu lieben. Grundsätzlich beginnt das Leben bei dir selbst. Daher liebe dich. Schätze dich und deinen Körper, nimm dich an, so wie du bist, und akzeptiere dich. Mach dir Komplimente und sei nett zu dir.

Selbstliebe hört sich leichter an, als sie ist. Häufig muss sie erst gelernt werden. Sie hat nichts mit Egoismus zu tun. Wenn du dich selbst liebst, hast du auch das große Bedürfnis, diese Liebe mit deinen Mitmenschen und deiner Umwelt zu teilen. Nur, wenn du alles liebst, was und wie es ist, erst dann kannst du eins werden mit dem Leben. Dazu zählen auch die Dinge, die dich aufregen und runterziehen, denn die gehören ebenso zum Leben dazu. Du allein entscheidest, wie du damit umgehst. Du kannst dich immer wieder ärgern, aber du kannst auch versuchen, diese Menschen und Dinge zu lieben. »Wo die Liebe beginnt, hört die Gewalt auf. Liebe siegt über alles«, sagte Leonardo dazu.

Lebe es!

Dies sind die wichtigsten Punkte, mit deren Hilfe du deine Bestimmung finden kannst. Manchmal erscheint es schwer, sie zu nutzen, doch du wirst feststellen, dass jede dieser Empfehlungen ihren Sinn hat. Aus jedem Erlebnis dieser Art wirst du eine

Erfahrung für dein Leben gewinnen können. Mach dir immer wieder bewusst: Das Leben ist dazu da, damit wir uns ausprobieren und weiterentwickeln. Du darfst und musst deine Begabungen wirklich leben, sonst gehst du ein wie eine Primel und wirst noch lange vergeblich nach deinem Lebenssinn suchen. In deinen Begabungen liegt der Schlüssel. Sonst hättest du sie nicht bekommen.

Die genannten Schritte können dir also dabei helfen, deine Lebensaufgabe, deine Bestimmung und deinen Lebenssinn zu finden. Es braucht nur Zeit, Mut und Geduld. Wie lange es dauert, sollte keine Rolle spielen, denn jede Erwartung und jeder Druck wird dich in der jetzigen Situation festhalten und dich daran hindern, dein Ziel zu erreichen. Das Leben lässt sich, genau wie wir Menschen, ungern unter Druck setzen. Sprich mit dem Leben und teile ihm mit, dass du den nächsten Schritt tun möchtest. Und dann hab einfach nur Geduld und denke positiv. Achte dabei auf Zeichen und habe dann den Mut, etwas zu unternehmen, wenn diese Zeichen da sind. Geh die nötigen Schritte, wenn dein Bauchgefühl dir sagt: Es ist richtig. Die Angst zu überwinden wird sich auszahlen. Du wirst spüren, wie viel Lebensglück und welche Freude und Liebe für dich bereitstehen. Nur an dir liegt es, ob du dies alles empfangen möchtest. Wenn ja, dann fang an, die Tipps in die Realität umzusetzen.

Ein kleines Rätsel zur Einleitung des nächsten Kapitels

Ich lade dich an dieser Stelle zu einem kleinen Rätsel ein. Was glaubst du, bedeuten diese Zahlen?

8 760

2 920

1 650

4 190

Schau noch nicht auf die Lösung. Versuch erst einmal, selbst drauf zu kommen.

Bei diesen Zahlen handelt es sich um Stunden. Die erste Zahl ist für uns alle gleich groß, alle Menschen haben die gleiche Zeit zur Verfügung, nämlich 8.760 Stunden in einem Jahr. Die zweite Zahl ist die Anzahl der Stunden, die du bei einer Schlafdauer von acht Stunden pro Nacht schläfst. Die dritte Zahl ist die Anzahl der Stunden, die du arbeitest (gemäß Bericht der EU-Behörde zur Verbesserung der Lebens- und Arbeitsbedingungen – Eurofound – in Dublin von 2009). Die untere Zahl ist die, die neben Schlafen und Arbeitszeit übrig bleibt. Wer sagt, dass du in der Arbeitszeit die volle Realisierung deines Potenzials erreichen musst? Du kannst viele Facetten deines Wesens auch in der anderen wachen Lebenszeit entfalten! Darauf möchte ich dich mit diesen Zahlen aufmerksam machen.

Beruf und Berufung sind keine Geschwister

Einen Beruf auszuüben, der auch gleichzeitig als Berufung empfunden wird, gilt vielen als Ideal. Doch nicht jeder Mensch kann Arzt, Künstler, Geistlicher oder Wissenschaftler werden. Es gibt jedoch eine Reihe anderer Aufgaben, für die wir uns berufen fühlen und in denen wir Erfüllung finden können. Ich lade dich ein, deine eigenen Vorstellungen von Berufung einmal dahingehend zu überprüfen, ob du glaubst, dass Berufung immer mit Erwerbstätigkeit verbunden sein muss. Wer sagt, dass es nicht möglich ist, das du einerseits einer Erwerbstätigkeit nachgehst und andererseits daneben eine Aufgabe hast, die du als deine Berufung begreifst? Wenn du auch hier groß denkst und fühlst, wirst du deine Berufung viel leichter finden, als wenn du glaubst, dass sie in einer 40-Stunden-Arbeitswoche gelebt werden muss.

Wie erkennen wir unsere besondere Berufung?
Manche sagen, sie offenbart sich uns als innere Stimme wie ein nachdrücklicher Ruf. So empfinden es meist religiöse oder spirituell orientierte Menschen. Nicht jedem ist die Sensibilität gegeben, die eigene Berufung ohne Unterstützung aufzuspüren, anzunehmen und umzusetzen. Da sind manchmal Irrungen und Wirrungen auf dem Lebensweg und auf der beruflichen Laufbahn vorprogrammiert. Aber es gibt viele Beispiele dafür, dass sich wahre Berufung über fast alle Hindernisse hinwegsetzt, beispielsweise über soziale oder intellektuelle Hürden. Auch Lebensalter und Gesundheit können Spätberufene unter Umständen behindern, aber selten wirklich aufhalten. Wer eine Berufung spürt, folgt diesem Signal, etwas Bestimmtes anzupacken, Ziele zu erreichen, da zu sein für andere.

Die Berufung zur Fürsorge, zur Liebe und zum Leben sollte in jedem Menschen tief verankert sein. Bei den Berufenen spürst du eine Begeisterung, einen Elan und eine Kreativität, die oft sehr beeindruckend und mitreißend sind. Der Ausdruck ist ein wenig altmodisch, aber du wirst ihn kennen: Menschen mit einer Berufung haben sich einer Sache verschrieben – der Wahrheit, der Gerechtigkeit, der Heilkunde oder der aktiven Lebenshilfe und -pflege.

Es gibt viele Berufene in unserer Gesellschaft

Von diesem Geist und einer solchen Haltung können die unterschiedlichsten Menschen gesteuert werden: Krankenschwestern ebenso wie Sterneköche, Marktfrauen mit Bioprodukten ebenso wie Manager in karitativen Organisationen, Lehrer, Modeschöpfer, Streetworker, Musiker oder Kinder- und Altenpfleger, um nur einige Beispiele zu nennen. Hinzu kommen die Millionen ehrenamtlichen Helfer, die viele Organisationen am Laufen halten – etwa bei der Betreuung von Verbrechensopfern, der Beratung in sozialen Fragen und beim Beantragen von Unterstützung, bei der Seelsorge oder im Bereich des Sports. Es geht nicht darum zu bewerten, welche Berufung am meisten wiegt – entscheidend ist, wie authentisch der Mensch sie annimmt und mit ihr umgeht.

Die Berufung leben

So merkst du, ob du mit deiner Berufung eine harmonische Einheit bildest: Am Anfang steht der Tag, an dem du die Berufung erkennst, die dir in die Wiege gelegt wurde. Oft ist eine chronische Unzufriedenheit der Beginn der Suche nach der Berufung.

Besonders die Scanner-Persönlichkeiten, die ihre Spielfelder für die vielseitigen Begabungen noch nicht gefunden haben, leiden unter dieser Unzufriedenheit. Häufig taucht sie erst in der Lebensmitte oder später auf. Hast du aber deine wahre Mission oder Aufgabe erkannt, gibt es zahlreiche Anzeichen dafür. Du bekommst auf einmal das Gefühl, als fügten sich die Dinge wie von selbst, als würdest du sicher geführt, die richtigen Schritte zur rechten Zeit zu machen.

Es kann auch sein, dass du zeitweise vom Kurs abweichst, dich auf Nebenschauplätzen aufhältst oder durch eine kleine

Pechsträhne entmutigt wirst. Handelt es sich bei deiner Motivation, deinem Leben eine neue Richtung zu geben, wirklich um Berufung? Letzte Zweifel werden verfliegen, wenn du spürst, wie du auf eine beinahe magische Weise auf den Weg zurückgeführt wirst, auf dem du eins bist mit deiner Berufung.

Glaube nicht, dass es mit großer Anstrengung verbunden sein muss, wenn du das tust und vorantreibst, wofür du dich berufen fühlst. Im Gegenteil. Meine Erfahrung ist: Je leichter dir die Dinge von der Hand gehen, desto deutlicher zeigt sich, dass du ein Mensch bist, der sich mit seiner Berufung im Einklang befindet.

Genieße die Leichtigkeit des Seins – auch bei schweren Aufgaben!

Alles, was wir gern tun, wofür wir uns begeistern oder wofür wir starke positive Gefühle entwickeln, wird uns selten zu viel. Du wirst staunen, was du bewegen kannst, wenn du deiner Berufung entsprechend handelst. Langeweile, Frustration und Lustlosigkeit wirst du nicht mehr kennen. Und das wirkt sich positiv auf deine Gesundheit und deine gesamte Konstitution aus. Du gewinnst an Spannkraft und physischer und mentaler Leistungsfähigkeit. Das ist ein weiteres Indiz dafür, dass du deine Berufung gefunden hast.

Es gibt noch mehr Merkmale, die dir bestätigen, dass du auf dem richtigen Weg bist. So ist es gut möglich, dass sich deine Finanzlage verbessert, beispielsweise dadurch, dass du deine Lebensaufgabe klar definiert und andere davon überzeugt hast. Sei außerdem gewiss, dass die Seelenruhe, mit der du jetzt Krisen meisterst, auch damit zu tun hat, dass deine Berufung dich zuverlässig leitet. Praktische Hilfe wird dir auf einmal angeboten, materielle und ideelle Unterstützung. Menschen, die ihre Berufung gefunden haben, treten überzeugend auf und setzen sich hundertprozentig für ihr Anliegen ein.

Wie steht's mit deiner Selbstwirksamkeit?

Das Leben stellt jedem ab und zu einige Hürden in den Weg. Damit du mit den Höhen und Tiefen besser umgehen kannst, ist es wichtig zu erkennen, dass und wie sehr die eigenen Überzeugungen der Grundstein für Erfolg und Glück sind. Oder auch für Unglück und Misserfolg. Das Schlüsselwort hierzu ist Selbstwirksamkeit.

Was ist Selbstwirksamkeit?
Selbstwirksamkeit ist die Einstellung zu den eigenen Handlungen. Ein Mensch mit wenig Selbstwirksamkeit traut sich wenig zu. Er ist überzeugt davon, dass sein Leben eher vom Schicksal geprägt wird als von den eigenen Handlungen. Dementsprechend ist auch seine Einstellung eher negativ. Oft finden sich diese Menschen in der Opferrolle wieder und lassen lieber andere agieren, als selbst den Antrieb zum eigenen Handeln zu finden. Wie sich so eine innere Grundhaltung auswirkt, ist sehr leicht vorstellbar.

Bei einem Menschen, der über eine hohe Selbstwirksamkeitserwartung verfügt, ist das Vertrauen in die eigenen Handlungen groß. Er ist überzeugt davon, dass die Handlung, die er ausführt, auch die richtige ist. Er ist überzeugt, dass er etwas bewegen kann und dass sich durch das Handeln eine Veränderung einstellt. Die Selbstwirksamkeit drückt also das Vertrauen in das eigene Handeln aus. Ebenso gehört das grundsätzliche Vertrauen in die eigene Leistungsfähigkeit und die eigene Stärke dazu.

Selbstwirksamkeit ist von Optimismus geprägt, da sämtliche Gedanken, Gefühle und Handlungen einer positiven Grundhaltung entspringen. Das erweitert natürlich auch die Möglichkeiten der Selbstbestimmung. Wer über eine hohe Selbstwirksamkeit verfügt, wird auch den Glauben haben, den Anforderungen des Lebens gewachsen zu sein. Man könnte auch sagen: Kein Weg ist dir zu weit und kein Berg zu hoch, um im positiven Sinne die Herausforderung bewältigen zu können.

Wie sich Selbstwirksamkeit in deinem Leben auswirkt

Die Erwartung an die eigene hohe Selbstwirksamkeit ist für das Leben von großer Bedeutung. Selbstwirksamkeit beeinflusst die Gefühle, den Lebenserfolg und das eigene Verhalten. Sobald du deinem Einfluss auf dein gesamtes Leben vertraust, reagierst du in herausfordernden Situationen weniger ängstlich. Zudem verlierst du seltener die Hoffnung und beweist ein längeres Durchhaltevermögen. Aufgrund dieser Aspekte traust du dir automatisch mehr zu als die Menschen, die eine geringere Selbstwirksamkeitserwartung haben. Diese neigen dazu, schnell aufzugeben, und erleiden daher oft Rückschläge und Niederlagen. Meist ist das der Grund, warum sich viele Menschen mit einer geringen Selbstwirksamkeitserwartung erst gar nicht an Herausforderungen herantrauen. Das geringe Vertrauen in die eigene Kraft führt dazu, dass diese Menschen eher hilflos durchs Leben gehen.

Wie kannst du Selbstwirksamkeit erlernen?

Zuerst musst du selbst davon überzeugt sein, dass du etwas in deinem Leben verändern willst. Erst, wenn du ohne Zweifel weißt, dass du dein Leben in die eigenen Hände nehmen willst, kann eine gewünschte Veränderung eintreten. Hemmende Einstellungen kannst du ändern, indem du dir immer wieder sagst:

- »Ich kann das! Ich vertraue mir selbst und dem, was ich kann.«
- »Ich kann Probleme gut bewältigen. Ich habe die Kraft und die Stärke dazu.«
- »Ich kann das und ich werde es auch schaffen.«

Dennis, 28

Bis ich erkannt habe, eine vielbegabte Scanner-Persönlichkeit zu sein, sind viele Jahre ins Land gegangen. Jobwechsel, eine Weltreise und der Drang nach Selbstverwirklichung brachten mich dazu, genau herauszufinden, wer ich bin und wo ich meine Talente einsetzen will. Im Zuge meiner Positionierung als Coach und beim Erstellen meiner Website bin ich auf das Buch von Barbara Sher aufmerksam gemacht worden: »Du musst dich nicht entscheiden, wenn du tausend Träume hast«. Ich habe es an einem einzigen Tag voller Begeisterung gelesen und seitdem hat mein Leben eine ganz andere Qualität. Ich bin selbst überrascht, was allein die Selbsterkenntnis zu leisten vermag.

Es hat sich einiges in meinem Leben verändert, seit ich weiß, dass ich ein Scanner bin: Zuallererst verurteile ich mich nicht mehr dafür, dass ich 1 000 Interessen habe. Ich habe das Potenzial als solches erkannt. Nicht länger war ich bereit, dass mich borniertes Spezialistendenken davon abhält, meinen Weg zu gehen. Seit ich weiß, dass ich Scanner bin, öffneten sich für mich viele Türen. Ich habe auch anderen Menschen aufgezeigt, welches Potenzial in ihnen entfesselt werden will.

Ich bin ständig am Probieren, Experimentieren, Erfahrungen-Sammeln. Meine Partnerin hat ebenfalls Scanner-Blut in sich und kennt mich schon lange. Ich nutze meine Scanner-Persönlichkeit jetzt viel mehr, anstatt mich vor ihr zu verstecken.

Meine Vielbegabung kann ich im Berufsleben einsetzen. Das ist das Größte für mich überhaupt. Ich habe einen Weg gefunden, alle meine Interessen und Talente (und die, die noch kommen werden) beruflich zu vereinen. Dadurch fällt das Sich-entscheiden-Müssen weg und ich schaffe mir eine Grundlage, die meine Neugier für immer antreiben wird: Meine vielen Talente lebe ich als Coach, Trainer und Autor aus. Ich betreibe eine Website mit Community, führe Interviews, designe und gestalte und übe zahlreiche Sportarten aus. Wie viele andere Vielbegabte zeichnet mich besonders mein grenzenloser Optimismus und die »Let's do it!«-Mentalität aus.

Multitalente können ihre besonderen Herausforderungen sicherlich am besten leben, indem sie sich ihnen jeden Tag aufs Neue stellen. Darum geht es Scannern ja: Entwicklung, Erfahrung, Wachstum. Ich brauche die Herausforderungen, ansonsten wäre es ein mittelmäßiges und bedeutungsloses Leben für mich.

Meine Kreativität kennt keine Grenzen und meine Entscheidungsfähigkeit ist auch sehr hoch. Denn prinzipiell treffe ich ja viele Entscheidungen am Tag. Aber wenn es darum geht, bei einer Wahl zu bleiben, sieht das ganz häufig anders aus. Als Scanner muss man einfach lernen, mit der Gegenwart zufrieden zu sein und mit der Tatsache, dass man Dinge nacheinander haben kann und nicht unbedingt gleichzeitig.

Anderen Scannern möchte ich gern etwas mit auf ihren Weg geben: Wenn du erkannt hast, wer du bist, dann finde deinen Weg und lebe dein Potenzial aus. Es wäre eine Schande und ein Verbrechen, wenn du trotz Kenntnis deiner Stärken nichts damit bewirken würdest.

Scanner-Talente haben einen großen gesellschaftlichen Nutzen, denn sie können interdisziplinäre Zusammenhänge anschaulich herausarbeiten. Scanner sind hervorragende Berater und Begleiter, weil sie eben nicht betriebsblind sind, sondern die Prinzipien für Erfolg und Verbesserung von einem Bereich in den anderen übertragen können.

»So wie das Eisen außer Gebrauch rostet und
das stillstehende Wasser verdirbt
oder bei Kälte gefriert,
so verkommt der Geist ohne Übung.«

Leonardo da Vinci

Deine Begabungen und Talente veredeln

Oft sind sich Scanner-Persönlichkeiten ihrer Begabungen gar nicht bewusst. Das kann auch auf gut gemeinte Ratschläge von Bezugspersonen in der Kindheit zurückgehen. Meint der Opa oder der Lehrer: »Das ist nichts für dich«, entstehen früh Barrieren, die manchmal nur schwer überwunden werden, obwohl derjenige schon als Kind ein entsprechendes Talent in sich spürt.

Letztendlich bedeutet Talent nicht mehr, als dass ein Potenzial vorhanden ist. Ob sich die Begabung schließlich entfaltet, hängt von der eigenen Fähigkeit ab, sich selbst zu managen – und die kann man erlernen. Es gibt einige Ansatzpunkte, die das Leben mit der Vielfalt erleichtern und Scanner-Persönlichkeiten den Weg für ein selbstbestimmtes, kreatives Gestalten der eigenen Biografie ebnen. Es ist ein Weg, auf dem sie ihre Talente zur Entfaltung bringen.

Sicher kennst du Ansätze zur Talentförderung bei Kindern. Doch nicht nur Kinder können ihre Gaben entdecken und ausbauen. Zwar gilt: Je früher, desto besser, aber Talente können auch später noch gefördert werden. Im Kapitel zur Gehirnforschung habe ich beschrieben, warum und wodurch das Gehirn angeregt werden kann. In diesem Kapitel zeige ich dir, welche konkreten Mittel und Wege du für dich ausprobieren kannst.

Sind alle Menschen talentiert?

Nicht jeder ist von Natur aus ein Genie. Das wäre auch wirklich zu hoch gegriffen, der Begriff hätte gar keinen Wert mehr, wenn er für alle gleichermaßen gelten würde. Dennoch stecken in Scanner-Persönlichkeiten ungewöhnlich viele Talente, die sie kennen sollten, damit sie das eigene Leben sinnvoll gestalten können. Um die eigenen Stärken zu wissen, hilft nicht nur bei der Karriereplanung, die richtigen Weichen zu stellen, sondern steigert auch das Selbstvertrauen und verbessert das Wohlbefinden.

Während der Duden Talent nach wie vor als »eine Begabung, die jemanden zu ungewöhnlichen und überdurchschnittlichen Leistungen auf einem bestimmten Gebiet befähigt« definiert, halte ich diese Beschreibung für veraltet und nach heutigen Erkenntnissen nicht mehr nachvollziehbar. Denn auch durchschnittliche Begabungen können und sollten ausgebaut werden, sind also ein Talent. Lange war ein solches Schubladendenken jedoch vorherrschend und nur Ausnahmetalente wurden effizient gefördert. Ich bin davon überzeugt, dass jeder Talente besitzt. Oft sind diese aber verborgen und müssen erst entdeckt werden.

Da jeder ein ganz individuelles Talent besitzt (oder mehrere), gilt es festzustellen, was dir mehr oder weniger liegt. So können deine Talente für die Karriereplanung ebenso wie fürs Private ins Spiel gebracht werden. Leider gehen aber viele Menschen dieser wichtigen Frage nicht konsequent nach. Gerade Vielbegabte könnten durch die Konfrontation mit der Frage nach den wichtigsten Talenten einen enormen Gewinn erhalten. Jeder Scanner, der seine zentralen Talente kennt und sie lebt, wird sich nicht mehr so leicht von »Nebentalenten« oder für die Berufung unwichtigen Talenten ablenken lassen. Also mach eine Bestandsaufnahme!

Finde heraus, was du wirklich kannst

Viel zu oft werden persönliche Talente nicht erkannt und gehen deshalb unentdeckt und unwiederbringlich verloren. Gemeint ist das Entdecken von persönlichen Begabungen, die dir auf den ersten Blick ganz selbstverständlich erscheinen, obwohl sie in Wahrheit besondere Fähigkeiten sind. Hast du vielleicht ein Händchen für bestimmte Aufgaben, kannst du gut zeichnen oder modellieren, verfügst du über handwerkliches Geschick, kannst du gut zuhören, Menschen anleiten und fördern oder verfügst du über eine besondere musikalische, sportliche oder sprachliche Begabung? Das sind nur einige von einer Vielzahl möglicher Fähigkeiten, die es zu entdecken gilt, um sie zu fördern und weiterzuentwickeln.

Die Ausgangssituation – erkennst du dich wieder?

Vielleicht gehörst du auch zu den Menschen, die etwas ratlos dreinblicken, wenn sie nach ihren Talenten gefragt werden. Tatsächlich gibt es einige, die pausenlos über ihre Talente philosophieren, während andere kleinlaut mitteilen, sie hätten keine. Andere wiederum verfügen über großartige Talente und wissen nichts davon oder erkennen sie nicht an, weshalb diese Fähigkeiten ein Nischendasein führen oder ungenutzt brachliegen. Wiederum andere erfahren Ablehnung für das, was sie können. Häufig geschieht das aus Neid, der andere zu verbalen Angriffen bis hin zu Intrigen und Mobbing veranlasst, weil der »Gegner« über Talente, Begabungen und Eigenschaften verfügt, die sie gern selbst hätten. Selbst in vielen Personalabteilungen und bei so manchem Vorgesetzten erschöpft sich die Talentsuche bei den Mitarbeiten in Oberflächlichkeiten. Es wird zwar über Stärken und Schwächen gesprochen. Doch anstatt die Stärken und Talente eines Mitarbeiters zu entdecken und dieses Potenzial voll auszuschöpfen, wird auf den Schwächen herumgeritten, deren Ausmerzen für den beruflichen Erfolg vermeintlich wichtiger ist.

Auf Talentsuche mit dir selbst

Es gibt verschiedene Techniken, die dich bei der Suche nach den eigenen zentralen Fähigkeiten unterstützen. Je mehr du über dich weißt, umso besser wirst du dich verstehen und lieben können. Wie schon Leonardo sagte: »Man kann etwas erst lieben oder hassen, wenn man genaue Kenntnis davon hat.« Also beschäftige dich intensiv mit dir selbst. Und sei dir sicher, dass Liebe das Ergebnis sein wird.

Zunächst hilft einmal der Blick auf die Hobbys, die du ausübst. Denn kaum jemand wird sich in seiner Freizeit mit Dingen beschäftigen, die ihm schwerfallen und schlimmstenfalls zu Misserfolgen führen. Schau also auf das, was du in deiner Freizeit wirklich gern tust, womit du dich am häufigsten beschäftigst, wobei du eine besonders große Geduld und Ausdauer zeigst. Denk an das, worin du dich verlierst, ohne an die Zeit zu denken.

Eine zweite Variante ist, dass du eine Geschichte erzählst. Im Mittelpunkt dieser Geschichte stehst du als Hauptperson und berichtest von Ereignissen in deinem Leben, in denen du besonders erfolgreich warst. Bring diese Geschichte zu Papier, schreib darin nicht nur deine Erfolge auf, sondern auch, was du erreichen wolltest, wie du dabei vorgegangen bist, welche Hindernisse du auf dem Weg zum Ziel überwinden musstest und vor allem was du tatsächlich erreicht hast und wie. Auf diese Weise lassen sich eine Vielzahl von Verhaltensweisen und eben auch Talente herausfinden, unter anderem deine Taktiken in Stresssituationen, dein Durchhaltevermögen sowie deine Fähigkeit, mit (oder scheinbar ohne) eine Strategie ans Ziel zu kommen. Du filterst mit dieser Methode nicht nur deine Talente und Fähigkeiten heraus, sondern auch wesentliche Eigenschaften, die dich als Mensch ausmachen und deinen Charakter bilden.

Eine dritte Variante, mehr über deine wirklichen Talente zu erfahren, ist, andere Menschen zu befragen. Du könntest die Befragten in unterschiedliche Gruppen einteilen, denn dir sehr nahestehende und wohlgesonnene Personen werden dich möglicherweise wohlwollender einschätzen als unabhängige Dritte, die dich in bestimmten Situationen erleben, ohne dich näher zu kennen. Und nicht immer wird das Ergebnis so ausfallen, wie du es vielleicht erwartet hast.

Typische Fragen, die du deinen Gesprächspartnern hierbei stellen kannst, sind:

- Was macht mich aus?
- Was fiel mir als Kind schon immer leicht?
- Welche Dinge haben mich ganz von allein interessiert?
- Bei welchen Tätigkeiten habe ich früher schon jegliches Zeitgefühl verloren?
- Was kann ich aus deiner Sicht besonders gut?

- Wo besitze ich eine hohe Auffassungsgabe?
- An welche besonderen Erfolgserlebnisse, die ich hatte, erinnerst du dich?

Du wirst du erstaunt sein, welch spannende Ergebnisse bei einer solchen Befragung herauskommen können. Betrachte die Ergebnisse zunächst einfach nur. Dann beginne, sie zu bewerten und mit dem, was du bisher von dir dachtest, abzugleichen. Ich bin sicher, dass es dir mit diesem Feedback leichter gelingt zu akzeptieren, dass du keineswegs ein Universaldilettant, sondern ein außergewöhnliches Multitalent bist.

Eine sehr professionelle Art, die eigenen Stärken zu entdecken, sind Assessments und Trainingskonzepte, die auch im unternehmerischen Bereich eingesetzt werden. Ein Beispiel ist das 360-Grad-Scanning, bei dem speziell ausgebildete psychologische Experten die Persönlichkeitsfunktionen herausfiltern und identifizieren, die für den Einzelnen wichtig und bedeutsam sind. Diese Methode ist vor allem für Unternehmen interessant, die das Potenzial ihrer Mitarbeiter ausschöpfen und diese entsprechend ihrer Neigungen einsetzen möchten. Aber aufschlussreich sind sie auch für den Einzelnen.

Setz voll auf deine Stärken

Gerade für Vielbegabte ist es ganz normal, dass etwas leicht von der Hand geht. Während andere darüber staunen, denken die Scanner über ihre eigenen Schwächen nach und bemühen sich, diese auszumerzen. Wenn du aber weiterkommen möchtest, solltest du dich auf deine Stärken konzentrieren, denn es ist viel leichter, diese auszubauen, als Schwächen zu beseitigen. Doch dazu musst du die eigenen Talente eben erst einmal entdecken und wertschätzen.

Talent allein reicht nicht aus. Wenn du ein wahrer Meister deiner Begabung werden möchtest, dann kommst du um intensives und diszipliniertes Üben nicht herum, was deutlich am Beispiel von Sportlern, Artisten, Schauspielern oder Musikern zu sehen ist. Erst wenn dir grundlegende Abläufe durch Fleiß, Ausdauer und Engagement sprichwörtlich in Fleisch und Blut übergegangen sind, wirst du in der Lage sein, dein Können exakt zum richtigen Zeitpunkt abzurufen und persönliche Höchstleistungen zu erbringen.

Das Entscheidende ist, dass du dein Ziel konsequent verfolgst. Auf dem Weg dorthin wird es kleinere und größere Hindernisse geben, die es zu überwinden gilt. Insoweit bedarf es einer gewissen Frustrationstoleranz, damit dich Rückschläge nicht frustrieren, entmutigen und zum Aufgeben nötigen. Das gelingt dir nur, wenn du dein Ziel um alles in der Welt erreichen möchtest. Nur dann wirst du motiviert genug sein und die erforderliche Energie aufbringen. Umso stärker gilt dies alles, wenn es um ein berufliches Ziel geht, also eines, mit dem du auch dein Geld verdienen willst.

Hast du einen Berufswunsch oder eine berufliche Veränderung vor Augen, solltest du herausfinden, welche Fähigkeiten du dafür benötigst. Idealerweise befragst du dazu Praktiker mit genau diesem Beruf. Je mehr Menschen du befragst, desto besser weißt du, worauf es wirklich ankommt. Wenn du irgendwann eine genaue Vorstellung von dem Berufsbild und seinen Anforderungen besitzt, kannst du überprüfen, welche der nötigen Fähigkeiten du schon besitzt und welche noch ausgebaut werden müssen. Dabei solltest du dich allerdings nicht entmutigen lassen, denn Fähigkeiten wie Eigenschaften lassen sich bis zu einem gewissen Grad trainieren. So kann ein schüchterner Mensch lernen, offener zu werden, aber eine sprichwörtliche Rampensau wird er nur in Ausnahmefällen.

Sinnerfüllung im Beruf

Montagmorgen, sechs Uhr. Der Wecker klingelt. Du wirfst die Decke zur Seite, stehst auf und gehst mit einem Lächeln ins Bad. Du freust dich auf das, was kommt: auf deine Arbeit. Geht es dir genauso? Findest du dich in der Beschreibung wieder? Nein? Du meinst, es ist Utopie? Nein, ist es nicht! Ich lebe so und ich habe viele Menschen auf dem Weg dahin begleitet. Auch du kannst dorthin kommen.

Immer mehr Menschen haben Freude an ihrer Arbeit und finden einen Sinn darin. Sie haben glänzende Augen und ein Lächeln auf den Lippen, wenn sie davon erzählen, und sie strahlen rundum Zufriedenheit aus. Beruf als Berufung, genau das ist es, worum es geht.

Die Rede ist nicht von irgendwelchen Hollywoodstars, die, sobald eine Kamera auf sie gerichtet ist, betonen, wie glücklich und erfüllt ihr Leben doch ist und dass sie den schönsten Job der Welt haben. Hier geht es um Menschen wie du und ich. Menschen, denen es nicht egal ist, womit sie über Jahre ihren Alltag verbringen. Menschen, die eine Sinnerfüllung suchen. Es geht um dich, den Menschen, der gerade jetzt dieses Buch liest, um mehr Lebensqualität zu erreichen.

Vielen Scanner-Persönlichkeiten scheint dieser Wunsch, Spaß an der Arbeit zu haben, ganz weit weg zu sein. Sie sind festgefahren in ihrem Beruf, manchmal sogar in ihrem Leben. Doch statt zu resignieren und sich damit abzufinden, dass es »nur noch 20 Jahre bis zur Rente sind«, sollte jeder in sich hineinhören, um herauszufinden, was er wirklich will.

Bilanz – wo stehe ich?

Nimm dir einen Moment Zeit und spür in dich hinein. Stell dir die Frage: Bin ich zufrieden mit meinem Beruf? Möchte ich genau diese Arbeit nächste Woche, nächsten Monat oder nächstes Jahr noch machen? Erfüllt mich mein Beruf? Werde ich wertgeschätzt? Wird meine Arbeit wertgeschätzt? Kann ich meine Einstellung zu dieser Arbeit ändern? Gibt es andere Dinge, die geändert werden könnten?

Bilanz – was will ich?

Wenn du bereits zufrieden mit deinem Job bist, dann ist alles in Ordnung. Mach aber auch dann ab und zu eine Zwischenbilanz, ob noch alles stimmig ist, und genieß die Zeit in deinem Beruf, schließlich verbringst du täglich viele Stunden damit.

Wenn du merkst, dass du nicht mehr so weitermachen willst, dann kommt der nächste Schritt. Übst du deinen Beruf gern aus, aber nicht in dieser Firma oder nicht mit diesen Kollegen oder unter diesem Chef? Dann weißt du wenigstens schon, dass du dir den richtigen Job ausgesucht hast. Reicht es, deine Einstellung zu ändern? Mit einem Lächeln ins Büro zu kommen? Sich in der Pause mit den Kollegen zusammenzusetzen und mal über andere Dinge zu reden als nur über die Arbeit? Den Tagesablauf einfach mal anders zu strukturieren? Es ist erstaunlich, welche Wirkung solche Kleinigkeiten manchmal haben, auf einen selbst und auch auf das Umfeld.

Oder geht es tiefer? Möchtest du schon seit Jahren etwas ganz anderes machen? Finde heraus, was es ist. Du hast hier bereits viele Anregungen dafür bekommen. Hör außerdem auf deine Intuition, sie weiß ganz genau, was gut für dich ist. Und spiel sie nicht sofort wieder runter, weil es dir unwichtig erscheint, was sie sagt. Nicht jeder kann hauptberuflich in einer Hilfsorganisation arbeiten und auch nicht jeder käme mit dieser Art der Arbeit klar.

Was möchtest du machen? Nähen, kellnern, im Büro arbeiten, Medizin studieren, Holz verarbeiten? Es gibt so vieles! Und es gibt so viele, die auf ihre Intuition gehört haben und seither ihrer Sinnerfüllung nachgehen. Einige setzen sich sogar noch nach der Arbeit für Jahre auf die Schulbank, weil sie etwas suchen, was ihnen ihr alter Job nicht geben konnte: Zufriedenheit.

Und dabei ist es völlig uninteressant, wie alt du bist, aus welcher Branche du kommst oder welches Geschlecht du hast. Sobald du deine Berufung gefunden hast, wirst du es wissen. Wenn du ihr nachgehst, werden wunderbare Dinge passieren, es geht einfach nicht anders. Du fühlst dich geführt, wenn der Weg der richtige ist.

Ich doch nicht!

Die größten Feinde bei Veränderungen sind die eigenen limitierenden Glaubenssätze und ein hinderliches Umfeld. Solange du das weißt und dir dessen bewusst bist, ist alles halb so schlimm. Wenn du etwas gefunden hast, was du gern machen möchtest, kommen nach der Euphorie die Selbstzweifel. Das ist ganz normal und auch gut. Du hast die Gelegenheit, noch einmal über alles nachzudenken und alles zu durchleuchten. Aber wie bereits erwähnt solltest du auf dein Bauchgefühl hören, deine innere Stimme, deine Intuition. Sie wissen genau, was gut für dich ist. Außerdem gibt es heute unzählige Firmen, denen es egal ist, ob man schon Jahre in dem Beruf gearbeitet hat oder nicht. Sie möchten Leidenschaft, dass jemand brennt für das, was er macht. Der Satz »Ich doch nicht« kann also gänzlich aus deinem Wortschatz gestrichen werden!

Einigen wirst du begegnen, die dir davon abraten, weil sie eigentlich neidisch auf dich sind, weil sie selbst zu sehr in ihren Zweifeln gefangen sind, um den nächsten Schritt zu gehen. Denen kannst du Mut machen, es selbst zu versuchen. Niemand ist gezwungen, für den Rest seines Lebens unglücklich zu sein, nur weil er den falschen Beruf ausübt.

All den Leuten, die besonders auf dem Thema Alter herumreiten, sei gesagt: Es gibt sogar Extremsportler, die mit Mitte 30 ihren guten Job hinwerfen, um mit dem Profisport zu beginnen. Ein Alter, in dem andere bereits aufhören. Es gibt Leute, die mit Ende 50 eine Heilpraktiker-Ausbildung beginnen und wissen: Wenn sie fertig sind, können sie regulär nur noch zwei Jahre arbeiten bis zur Rente. Es ist ihnen egal. Sie möchten einfach wissen, wie es ist, in einem Beruf zu arbeiten, den sie sich jahrzehntelang erträumt haben – auch wenn es nur für zwei Jahre ist!

Raus aus dem Alltagstrott: Was man macht oder nicht

Ist es nicht so? Man geht zur Arbeit, man sagt nicht, was einen stört, und natürlich kündigt man nicht einfach so. Aber wer ist »man« und wer hat das definiert, was »man« macht? Ich habe mich noch nie darum geschert, denn dank meiner Eltern, die sich auch nie darum gekümmert haben, was »man« macht, bin ich immer meinen Interessen gefolgt, auch dann, wenn ich irgendwo angeeckt bin.

In vielen Menschen ist dieses kleine Flämmchen, das endlich mal hell auflodern möchte, aber es wird ignoriert. Es fehlt der Mut, dabei ist es ganz einfach. Lächle, fang an, deine Vorhaben wertzuschätzen, sie sind wichtig, egal, was du machen willst. Wenn du es so positiv angehst, werden auch andere in deinem Umfeld lächeln und deine Arbeit wertschätzen.

Achte gerade in den Zeiten, in denen du Großes beginnst, auf dein Privatleben. Kümmere dich vor allem da gut um dich. Triff dich mit Freunden, mach Sport oder leg dich, in eine Decke eingemummelt, mit einem guten Buch auf die Couch. Beginne dich wertzuschätzen, im Privaten wie im Beruflichen. Du wirst sehen, wie sich dein alter Job verändert oder dein neuer Fahrt aufnimmt, wenn du gut mit dir umgehst.

Lebe die maximale Neugier!

Ein wesentliches Erkennungsmerkmal für vielbegabte Multitalente ist die chronische Neugier. Auch das ist ein Talent! Neugier ist ein Gefühl, das aus unserer Bewertung der jeweiligen Situation resultiert. Damit wir etwas interessant finden, müssen wir es idealerweise als neu, leicht verständlich und innerhalb unserer Möglichkeiten sehen. Für die Arbeitswelt ist Neugier immer wichtiger. Denn in unserer flexiblen Welt ist der Wille zu lebenslangem Lernen eine bedeutsame Fähigkeit, die Scanner-Persönlichkeiten mitbringen.

Neugier: Ein evolutionärer Faktor

Neugier ist eine der wichtigsten menschlichen Triebkräfte, die einen bedeutsamen, wenn nicht sogar den entscheidenden Anteil an der Entwicklung unserer Spezies hatte und auch zukünftig haben wird.

Was wäre ein Leben ohne Neugier? Wärst du ohne sie glücklich? Zuerst einmal ist wichtig zu verstehen, was Neugier eigentlich ist. Vielen Menschen fehlt dieses Verständnis, sodass sie ihre eigene Neugier und damit ihr Glück nicht lenken können. Das ist aber entscheidend.

Um Neugier verstehen zu können, müssen wir zu den Wurzeln zurückgehen. Wann genau das erste Mal Neugier auftrat? Es liegt eindeutig sehr lange zurück. Jahrmillionen. Als unsere frühesten Vorfahren ihre ersten Entdeckungen machten, passierte gleichzeitig eine Vergrößerung ihrer Gehirne, womit auch die physiologisch notwendige Grundlage für die Weiterentwicklung gegeben wurde. Neugier ist damit ein biologisch evolutionär entscheidender Faktor.

Als eine der wesentlichen frühen Entdeckungen gilt die Herstellung und Kontrolle des Feuers. Menschliche Neugier führte zu zahlreichen Versuchen, bis es endlich gelang, Feuer zu machen. Nachdem die grundlegenden Mechanismen des Feuers »verstanden« waren, konnte die Methodik verfeinert werden, um beispielsweise ein Feuer mit Funkenschlag oder Reibungswärme zu entfachen. Neben dem Feuer wurden unzählige weitere Werkzeuge entwickelt, die nicht zuletzt aus der Neugier resultierten – bis heute. Zum Glück setzen immer mehr Unternehmen verstärkt auf neugierige Mitarbeiter. Da scheint sich ein Bewusstseinswandel anzubahnen, der für Scanner-Persönlichkeiten von großem Nutzen ist.

Schaut man sich die Höhepunkte der aus menschlicher Neugier hervorgegangenen Leistungen an und berücksichtigt dazu die stetige Weiterentwicklung unserer Technik und unserer mentalen Fähigkeiten, kann man sich gespannt fragen, was die Zukunft noch bringen mag.

Die physiologische Wirkung von Neugier

Betrachtet man die Neugier im Gehirn, stellt man überrascht die äußerst positiven Effekte auf biochemischer Ebene fest. Eine Studie des Zukunftsinstituts in Frankfurt zum Neugier-Management hat gezeigt, dass neugierige Personen höhere Aktivitäten in den Caudatus-Bereichen haben. Diese in die Verarbeitung von Belohnungen involvierten Gebiete sind also aktiver, je neugieriger du bist. Bei genauerer Betrachtung des Caudatus ist zu bemerken, dass er in einem Bereich zwischen den Arealen für »positive Gefühle« und »neues Wissen« liegt. Er unterstützt das Belohnungszentrum, reagiert auf Dopamin und kann Glücksgefühle auslösen. Offensichtlich ist also, dass es für das persönliche Wohlbefinden und die Lebensfreude wichtig ist. Ist der Haushalt der Botenstoffe in diesem Bereich beeinträchtigt, sinkt meist auch die Lebensqualität.

Was bedeutet das? Vielbegabte Scanner-Persönlichkeiten, die ihre natürliche Neugier immer wieder unterdrücken, zum Beispiel weil ihr Umfeld damit nicht klarkommt, werden eine deutliche Verbesserung ihrer Lebensqualität verspüren, wenn sie ihre Neugier von nun an befriedigen, ungeachtet der Reaktionen ihrer Mitmenschen.

Die Suche nach neuem Wissen kann ähnlich wie unser Verlangen nach Sex oder anderen positiven Dingen wirken. Wissensdurst und Belohnung im Gehirn sind eng miteinander verbunden. Mit dieser Betrachtungsweise ist es gar nicht mehr so überraschend, dass wir wie schon unsere Vorfahren eine solch starke Neugier entwickelt haben.

Neugier als Emotion

Du kannst feststellen, dass Neugier wie eine Emotion ist, ähnlich wie Wut, Ekel oder Freude. Und Scanner-Persönlichkeiten sind in der Regel Menschen, die sehr emotionsintensiv leben.

Neugier ist eine emotionale Beurteilung, die natürlich auch mit dem Lernen und dem Denken zu tun hat. Wieder sind die im Laufe des Lebens gesammelten Erfahrungen ausschlaggebend für die Neugier. Jede Information wird mit einem Gefühl verbunden. Unser Gehirn kann ohne eine solche Bewertung nichts mit den Informationen machen. Teil der Bewertung sind Fragen nach Komplexität, Neuigkeit und inwiefern die Information zu dem passt, was derjenige bereits kennt. Da Menschen verschiedene Situationen nicht identisch interpretieren, fallen auch die Emotionen unterschiedlich aus. Und genau diese Interpretationen unterscheiden den vielbegabten Menschen von allen anderen: Er hat ein erhöhtes Interesse – also positive Emotionen – an einer größeren Vielzahl von Informationen.

Die Bewertung von Neugier und Interesse

Neugier und Interesse brauchen also einerseits Neuheit, andererseits eine angemessene Komplexität und Verständlichkeit. Der erste Bereich ist natürlich einleuchtend, da Neues und Unbekanntes in der Erfahrung der meisten Menschen erst einmal spannend ist. Ein Beispiel ist ein typischer Besuch einer Schulklasse im Museum: Während zu Beginn die Kunstwerke mit tatsächlicher Offenheit und Neugier betrachtet werden, langweilt sich nach einer Stunde mindestens die Hälfte aller Schüler, wenn kein neuer Ausstellungsbereich betreten wird.

Mit der Verständlichkeit beziehungsweise dem Bewältigungspotenzial ist die Fähigkeit, etwas tatsächlich zu durchdringen, gemeint. Hiermit können Wissen, Fähigkeiten, aber auch Ressourcen gemeint sein. Dass du etwas weniger spannend findest, wenn es keinerlei realistisch umsetzbare Option für dich wäre, liegt nahe. Vereinfacht gesagt: Ist etwas verständlich und neu, ist es interessant – ist etwas unverständlich und neu, ist es eher verwirrend.

Eignet sich eine Person Wissen zu einem bestimmten Themenfeld an, wird ihr Verständnis natürlich steigen, womit auch die Komplexität wachsen kann, die sie weiterhin interessant findet. Das kennst du sicher aus jeder Art von Ausbildung: Erst müssen die vermeintlich leichten Grundlagen erlernt werden, um später die schwierigeren Bereiche durchdringen zu können. Es entsteht ein beflügelnder Kreislauf, wenn du nach jedem Erfolgserlebnis mit erhöhter Neugier weiterlernst und weitere Erfahrungen in einem Gebiet machst. Es sollte dich also aus guten Gründen nichts davon abhalten, dich weiter mit immer neuen Techniken und Fähigkeiten, Themen und Lebensfeldern vertraut zu machen.

Neugierige Mitarbeiter? Immer wichtiger!

Galt bis vor einigen Jahren noch der hoch spezialisierte Fachmann als das Ziel, sind es mittlerweile die wissbegierigen Mitarbeiter. Das sich wandelnde Umfeld von Arbeit und Gesellschaft ermöglicht ganz neue Optionen. Soziale Netzwerke, rasant steigende Informationstechnologien und ein wachsendes Internet benötigen Mitarbeiter, die sich problemlos und mit Neugier in neue Felder einarbeiten können. Neue Probleme brauchen frische und keine alten Ideen zur Lösung.

Lebenslanges Lernen ist eine Notwendigkeit, um die nur noch die wenigsten Arbeitnehmer (und auch Privatpersonen) herumkommen. Dass es bei der Auswahl der Bewerber die richtigen Neugierigen zu erkennen gilt, versteht sich von selbst. Neugier bedeutet im positiven Fall nicht Unkonzentriertheit oder Ablenkbarkeit – es bedeutet, offen zu sein für Neues und ein Drang, die Welt zu erkunden. Mit Neugier ist natürlich nicht der Spaß an Klatsch und Tratsch gemeint. Es geht um die Begeisterungsfähigkeit für Neues und die Freude daran, immer tiefer in einzelne Themen einzutauchen. Wir sehen also: Vielbegabte Scanner-Persönlichkeiten gehen guten Zeiten entgegen, da bin ich wirklich optimistisch. Immer mehr Unternehmen werden kreative Problemlösungsexperten suchen. Vielleicht gibt es ja eines Tages auch den Beruf des Solutionisten oder Solution-Managers?

Kreativität: Jonglieren mit den Möglichkeiten

Jede Scanner-Persönlichkeit kann ihre Kreativität fördern und verfeinern, um die eigene Lebenszufriedenheit zu erhöhen. Mit bewährten Kreativitätstechniken können vielbegabte Menschen mehr aus ihrem Ideenreichtum machen und die besten Eingebungen erfolgreich in die Realität transportieren. Setze diese Techniken ein, um im beruflichen und privaten Leben mehr von deinen Talenten und Gaben zu leben.

Kreativität leitet sich von dem lateinischen Wort *creare* ab, was so viel bedeutet wie »erschaffen«, »etwas erfinden« oder »herstellen«. Es stellt sich die Frage, ob du die Kreativität trainieren kannst oder ob es sich um eine naturgegebene Fähigkeit handelt, die man entweder hat oder nicht.

In der Fachliteratur gibt es unterschiedliche Meinungen darüber. Ich gehe davon aus, dass man sie durchaus schulen kann, und empfehle dir im Folgenden elf Kreativitätstechniken, die von Autoren, Musikern, Unternehmern, von allen Menschen, die kreativ sein »müssen«, angewendet werden können. Diese Techniken eignen sich zur Lösung von konkreten Problemen und können ebenso zum Training der Kreativität angewendet werden. Mein Tipp: Probiere aus, was zu dir passt, lass weg, wozu du dich zwingen müsstest. Das wäre ein Hinweis darauf, dass dir diese Methode nicht entspricht.

1. Brainstorming

Diese Technik ist wohl die bekannteste Technik zur Förderung der Kreativität. Im Prinzip geht es einfach darum, so viele Ideen wie möglich zu produzieren. Formuliere das Thema gut sichtbar für dich auf einem Flipchart oder einer Pinnwand oder zur Not auch auf einem großen Stück Papier. Dann schreib alles auf, was dir dazu einfällt. ALLES!

Die wichtigste Regel ist, dass nicht gewertet werden darf. Dies ist wohl der schwierigste Punkt, denn wenn du eine vollkommen verrückte Idee produzierst, dann kommt es sicher dazu, dass sich dein innerer Kritiker spontan negativ äußert. Die Erfahrung zeigt aber, dass auch abwegige Ideen zielführend sein können. Eine solche Idee löst vielleicht eine weitere Assoziation aus und diese führt wieder zu einer neuen und vielleicht sogar der allerbesten Idee überhaupt, die es ohne diesen abstrusen Einfall gar nicht gegeben hätte. Gerade solche Verknüpfungen machen den Wert dieser Technik aus.

2. Mindmapping

Du benötigst ein (möglichst) großes Blatt Papier und schreibst das Thema oder ein Schlüsselwort in die Mitte. Nun nimmst du zunächst ein Schmierblatt und schreibst einfach alles hin, was dir zu diesem Thema einfällt. Wenn dir vorerst keine neuen Ideen kommen, dann kehrst du zum ersten Blatt zurück und ziehst von deinem Thema Striche und hängst dort die wichtigen Punkte vom zweiten Blatt an. Jetzt geht es darum, die Punkte zu verknüpfen. Gleiche oder ähnliche Ideen gehören zusammen.

Normalerweise werden dir bei der Arbeit noch weitere Ideen und Unterpunkte kommen, die du an deine Mindmap mit anhängen kannst. Neue Ideen bekommen weitere Striche, sodass sich eine Art Baum deiner Einfälle ergibt.

3. Pinnwandkarten und Klebezettel

Oder du versuchst, mit Pinnwandkarten oder Klebezetteln deiner Kreativität auf die Sprünge zu helfen. Du nimmst einige Karten, notierst darauf deine Ideen und heftest sie an eine Pinnwand oder Magnettafel. Wenn du das nicht zur Verfügung hast, nimm Klebezettel und eine leere Tür.

Wenn du eine ordentliche Menge Zettel angebracht hast, sortiere die einzelnen Ideen. Manche werden dabei ausgesondert oder du bekommst neue Einfälle. Nimm dir dafür einige Tage Zeit, füge immer wieder Neues hinzu oder lass Altes weg, ganz wie es sich für dich stimmig anfühlt.

4. Die Umkehrung

Manchmal ist es hilfreich, das Problem aus einem anderen Blickwinkel zu betrachten. Wenn zum Beispiel Möglichkeiten zur Verbesserung deiner finanziellen Situation gefunden werden sollen, dann kann es der Kreativität sehr zugutekommen, wenn über Ideen nachgedacht wird, wie die Einnahmen gesenkt werden können. Das mag auf den ersten Blick ein wenig widersinnig erscheinen, macht aber den Kopf und die Gedanken frei – und später fallen dir umso leichter gute Ideen ein, die dich einer echten Problemlösung näherbringen.

5. Fünfmal Warum

Diese Methode wird manchmal auch die Fragereihe genannt. Es geht einfach darum, bei einem Problem fünfmal »Warum?« zu fragen. Damit werden viele Aspekte des Problems beantwortet. Du beginnst mit der Hauptfrage und lässt dann weitere Fragen, die das Problem betreffen, folgen. Zum Beispiel: Warum ist das Konto ständig leer? Warum kannst du nicht mehr verdienen? Und so weiter. Eine Alternative, die du auch ausprobieren kannst, ist, eine Antwort mit einer weiteren Warum-Frage zu vertiefen: Warum ist das Konto ständig leer? Weil ich so viel ausgebe. Warum gebe ich so viel aus? Weil …

6. Die Spekulation

Viele große Romane sind aus dieser Methode schon hervorgegangen. Am Anfang steht einfach die Frage »Was wäre, wenn …?«. Zum Beispiel: Was wäre, wenn du morgen aufwachen würdest, und es wären in der Nacht Außerirdische gelandet … oder du hättest im Lotto gewonnen …?

7. Handeln

Viele gute Ideen kommen erst dann, wenn du Tätigkeiten ausübst, die bewusst einfach gehalten sind, in denen du einfach handeln kannst, ohne groß nachzudenken. Kneten ist eine gute Möglichkeit, den Geist anzuregen. Du nimmst ein Stückchen Knete und baust daraus Figuren. Einfach so, als Spiel. Dein Unterbewusstsein arbeitet an deinem Problem weiter und plötzlich kommt dir eine Idee. Es muss nicht Kneten sein, du kannst auch bügeln oder den Garten umgraben. Es geht darum, körperlich ins Handeln zu kommen, um neue Ideen oder Klarheit zu erhalten.

8. Tagträumen

Setz dich an einen ruhigen Ort und schließ für eine Zeit die Augen. Denk jetzt an dein Thema und lass die Gedanken kommen. Ein Bild sagt oft mehr als 1 000 Worte und manchmal wirst du mit Wörtern allein an die Grenzen stoßen. Bilder aber helfen dir weiter. Schreibe sie hinterher auf und schau, was dir dann dazu einfällt.

9. Einfach zeichnen

Diese Technik dient weniger dazu, eine bestimmte Idee zu entwickeln, sondern einfach die Kreativität zu fördern. Nimm ein Blatt Papier zur Hand und zeichne einfach drauflos. Was dir gerade so in den Sinn kommt: Muster, Farben, Formen … Was erkennst du darin, wenn es fertig ist?

10. Die Alphabet-Technik

Sie produziert besonders viele Ideen. Oben auf das Blatt kommt die Fragestellung und dann schreibst du alle Buchstaben des Alphabets auf. Hinter jeden Buchstaben kommt eine Idee, die mit diesem Buchstaben beginnt. Bei manchen Buchstaben werden dir viele Ideen kommen, bei manchen wenige oder gar keine.

Du kannst diese Technik auch ausweiten, indem du das Blatt Papier in einen Umschlag steckst und mitnimmst. Immer, wenn du Zeit hast, kannst du das Blatt dann hervorziehen und an deiner Liste weiterarbeiten.

11. Sechs-Hüte-Technik

Viele Menschen kommen nicht auf weiterführende Gedanken, weil sie zu stark in ihrer eigenen Gedankenwelt gefangen sind. Diese Technik hilft hier weiter. Sechs Hüte werden durch verschiedene Farben dargestellt und symbolisieren dabei unterschiedliche Blickwinkel, aus denen das Problem betrachtet werden kann. Du nimmst, wenn du die Hüte aufsetzt, unterschiedliche Rollen ein. Jeder Hut entspricht einer bestimmten charakteristischen Denkweise oder einem Blickwinkel, wodurch keine Betrachtungsweise außer Acht gelassen wird.

- Eine Farbe steht für deine persönliche Meinung,
- eine andere für Objektivität,
- eine weitere für einen kritischen Standpunkt,
- dann gibt es noch die optimistische Sichtweise,
- eine weitere Farbe symbolisiert die Alternativen und
- die letzte Farbe ist für die Verbindung der einzelnen Ideen gedacht.

Die Reihenfolge, in der die Ideen durchgeprobt werden, ist dabei nicht wichtig. Nur der letzte »Hut«, die Verbindung der Ideen, ist immer der letzte.

Übe wirklich mit Hüten – sie können ja auch aus Papier gefaltet sein – und setz sie nach Belieben und Bedarf auch unabhängig von dieser Technik auf. Verändere dabei probehalber deine jeweilige Denk- und Sichtweise.

Die Grenzen deiner Kreativität bestimmst du selbst

Wenn du den Mut aufbringst, über deinen Schatten zu springen, und vielleicht auch mal eine Idee akzeptierst, die völlig abwegig und abstrus zu sein scheint, dann macht deine Kreativität einen großen Schritt. Die genannten Techniken helfen dir, sie stetig zu verbessern. Du solltest dabei nicht warten, bis sich dir ein konkretes Problem stellt, sondern jeden Tag ein bisschen üben. So wirst du mutiger werden, wenn es darum geht, neuen Ideen mehr Raum zu geben.

Konsequentes Stärken deiner Stärken

In jedem von uns schlummern Begabungen und Kräfte, die wir oft nur durch Zufall entdecken. Ungewohnte Situationen fördern ungeahnte Stärken und manchmal leider auch ungewollte Schwächen zutage. Aber du führst ja ab jetzt den Fokus weg von deinen Schwächen und nutzt die intensive Kraft deiner Stärken. Entdecke sie ganz bewusst und fördere sie. Auch wenn es vielleicht ein längerer und möglicherweise nicht ganz einfacher Prozess sein wird – lohnenswert ist dieser Weg in jedem Fall. Deine Stärken als vielbegabte Scanner-Persönlichkeit sind vielfältig. Du leidest sicher nicht unter einem Mangel an Gaben und Talenten. Es fällt dir nur schwer, den Fokus zu finden und deine wesentlichen Vorzüge zur Realisierung deiner Lebensbestimmung einzusetzen. Deswegen hatten wir uns hier ja auch schon mit der Suche nach deiner Bestimmung und mit deinen zentralen Talenten beschäftigt. Das kannst du hier noch etwas ausbauen, indem du dir deine Stärken anschaust, die über Talente hinausgehen können. Was also sind deine wesentlichen Stärken und wie kannst du sie betonter leben?

Der erste Schritt: Finde deine allergrößten Stärken

Den meisten Menschen fällt es schwer, ihre Stärken und Schwächen selbst zu erkennen. Die korrekte Selbsteinschätzung ist ein schwieriger Prozess, oft läuft man Gefahr, sich in manchen Bereichen selbst zu überschätzen. Ebenso oft werden jedoch andere Fähigkeiten völlig unterschätzt oder gar nicht bedacht. Auch wenn es vielleicht problematisch und unbequem erscheint, die Mühe lohnt sich. Wer seine größten Stärken erkennt, lernt auch leichter, mit seinen Schwächen umzugehen. Das entspannt enorm.

Suche also in Ruhe und ganz gezielt nach deinen wichtigsten Stärken und setze sie in Bezug zu deinen Erkenntnissen aus den Kapiteln zu deinen persönlichen Grundlagen. So kannst du lernen, als Vielbegabter von deinen Talenten zu profitieren, und so wird es dir auch gelingen, sie für eine positive Entwicklung deines weiteren bunten Lebens einzusetzen.

Doch wie geht das?

Nimm dir Zeit und frage dich selbst: Was kann ich wirklich richtig gut? Was fällt mir besonders leicht? Wo liegen meine allerbesten Fähigkeiten? Was schätzen andere Menschen an mir? Denk darüber nach, wie du in unterschiedlichen Situationen reagierst. Notiere die einzelnen Punkte auf einem Blatt. Welche Stärken fallen besonders ins Gewicht? Verfügst du über eine gute Organisationsfähigkeit, sehr viel Einfühlungsvermögen, ein hohes Maß an Kreativität? Wenn du beginnst, dich mit deinen Stärken zu befassen, ist dies der erste Weg zu ihrer Stärkung.

Befrage auch Familienmitglieder und Freunde – du wirst überrascht sein! Es werden dir sicher Stärken genannt, die noch nicht auf deiner Liste stehen. Auch sie solltest du notieren und sie dir so selbst vor Augen führen. Nun gilt es, dass du dich im Alltag auf deine Stärken konzentrierst und sie so bestmöglich zur Geltung kommen lässt.

Auf lange Sicht werden sie so verstärkt und dein Selbstbewusstsein wird immer weiter aufgebaut. Trag die Liste immer bei dir und mach dir deine Stärken jeden Tag bewusst. Lies sie dir immer wieder durch, denn je besser du deine Stärken kennst, umso deutlicher treten sie hervor und umso besser lassen sie sich in Privatleben und Beruf zum Einsatz bringen.

Bald wird dir die Fokussierung auf deine Stärken ganz von selbst gelingen. Die Steigerung deiner Lebensqualität ist die natürliche Folge dieses Umdenkens.

Überleg dir in diesem Zusammenhang auch, welche Ziele du für deinen weiteren Lebensweg verfolgen möchtest. Was sind deine Wünsche und Träume? Wie kannst du deine wichtigsten Stärken einsetzen, um diese Ziele zu erreichen? Auch hier hilft dir eine schriftliche Notiz zu den einzelnen Punkten.

Nimm deinen Schwächen die Kraft

Unser beruflicher und privater Erfolg sowie ein glücklicher Lebensweg hängen maßgeblich von unseren Stärken ab. Doch mit den Schwächen müssen wir uns hier auch befassen. Das Gefühl der eigenen Unvollkommenheit ist unter Scanner-Persönlichkeiten wirklich sehr weit verbreitet, gerade wenn sie ebenso hochsensibel sind. Oft fließt mehr gedankliche Energie in die Frage »Was kann ich nicht so gut und wie kann ich mich verbessern?« als in den Gedanken »Das kann ich gut, hier liegen meine Stärken!«. Jeder Mensch hat Stärken und Schwächen. Sich nur auf die Schwächen zu konzentrieren und sich zu fragen, wie man sie ändert oder beseitigt, ist der falsche Weg.

Er führt zu einem Gefühl der Unzulänglichkeit und schwächt das eigene Selbstbewusstsein. Was wir bei anderen Menschen vielleicht für charmant oder schlicht harmlos halten, empfinden wir in der Selbstbetrachtung als beinahe unüberwindliches Problem.

Wieder heißt mein Rat: Konzentrier dich hauptsächlich auf deine wichtigsten Stärken – so nimmst du deinen Schwächen ihre Kraft und lässt nicht zu, dass sie deine Gedankenwelt und dein gesamtes Leben bestimmen. Bekämpfe die Schwächen nicht. Bereits der Versuch wäre nur nutzlose Verschwendung von Zeit und Energie. Konzentrier deine Kraft auf den Aufbau und die Intensivierung deiner größten Stärken. Auf Dauer erreichst du so eine umfassende Weiterentwicklung, die dir eine große innere Kraft verleiht. Nutze diese positive Energie zur Stärkung deines Selbstwertgefühls, und deine Schwächen verlieren ihre Macht über deine Denkprozesse.

Selbstbewusstsein

Ein gesundes Selbstbewusstsein fördert automatisch die weitere Stärkung der Stärken. Doch nur, wer sich selbst liebt und achtet, kann auch ausreichend Selbstwertgefühl entwickeln, um bei seinen Mitmenschen ebenfalls einen positiven Eindruck zu hinterlassen. Positive Energie im Inneren wird auch in die äußere Welt reflektiert. Ein selbstsicheres und positives Auftreten öffnet im Beruf und auch im Privatleben viele Türen. Wer seinen Fokus nur auf seine Schwächen lenkt, dessen Denken ist blockiert und dreht sich ständig im Kreis. Dass dies keine positiven Resultate erbringt, ist wohl selbsterklärend.

Je mehr du dich auf deine Stärken konzentrierst, umso stärker wird dein Selbstwertgefühl. Und nur das erlaubt dir, dich so zu akzeptieren, wie du bist. Du lernst, dass du deine Schwächen und Fehler annehmen kannst und sie als Teil deiner Persönlichkeit völlig akzeptabel sind. Ärgere dich nicht länger über deine Schwächen, dieser Ärger nimmt dir viel von deiner Lebensfreude und verschwendet unnötige Energie. Nutze diese Energie lieber für deine Ziele.

Bau dich immer neu und immer weiter auf und lerne, dir selbst den Rücken zu stärken. Akzeptiere deine Unvollkommenheit, du bist darin ganz genauso wie jeder andere Mensch. Stärke ganz bewusst deine Selbstachtung, indem du deine Handlungen bewusst nach deinen Stärken ausrichtest. Deine Stärken sind dein Potenzial für einen glücklichen und selbstbestimmten Lebensweg, intensiviere sie und nutze ihr großartiges Potenzial – Tag für Tag und Schritt für Schritt. Wenn du diesen Weg konsequent verfolgst und dich nicht von ihm abbringen lässt, führt er dich zu mehr mentaler Stärke und emotionaler Kraft.

Erfolgreiche Chaoten

Viele Multitalente und Universalisten bezeichnen sich selbst als Chaoten. Leider gelten Chaoten jedoch meist als unzuverlässig, sprunghaft und wenig verlässlich. Auch Personalchefs haben überwiegend Bedenken, zu kreative Köpfe einzustellen, und gehen gern auf Nummer sicher. Dies kann sich für Unternehmen schnell als Schuss nach hinten erweisen, sind die oft geschmähten Freigeister doch ein Gewinn für Unternehmen, da sie es schaffen, außerhalb der gewohnten Strukturen zu denken und dadurch positive Neuerungen anzustoßen. So entwickeln sich Innovation und Erfindungsgeist selten in einer Abteilung, in der Dienst nach Vorschrift die Regel ist. Aber wie können kreative, chaotische Scanner-Persönlichkeiten erfolgreich sein und andere von ihren Qualitäten überzeugen?

Erfolgreich als Chaot im Arbeitsleben

Das Wort »Chaot« nutzt man in der Alltagssprache, um über einen schlecht organisierten und unordentlichen Charakter zu sprechen. Mit diesen und anderen Bildern und Vorurteilen müssen sich kreative Chaoten und vielbegabte Querdenker oft herumschlagen. Oft verrät sie ihr Lebenslauf. Er ist nicht linear und gern von verschiedenen Tätigkeitsfeldern und Richtungswechseln gekennzeichnet. So kann es sein, dass ein Vielbegabter ein Jahr lang als Kellner gejobbt, dann eine Ausbildung zum Bankkaufmann absolviert hat, um zwei Jahre danach in einer Werbeagentur zu landen. Dies kann dem Arbeitgeber das Bild vermitteln, der Angestellte sei sprunghaft und nach der Einarbeitungszeit schnell wieder verschwunden. Der Nutzen, den er als freigeistiger vielbegabter Arbeitnehmer in eine Firma hereinbringen könnte, wird schnell übersehen. Der kreative Chaot hat im Laufe seiner verschiedenen Tätigkeiten Erfahrungen gemacht, die viele der Mitarbeiter mit einem konsequent durchgezogenen Lebenslauf nicht mitbringen. So ist er in der Lage, ein Projekt oder eine Problemstellung aus einem anderen Blickwinkel heraus zu betrachten. Auf diese Weise ist der anders tickende Mitarbeiter hilfreich, wenn es darum geht, aus verkrusteten Strukturen auszubrechen. Denn auch diese wirken sich negativ auf die Produktivität aus.

Organisation und Ordnung – die Achillesferse des kreativen Scanners

Die sogenannten Chaoten stechen durch unkonventionelle Ideen und ein Quantum Risikobereitschaft aus der Masse heraus. Rationales Denken und Ordnungssinn sind oft keine Stärke dieser Querdenker. Wenn du dich zu den Kreativen zählst und gerade neu in ein Team gekommen bist, solltest du zuerst schauen, wie die gängigen Regeln und Strukturen deines Arbeitsplatzes sind, und die Basics lernen. Zunächst ist es wichtig, das Spiel zu kennen, bevor man beginnt, Regeln zu optimieren. Und auch später gilt Vorsicht: Schießt du zu sehr über das Ziel hinaus, wird dir das den Ärger deiner Kollegen einbringen. Hast du neue Ideen oder Verbesserungsvorschläge, solltest du diese zuerst in deiner Abteilung oder in deinem Team vorstellen und den Rat deiner berufserfahrenen Kollegen einholen. Du magst tolle Ideen haben, aber nicht alle davon sind in jeder Firma auch machbar. Kritik an bestehenden Strukturen solltest du in einer diplomatischen Form äußern und deine Arbeitskollegen nicht vor den Kopf stoßen.

Was deine Arbeit angeht, so solltest du dich nicht ablenken lassen und trotz aller Kreativität Nah- und Fernziele abstecken. Da du spontan zu interessanten und nützlichen Ideen kommst, solltest du dich aber nicht zu sehr in der Planung verlieren, denn aus der Erfahrung heraus weißt du ja, dass sich viele Dinge noch einmal ändern können. Wenn du an einem Projekt arbeitest, solltest du dich nicht verzetteln. Hast du eine Idee oder eine Problemlösung für eine weniger eilige Aufgabe, ist es sinnvoll, diese in einem Heft oder einer Kladde zu notieren. Dieses Notizbuch sollte einen festen Platz haben, damit es immer zur Hand ist und nicht verloren geht. Wenn du eine Sache abgeschlossen hast, kannst du dich für neue Projekte öffnen.

Oft ist es auch so, dass kreative Geister eine hohe Selbstdisziplin benötigen, um acht Stunden am gleichen Platz zu bleiben. Vielleicht könntest du vorschlagen, die Teamsitzung das nächste Mal auf der Terrasse stattfinden zu lassen?

Tipps für freiberufliche Scanner-Persönlichkeiten

Viele kreative Zeitgenossen arbeiten im künstlerischen Bereich und sind als Journalisten, Fotografen oder Designer tätig. Oder sie arbeiten auf andere Weise selbstständig, weil sie da ihr eigener Herr sind und ihre Ideen ausleben können. Wer ein erfolgreicher Scanner sein möchte, muss lernen, seiner Begabung freien Lauf zu lassen und sich gleichzeitig zu organisieren. Der schlimmste Feind des Selbstständigen ist hier die Prokrastination, das Aufschieben von Aufgaben. Nur wer den inneren Schweinehund besiegt, wird mit seiner Tätigkeit ein ausreichendes Einkommen generieren können.

Hier sind einige Tipps, die helfen, im Chaos das schöpferische Element zu finden:

1. Ideal für fest und frei arbeitende Menschen ist die »reisende To-do-Liste«. Sie sollte immer zur Hand sein, damit auch unterwegs eingehende Arbeitsaufträge notiert werden können. Such dir ein hübsch gestaltetes Heft, damit der Griff danach zum Vergnügen wird. Das Auge isst schließlich mit. Und dann hab dieses To-do-Heft immer in der Tasche.
2. Ordner und Hefte, die Unvermeidliches wie Unterlagen für Versicherungen und Rechnungen enthalten, sollten ebenfalls attraktiv gestaltet sein. Die Steuererklärung beispielsweise gehört zu den Aufgaben, die ein Großteil der Freiberufler lieber gar nicht erst angehen würde. Eine schöne Gestaltung macht die Sache zwar nicht unbedingt schön, erfreut aber das Auge und macht die Hürden kleiner.
3. Riesige Papierstapel demotivieren dich und lassen deinen Erfindungsreichtum verkümmern wie eine Primel im

Hochsommer. Damit du nicht in einem schwarzen Loch der Unordnung gefangen wirst, solltest du Briefe und Unterlagen jeden Tag sortieren. Lege eine bestimmte Zeit fest, zu der du zehn Minuten für deine Unterlagen hast. Sind diese dort verstaut, wo sie hingehören, gehst du deine Aufgaben mit deutlich mehr Energie und Spaß an.

4. Unangenehme anstehende Aufgaben wie zum Beispiel die besagte Steuererklärung sollten als Erstes erledigt werden. Danach ist der restliche Tag wieder ein Kinderspiel.
5. Künstlerische und kreative Scanner-Persönlichkeiten sollten trainieren, Prioritäten zu setzen und Dringliches von Wichtigem zu trennen. Statt alle Aufgaben in einer festen Reihenfolge zu erledigen, kannst du dich so schneller um die Dinge kümmern, die dich deinen Zielen wirklich näherbringen. Teile dazu deine Aufgaben und Ideen in zwei Kriterien ein: Wichtig und/oder dringend. Wichtiges bringt dich deinen Zielen näher. Dringendes hat einen Termin oder eine zeitliche Befristung, die du einhalten solltest. Im Normalfall ist unser Tag gepackt voll mit solchen dringlichen Sachen, die jedoch oft nichts mit den wichtigen, zielführenden Aufgaben zu tun haben. Lerne beides deutlich voneinander zu unterscheiden und erledige täglich Aufgaben aus beiden Kategorien. Oberste Priorität hat natürlich das, was dringend *und* wichtig ist.
6. Steht eine wichtige oder dringliche Arbeit an, die zeitnah erledigt werden muss, solltest du dich nicht ablenken lassen. Soziale Netzwerke sollten während dieser Zeit nicht verfügbar sein. Aufgaben wie das Wechseln des Druckerpapiers können auch später erledigt werden.
7. Wichtig ist auch der Zeitplan. Plane Störungen in deinen Tag ein. Dies kann der Anruf einer Freundin sein oder

eine technische Panne, die erst behoben werden will. Auch notwendige Pausen wie das Mittagessen solltest du einplanen.

8. Termine sollten nicht auf losen Zetteln, sondern in einem Terminkalender aufgezeichnet werden. Markiere berufliche und private Termine in unterschiedlichen Farben. Diese Funktionen sind auch in Onlinekalendern verfügbar. Viele davon kannst du mit denen anderer Nutzer verknüpfen. So kannst du Termine besser mit Freunden oder deinem Partner abstimmen.
9. Wichtig ist es, ein Projekt zu Ende zu bringen. Wer es nicht übers Herz bringt, einen Text oder ein Design abzugeben, weil es immer noch nicht perfekt ist, wird in Kürze am Hungertuch nagen. Das muss nicht sein. Zu einer realistischen Einschätzung der eigenen Fähigkeiten trägt unter anderem das Feedback von Freunden, aber auch von Auftraggebern bei. Nur Mut, scheu dich nicht, Leute nach ihrer Meinung zu fragen. Und dann auf »Senden« zu drücken.
10. Zu guter Letzt solltest du zwischen Arbeit und Privatleben trennen. Wähle Arbeitskleidung, wenn du am Schreibtisch sitzt, und wechsle in den Freizeitlook, wenn deine Arbeit beendet ist. Nur, wenn du dir Auszeiten nimmst, bleibst du weiterhin leistungsfähig und kannst gute Ideen entwickeln.

Das Chaos – weniger produktiv, als es scheint

Wenn es dir gelingt, den brodelnden Berg an Ideen in deinem Inneren zu zügeln und die Balance zwischen Kreativität und Ordnung zu finden, wirst du merken, dass es beispielsweise von deinen Vorgesetzten oder Auftraggebern weniger Vorbehalte in Bezug auf deine Fähigkeit gibt. Und – du bist nicht allein. Der berühmte Philosoph Friedrich Nietzsche beispielsweise war der kreativen Unordnung sehr zugetan: »Man muss noch Chaos in sich haben, um einen tanzenden Stern gebären zu können«, heißt es in »Also sprach Zarathustra«.

Sei ein Lebenskünstler

Hast du dich auch schon öfter gefragt, warum einige Menschen mit schwierigen Situationen erfolgreich umgehen, während sich andere bereits von kleinen Rückschlägen aus der Bahn bringen lassen? Neben der angeborenen oder erworbenen Resilienz gibt es bei den erfolgreicheren Menschen oft eine Leichtigkeit und Unbekümmertheit, die es ihnen möglich macht, das Leben zu meistern: Sie sind Lebenskünstler.

Ein Lebenskünstler behält in auch in schweren Lebenslagen seinen Optimismus und erreicht seine eigenen Ziele. Er geht scheinbar mühelos durchs Leben und setzt seine Pläne erfolgreich um. Lebenskünstler zu sein, das wurde uns nicht mit in die Wiege gelegt, aber es kann – wie so vieles andere – gelernt werden. Denn es handelt sich um eine Lebenseinstellung.

Lebenskünstler: Glück und Erfolg sind planbar

Auch als Lebenskünstler warten auf dich täglich neue Herausforderungen, die du mit Selbstbestimmung und der richtigen inneren Einstellung erfolgreich meistern kannst. Wer nur über die schlechten Dinge und vergangene Misserfolge nachdenkt, der kann kein glückliches und ausgeglichenes Leben führen. Lebenskünstler sind in ihrem Denken weniger auf die Vergangenheit als auf die Zukunft gerichtet. Sie blicken mit einem durchdachten Optimismus auf die vor ihnen liegende Zeit und stellen sich einen konkreten Plan auf. Dieser hilft ihnen, die richtigen Schritte einzuleiten und das Leben nach ihren eigenen Vorstellungen und Wünschen zu gestalten. Dabei wird die Vergangenheit lediglich dazu benutzt, um Erfahrungen auszuwerten und die Zukunftspläne zu optimieren.

Du hast es auch schon erfahren: Starkes Grübeln und Missmut über die Vergangenheit sind nicht förderlich und blockieren dich. Wer seine Ziele stets im Auge behält und an deren Erreichen arbeitet, für den sind auch unvorhergesehene Ereignisse keine Schwierigkeit. Sie werden mit Leichtigkeit gemeistert. Lebenskünstler zu sein, das ist ein stetiger Entwicklungsprozess, der kontinuierlich zu einem besseren und ausbalancierten Leben führt. Wie aber geht das?

Klar: Du musst deine Talente erkennen, Visionen aufstellen und stets dein Ziel vor den Augen behalten. So weit waren wir schon. Du weißt auch, dass eine Änderung der Lebenseinstellung der erste Weg in Richtung Lebenskunst ist. Glück ist wirklich auf gewisse Art planbar und ein glückliches Leben kann erlernt werden. Wenn du mit der Leichtigkeit eines Lebenskünstlers durchs Leben gehen willst, beachte dein Verhalten und deine mentale Einstellung. Lebenskünstler zu sein heißt, dass du dein Leben selbst in die Hand nimmst und darüber bestimmst. Du weißt, was du in der Zukunft erreichen möchtest, und hast einen Plan, wie du deinem Ziel Schritt für Schritt näherkommst. Das haben wir ja schon ausführlich besprochen. Rückschläge machen dich stärker und bringen dir wertvolle Erkenntnisse für zukünftige Handlungen – sie stärken deine Resilienz noch weiter.

Immer ist es wichtig, auch unbekannte Wege zu gehen. Nur wenn du aus den gewohnten Mustern ausbrichst und einen gewissen Mut zum Risiko aufbringst, kannst du Veränderungen erreichen und dein Leben nach deinen Vorstellungen formen. Aber als Scanner wird dir dieser Aspekt leichtfallen. Als Lebenskünstler achtest du sowohl auf deine berufliche Tätigkeit als auch auf die Gestaltung deines Privatlebens. Auch die eigene Gesundheit muss im Zentrum des Lebensplanes stehen.

Die aktive Gestaltung deines Lebens kommt nicht nur dir selbst, sondern auch anderen Menschen in deinem Umfeld zugute. Ein harmonisches Zusammenleben mit deinem Partner, deinen Kindern und deiner Familie ist für alle ein Gewinn und kann andere Menschen dazu animieren, ihr Leben ebenfalls selbst in die Hand zu nehmen und über den Sinn und ihre Ziele nachzudenken. Positiv denkende Menschen strahlen Lebensfreude aus und üben dadurch einen wertvollen Einfluss auf ihre Mitmenschen aus.

Über das Leben reflektieren – Der erste Schritt zum Lebenskünstler

Wenn du über dein eigenes Leben reflektierst, dann kannst du feststellen, was für dich wichtig ist und welche Ziele du erreichen möchtest. Die Erkenntnisse bilden dann die Basis für den Zukunftsplan. Der besteht sowohl aus einem Gesamtziel als auch aus einzelnen Zwischenschritten. Nicht immer muss es eine komplette Veränderung sein, auch kleine Erfolge führen zum Glück. Wichtig ist, dass du herausfindest, worin dein persönliches Glück liegt. Ob Erfolg im Beruf, ein harmonisches Familienleben oder sportliche Leistungen, viele Lebensfelder können es sein. Das Ziel sollte es gerade für Scanner sein, in allen Bereichen ausbalanciert zu sein.

Viele Menschen stellen zum Jahresanfang gute Vorsätze auf und nutzen diesen Zeitpunkt, um über das vergangene Jahr nachzudenken. Doch leider sind die meisten Ansätze hoch gegriffen und verlieren sich schnell wieder im Alltag. Außerdem ist es nicht notwendig, bis zum Jahreswechsel zu warten. Mit der Lebensplanung kannst du zu jedem Zeitpunkt beginnen. Die ersten Schritte sind schnell geschafft. Zunächst einmal musst du dich fragen, wie du die Zukunft positiv nutzen möchtest. Schreib dir auf, was dir an deinem aktuellen Leben besonders gut gefällt und was du verändern möchtest. Dabei führst du dir nicht nur die negativen Seiten vor Augen, sondern verdeutlichst dir auch die positiven Erlebnisse und die Erfolge. Dies sorgt für die notwendige Motivation und gibt dir Kraft für den Start in ein glückliches Leben oder die jeweils nächsten Schritte.

Um ein Lebenskünstler zu werden, musst du an dir selbst arbeiten und dich realistisch einschätzen. Wie kannst du deine Gesundheit fördern? Welche Möglichkeiten ergeben sich im beruflichen und privaten Bereich und wie kannst du dich in der Gesellschaft engagieren? All diese Fragen helfen dir dabei, einen Plan aufzustellen und einzelne Ziele zu formulieren. Gib dabei nicht zu früh auf. Auch wenn sich der Erfolg nicht sofort einstellt und es eventuell länger als geplant dauert, bestimmte Ziele zu erreichen, so erhältst du doch einen wertvollen Gewinn für dein Leben. Bereits die Einstellungsänderung bringt dich einem glücklichen und erfolgreichen Leben einen Schritt näher und dein Weg geht kontinuierlich nach oben.

Zu einem Lebenskünstler zu werden, das ist ein Prozess, den man mit einer Ausbildung vergleichen kann. Zunächst einmal werden die Basics gelernt und du befindest dich in den »Lehrjahren«. Du erlebst Erfolge, Herausforderungen und gelangst schließlich an dein Ziel. Dabei bist du wandlungsfähig und passt dich an die jeweilige Situation an, sodass du dein Leben mit scheinbarer Leichtigkeit meisterst.

Wer keine Veränderungen riskiert, der kann keine großen Erfolge erreichen, daher halten Lebenskünstler nicht an eingefahrenen Routinen fest, sondern gehen immer neue Wege. Flexibilität, Spontanität und ein sich anpassender Lebensplan gehören ebenso dazu wie eine regelmäßige Überprüfung der gesetzten Ziele und des eigenen Erfolges. Und genau das ist den Vielbegabten ja sehr nahe.

Jeder kann zum Lebenskünstler werden

Ob in jungen Jahren oder als Senior, es ist nie zu spät, sein Leben selbst in die Hand zu nehmen und die Lust daran zum Blühen zu bringen. Kleine Rückschläge und unvorhergesehene Ereignisse gehören immer dazu, sie müssen dich nicht von deinem Weg abbringen. Betrachte sie als Herausforderungen, an denen du wachsen kannst. Lerne aus den Erfahrungen und integriere die Erkenntnisse in deine Planung der Zukunft. So kannst du Chancen erkennen und effektiv nutzen. Bei allen Handlungen ist es wieder einmal wichtig, dass du dich auf deine eigenen Stärken und Möglichkeiten konzentrierst. Die Gefahr ist groß, sich von anderen Einflüssen vom Weg abbringen zu lassen. Zwar musst du nach links und rechts sehen, um die richtigen Wege zu finden, doch sollten die Erfolge von anderen Menschen dabei ein Ansporn und eine Inspiration für dich sein, keine Bremse. Ein ständiger Vergleich kann demotivieren und somit kontraproduktiv sein. Konzentrier dich daher immer wieder auf deinen eigenen Plan.

Wenn du Schritt für Schritt vorgehst und einen Erfolg nach dem anderen erreichst, dann gelangst du glücklich und zufrieden durch das Leben und kannst (fast) alles erreichen, was du möchtest. Du gibst deinem Leben eine Richtung und entscheidest selbst, wie du leben möchtest, anstatt andere über dich bestimmen zu lassen. Dies zeichnet einen Lebenskünstler aus und sorgt für Glück und Harmonie. Locker-leicht durchs Leben zu gehen ist eine Kunst, die durch Hingabe gelebt wird. Gib dich hin an die eigene Lebensvision, deine Talente, deinen Lebenssinn und deine in dir wohnenden Ziele und Sehnsüchte.

Sonja, 47

Bei einem Coaching habe ich erzählt, dass ich nicht wüsste, was ich wirklich will, weil ich den Eindruck habe, dass ich mehrere Dinge wirklich gut kann. Auf Nachfrage zählte ich auf, was ich gerne und durchaus auch sehr erfolgreich tue. Aber ich könne mich nicht entscheiden. Da meinte mein Gegenüber: Du bist ein typischer Scanner – kennst du die Bücher von Barbara Sher? Diese Bücher kannte ich bis dahin noch nicht, ich habe mich aber eingelesen und festgestellt, dass das Wissen darum, zum Typ Scanner zu gehören, sehr wertvoll ist.

Ich fühle mich seit der Erkenntnis, eine Vielbegabte zu sein, regelrecht befreit. Es ist, als ob ein starres Korsett von mir abgefallen wäre. Ich empfinde mein Leben seither als viel leichter und unbeschwerter und ich stelle fest, dass ich die Dinge viel mutiger angehe.

Mein Mann spiegelt mir wider, dass es eine Bereicherung für ihn ist, dass er von meinen Talenten profitiert und dass ich ungewöhnlich bin. Er sagt aber auch, dass ich manchmal sehr anstrengend bin – insbesondere dann, wenn er viel Struktur braucht.

Ich denke sehr vernetzt, nein, ich nehme sehr vernetzt wahr. Zu alldem weiß ich, dass ich eine hochsensitive Person bin.

Schon immer habe ich Dinge wahrgenommen, die andere nicht mitbekommen haben. Man hat mir allerdings seit frühester Kindheit beigebracht, dass ich »nicht richtig« bin, dass ich »zu viel Fantasie« habe, dass ich »lüge« – die ganze Bandbreite. Seit ich jedoch weiß, dass ich »nur« hochsensibel und hochsensitiv bin, ist mir schlagartig klar geworden, weshalb ich in meinem Beruf so erfolgreich geworden bin.

Jetzt bin ich dabei zu lernen, meine Talente zu managen. Das scheint mir die größte Kunst zu sein. Sich ins Businessleben zu integrieren, zu unterscheiden, worauf »jetzt in diesem Moment« der Fokus gelegt werden muss, um dann später den Aspekt der Kreativität oder die Scanner-Qualitäten ebenfalls zu integrieren. Das übe ich ganz bewusst.

Ich brauche Ruhe und Stille, um mich wahrzunehmen. Wahrnehmenkönnen ist für mich ganz wichtig. Ein harmonisches Umfeld, viel Natur, gesunde, liebevoll zubereitete Speisen, mein ganz eigener Rhythmus. Meine Katzen, mein Mann – geliebte Wesen um mich herum. Ich brauche es eher still und leise, mit einer Tendenz zum Altmodischen, obwohl ich ganz schön extravertiert sein kann.

Ich lebe meine Talente, indem ich viel ausprobiere und wenn möglich dranbleibe. Wenn sich etwas als nicht so erfüllend herausstellt, lege ich es zur Seite. Das habe ich schon immer so gemacht, doch für die anderen erschien ich dann als »flippig« oder es hieß: »Mit dir kann man nicht rechnen.« Jetzt habe ich eine Strategie entwickelt, die heißt: Ich suche für die anderen eine logische Begründung und alles ist gut. Außerdem habe ich entdeckt, dass mich das Schreiben erfüllt. Was ich wahrnehme, kann ich dabei ausdrücken, es wird real.

Vielbegabte Menschen sind viel schneller als andere, nehmen viel mehr wahr, denken komplexer, sehen oder spüren

Verknüpfungen, die andere nicht erkennen. Eigentlich sind sie der Zeit immer ein Stück voraus.

Seit ich weiß, dass ich eine hochsensible und hochsensitive Scanner-Persönlichkeit bin, erlaube ich mir, meine Kreativität zu leben. Das erfüllt mich ungemein. Denn das Analytische und am Detail Orientierte, was ich auch habe, habe ich dadurch nicht verloren. Sondern ich füge es dann in den kreativen Prozess ein, wenn es passt. Ich konnte schon immer gut Entscheidungen treffen, wenn es um andere oder um das Business ging. Ging es um mich, habe ich oft gezögert, weil ich nicht wusste, was mit mir los war. Seit ich mich besser kenne, höre ich auf meine innere Stimme, sie ist die Vorstufe zu meiner Entscheidung.

»Geniale Menschen beginnen große Werke,
fleißige vollenden sie.«

Leonardo da Vinci

Ein cleveres Selbstmanagement etablieren

Viele Menschen setzen sich verrückte oder unerreichbare Ziele. Gerade vielbegabte Scanner-Persönlichkeiten neigen durch ihre enorme Begeisterungsfähigkeit dazu, sich viel zu viel vorzunehmen. Selbstverständlich können zu hohe Ziele nicht erreicht werden. Schnell werden sich Frustration und Versagensängste einstellen.

Doch wieso erreichen so viele Menschen, gerade Selbstständige und Unternehmer, ihre eigenen Ziele nicht? Der Grund ist simpel: Sie nehmen sich die falschen Ziele vor oder keine. Kennst du das Ziel deiner Reise nicht, kannst du es nicht erreichen. Und falsche Ziele führen dich in die verkehrte Richtung und sorgen dafür, dass du scheiterst. Deswegen solltest du vorher wissen, wohin die Reise gehen soll. Gerade Scanner sollten sich intensiv mit Zielplanung und Selbstmanagement auseinandersetzen, um ihren Weg in der unendlichen Vielfalt der Möglichkeiten selbst bestimmen zu können.

Die Ziele im Blick

Besonders wichtig ist das klare, korrekte und schriftliche (wieder mal!) Definieren dessen, was du erreichen willst. Ich reite so gern auf dem Thema des schriftlichen Arbeitens herum. Meine Erfahrung, dass das Aufschreiben hilfreich ist, wurde sogar von einer Studie der Harvard-Universität bestätigt. Im Rahmen dieser Langzeitstudie wurden zahlreiche Studenten befragt, ob sie ihre persönlichen Ziele niedergeschrieben und eine konkrete Planung erstellt hätten, 83 Prozent hatten keine Ziele, 14 Prozent hatten Ziele, aber nicht schriftlich festgehalten. Nur drei Prozent haben angegeben, dass sie dies getan haben. Nach zehn Jahren wurden diese Studenten wieder befragt. Dabei stellte sich heraus, dass die Studenten mit den schriftlich fixierten Zielen erfolgreicher waren als ihre Mitstudenten. Außerdem gaben sie an, dass sie zufrieden und glücklich seien, und verdienten zehnmal mehr als Absolventen ohne Ziele. Du siehst: Das Definieren und schriftliche Festhalten der Ziele ist entscheidend. Damit wirst du dir deiner Lebensinhalte bewusster, kannst deutlich zielgerichteter arbeiten und ein effektives Selbstmanagement entwickeln.

Der erste Schritt: Die eigenen Ziele ermitteln

Ziele zu definieren hört sich gut an. Aber es ist gar nicht so leicht, sie zu bestimmen. Berücksichtige dabei immer die unterschiedlichsten Lebensfelder und beschränke dich nicht nur auf einen, wie beispielsweise das Berufliche. Das sorgt für ein Gleichgewicht. Vielleicht möchtest du ein großes Unternehmen führen, aber auch ein glückliches Familienleben haben? Nur durch ein ganzheitliches Konzept wirst du persönliches Glück und gewünschten Erfolg erreichen, sonst entsteht leicht eine Dysbalance. Vergiss deine Hobbys, deine Freunde, deine Familie nicht.

Wichtig ist, dass du »Hin zu«-Ziele und nicht »Weg von«-Ziele formulierst. Das bedeutet positive Ziele. Frage dich also: »Wo will ich hin?« und nicht »Was will ich nicht mehr?«.

Deine langfristigen Ziele solltest du außerdem möglichst groß gestalten. Selbst scheinbar unrealistische Ziele sind in Ordnung und können einen guten Ansporn bieten, denn Ziele haben die Eigenschaft, Wirklichkeit zu erschaffen, wenn du von ihnen überzeugt bist.

Wie sollten Ziele aussehen? Ein Ziel sollte immer »SMART« sein. Hier steht jeder Buchstabe für ein Kriterium der Zieldefinition:

S	Spezifisch	Ziele müssen eindeutig definiert sein, so präzise wie möglich.
M	Messbar	Ziele müssen mit klaren Kriterien messbar sein.
A	Attraktiv	Ziele müssen attraktiv, wünschenswert, anziehend sein.
R	Realistisch	Ziele müssen auch realistisch umsetzbar sein.
T	Terminierbar	Zu jedem Ziel gehört eine klare Festlegung, wann es erreicht sein soll.

Bei jedem möglichen Ziel solltest du eine Kosten-Nutzen-Analyse durchführen. Durch diese kannst du bestimmen, welche Aspekte und Argumente für und welche gegen das Ziel sprechen. In manchen Fällen überwiegen die negativen Punkte. Dann solltest du dieses Ziel erneut prüfen und möglicherweise umdefinieren.

Hast du dich für ein Ziel entschieden, solltest du es nicht nur schriftlich festhalten, sondern dir auch konkret vorstellen. Das Motto ist: Mach dir selbst ein Bild. Du könntest Bilder, Artikel oder Fotos, die du mit dem Ziel verbindest, an einem Ort aufhängen. Dort solltest du dich lange und oft aufhalten, beispielsweise könnte es das Büro sein. Praktisch ist die klassische Collage, die aus verschiedenen Zielbildern zusammengestellt wird. Du kannst die Motive in Zeitschriften oder im Internet finden.

Der zweite Schritt: Plane deinen Weg

Ein Plan hilft in allen Bereichen des Lebens weiter und natürlich auch bei den eigenen Zielen. Du solltest eine konkrete Planung der einzelnen Schritte und Maßnahmen entwickeln, die zur Erreichung deines Ziels nötig sind. Die einzelnen Schritte sind jeweils Teil- oder Unterziele. Wenn du einen Schritt gemacht und damit ein Teilziel erreicht hast, kannst du das in deiner Planung gleich als Erfolg verbuchen. Daher ist es wichtig, dass du durchaus viele kleinere Details bedenkst und als Schritte angibst. Besonders bei langfristigen Zielen ist eine detaillierte Planung ein Muss.

Weißt du nicht, welche Schritte bis zu deinem Ziel notwendig sind, denk auch hier paradox und plane sozusagen rückwärts. Du stellst dir vor, du hast dein Ziel bereits erreicht. Nun überlegst du dir genau, was der letzte Schritt vor der Zielerreichung war, und planst rückwärts die Aktivitäten, die es dir ermöglicht haben, das Ziel zu erreichen.

Nutze deine Fantasie, wie Kinder es tun. Je klarer deine Vorstellungen und Bilder von deinem Ziel sind, umso besser kannst du es erreichen, denn jeder Veränderung geht ein Bild aus der Fantasie voraus. Hier hat die Natur etwas ganz Wunderbares erschaffen: das Unterbewusstsein. Das Unterbewusstsein weiß nicht, ob du dir gerade nur etwas in deiner Fantasie ausmalst oder ob es bereits Realität ist. Es kann es einfach nicht unterscheiden. Stellst du dir nun immer wieder eine erwünschte Veränderung vor oder besser gesagt: Stellst du dir vor, dass es sich schon verändert hat, dass es schon passiert ist, dann wird dein Unterbewusstsein aktiv und es als »bereits geändert« erkennen. Dabei merkt es natürlich, dass die Realität mit dem Neuen, was du in dir erschaffen hast, nicht übereinstimmt, dass also die Realität noch nicht mit deiner Veränderung mitgezogen hat – und das ist der Punkt, wo es ins Rollen kommt. Das Unterbewusstsein tut nämlich jetzt sein Möglichstes und wird dich mit »Zufällen« überhäufen, die dafür sorgen, dass du so schnell wie möglich an dein Ziel kommst. Es können Orte, Menschen, bestimmte Zeitschriften, in denen du entsprechende Infos findest, sein, die plötzlich in dein Wahrnehmungsfeld rücken, obwohl du sie vorher nie bemerkt hast. Halte also die Augen auf und lass deine Fantasie aktiv werden.

Dein Leben als Unternehmen

Es macht Sinn, sich selbst und das eigene Leben wie ein Unternehmen zu betrachten und dabei keine Abteilung zu vergessen. Viele Menschen, die tatsächlich eine Lebensplanung haben, nehmen persönliche Bereiche wie Familie oder Freunde aus der Planung heraus oder vergessen sie schlicht und einfach. Du solltest jedoch alle Lebensbereiche erfassen.

Die erstmalige Planung kann viel Zeit in Anspruch nehmen. Aber lass dich davon nicht abschrecken. Mit der Zeit brauchst du nur noch Aktualisierungen vorzunehmen, und das wird schnell gehen, wenn du anfangs alles achtsam aufgeschrieben hast. Du wirst auch viel Zeit bei der eigentlichen Realisierung und Ausführung einsparen können. Und der Nebeneffekt: Wenn du deine Erfolge langfristig beobachtest und realisierst, was du alles schon geschafft hast, wirst du dich nicht länger für einen Universaldilettanten halten.

Entscheidungen treffen

Eigentlich ganz einfach und doch so schwer: Entscheidungen treffen. Wer Entscheidungen unnötig lange hinauszögert, gilt als Zauderer. Dagegen gilt es als vorbildhaft, Entscheidungen klar zu treffen und dann auch mit seiner ganzen Person zu ihnen zu stehen. Keine guten Aussichten für Scanner-Persönlichkeiten.

Durch die Weiterentwicklung der Menschheit nimmt die Bandbreite der persönlichen Möglichkeiten Jahr für Jahr zu. Ganz gleich, in welchen Bereich man schaut, die Auswahl wächst stetig. Dies betrifft sowohl die Auslagen der Supermärkte als auch das Medienangebot oder die Formen der privaten Kommunikation. Konnte man sich früher, wenn man essen gehen wollte, oft lediglich entscheiden, ob es traditionelle deutsche Küche oder ein italienisches oder asiatisches Restaurant sein soll, kann man sich heute in Großstädten italienische Restaurants nach Regionen getrennt aussuchen und hat die Wahl zwischen chinesischer, japanischer, thailändischer, vietnamesischer oder koreanischer Küche. Ich persönlich habe fast immer große Entscheidungsnot, wenn ich eine Speisekarte studiere. Wie bei vielen Menschen gibt es auch bei mir Entscheidungen, die mir leichtfallen, und andere finde ich eher schwer. Auffallend viele Multitalente haben immer wieder oder sogar chronisch massive Probleme damit, Entscheidungen zu treffen. Warum aber ist das so?

Von der Schwierigkeit, Entscheidungen zu fällen

Hat man erst einmal eine Wahl getroffen, fallen die anderen Optionen automatisch weg. Diese schlichte Tatsache führt bei vielbegabten Menschen oft zu einer inneren Blockade. Viele übersehen dabei, dass auch das Nichttreffen einer Entscheidung eine Entscheidung darstellt, nämlich die für die Beibehaltung des Status quo. Auch an der persönlichen Verantwortung ändert sich nichts, da wir genauso für das verantwortlich sind, was wir nicht tun, wie für das, was wir tun. Insofern macht es nur in seltenen Ausnahmefällen Sinn, sich vor Entscheidungen zu drücken und das dahinterstehende Problem durch ein Vertagen auszusitzen. Denn häufig genug kehrt die gleiche Problematik wieder zurück – in einer verschärften Version. Trotzdem kann es beim Abwägen der verschiedenen Handlungsmöglichkeiten vorkommen, dass uns die Folgen beider Alternativen nicht positiv erscheinen. Wenn ein Mensch beispielsweise mit offenem Reißverschluss an der Hose dasteht, ist es sowohl unangenehm, ihn darauf anzusprechen, als auch, es nicht zu tun. Durch bloßes Abwarten aber werden im Zweifel mehr Personen auf das kleine Dilemma aufmerksam. Insofern gibt es am Ende nur eine richtige Entscheidung: dem Freund sagen, was los ist.

Der Weg zur Entscheidung

Dieses schlichte Beispiel zeigt eine der wichtigsten Techniken, derer man sich beim Fällen schwieriger Entscheidungen bedienen kann: das konsequente Durchdenken der Folgen der einzelnen Optionen. Bei einfach gelagerten Sachverhalten wie dem mit dem Reißverschluss erfolgt ein solcher Vorgang praktisch automatisch. Geht es dagegen um schwierigere Fragen, bei denen eine Reihe von unterschiedlichen Faktoren zu berücksichtigen ist, macht es auch wieder Sinn, die Situation schriftlich niederzulegen. Gerade bei Entscheidungen mit einer finanziellen Komponente kommt es nicht zuletzt darauf an, welche Lösung man sich tatsächlich auch (dauerhaft) leisten kann.

Kommt man trotz intensiver Beschäftigung auf diesem Wege zu keinem Ergebnis, macht es am meisten Sinn, die Sache für eine Weile ruhen zu lassen. Durch die intensive Beschäftigung mit der Materie sieht man am Ende oftmals den Wald vor lauter Bäumen nicht mehr. Auch in einer Pause arbeitet das Unterbewusstsein an der Angelegenheit weiter und die Intuition hat ohnehin nie Feierabend. Oftmals wacht man dann am nächsten Morgen auf und weiß plötzlich, welche Schritte zum Ziel führen. Diese »Technik« des zeitweisen Loslassens macht selbstverständlich keinen Sinn, wenn eine unmittelbare Entscheidung notwendig ist. Und man wird in so einem Eilfall auch keine schriftlichen Listen verfassen.

Ausgetrickst vom eigenen Gehirn

Mit den erwähnten Listen ist das manchmal so eine Sache. Denn gerade bei wichtigen Entscheidungen geht es nicht immer streng logisch und sachlich zu, wie wir schon im Kapitel über Vernunft und Intuition besprochen haben. So wird vom berühmten amerikanischen Staatsmann und Erfinder Benjamin Franklin erzählt, dass er einmal von einem jungen Mann mit der Frage konfrontiert wurde, wie dieser sich zwischen zwei Frauen entscheiden solle. Benjamin Franklin schlug dem Bräutigam in spe vor, die Vor- und Nachteile beider Frauen auf einem Zettel zusammenzufassen. Die längere Liste an Vorteilen wäre im Zweifel die richtige Wahl. Zwar tat der junge Mann wie geheißen, hörte am Ende aber doch auf sein Gefühl und entschied sich für die Frau mit der geringeren Zahl von Vorteilen. Überhaupt wurde die Gefühlskomponente bei Entscheidungen durch die Wissenschaft lange vernachlässigt. In den letzten Jahrzehnten wurde dagegen im stärkeren Maße versucht, dem Bauchgefühl auf den Grund zu gehen, denn es steht regelmäßig im Widerstreit mit den logischen Überlegungen.

Wichtig ist, sich bewusst zu sein, welche Rolle die Gefühle beim Treffen von Entscheidungen spielen. Denn häufig werden Fehlentscheidungen nur deshalb wiederholt, weil es sich um ein dem Hirn bekanntes Muster handelt. Für eine Marke, die man nicht kennt, entscheidet man sich in der Regel nur bei einem entsprechend günstigen Preis oder wenn man eine vertrauenswürdige Empfehlung von Freunden erhalten hat. Im Zweifel entscheidet man sich immer für das Bekannte. Dies birgt die Gefahr, dass man gegenüber Fehlern der Vergangenheit lernresistent ist, weil das Unbekannte mehr schreckt als die Gefahr der Wiederholung von Schnitzern. Dieses Umstands sollte man sich bewusst sein, wenn man zwischen mehreren Möglichkeiten wählen kann. Hier sollte nach dem Motto verfahren werden, auch einmal ganz bewusst Neues auszuprobieren – und das möchten Scanner-Persönlichkeiten ja ohnehin gern. Sie liegen also auch hier goldrichtig.

Denk mal paradox

Wenn es dir besonders schwerfällt, eine Entscheidung in die eine oder die andere Richtung zu fällen, liegt dies oft daran, dass dir mehrere Varianten als gleichwertig erscheinen. Eine ganz gute Möglichkeit ist es dann, das berühmte Haar in der Suppe zu suchen. Zwar mindern kleine Fehler oftmals nicht den grundsätzlichen Wert. Andererseits gibt es aber ein deutlich besseres Bauchgefühl bei der Entscheidung für eine Variante, wenn man die andere Möglichkeit bewusst oder auch unterbewusst als fehlerhaft empfindet, da man in diesem Fall durch seine Entscheidung nichts »verloren« hat.

Und nun habe ich noch eine echt schräge Empfehlung für dich: Führt auch diese Überlegung zu keinem Ergebnis, so besteht immer noch die Möglichkeit, den Zufall entscheiden zu lassen. Eine Münze, ein Würfel oder auch die Blätter einer Blume am Wegesrand können in solchen Fällen helfen, zeitnah zu einer Entscheidung zu kommen. Auch wenn dies ein persönlicher Affront gegenüber dem eigenen Verstand ist, ist diese Variante immer noch besser, als gar keine Entscheidung zu treffen. Denn zum einen wird, wie bereits erwähnt, auch dadurch eine Entscheidung getroffen, dass man keine trifft, und zum anderen geht man sich selbst damit auf die Nerven, so entscheidungsunfähig zu sein. Holt man den Zufall ins Spiel, wird man außerdem recht schnell merken, auf welcher Seite das Herz in der fraglichen Sache schlägt.

Hör auf dich selbst!

Auch wenn du ein feinfühliger, sensibler Vielbegabter bist und dich gern mit dir nahestehenden Menschen austauschst, möchte ich betonen, dass du dich bei persönlichen Entscheidungen auch tatsächlich persönlich entscheiden solltest. Zwar kann es helfen, sich mit Verwandten, Freunden und Bekannten auszutauschen, wenn wichtige Entscheidungen anstehen. Dies umso mehr, wenn diese Freunde im betreffenden Gebiet über größere Erfahrungen und Kenntnisse verfügen als du selbst. Dies sollte aber nicht dazu führen, dass du dir am Ende die Entscheidung abnehmen lässt. Denn gerade die Fähigkeit, eigenständig Entscheidungen zu treffen, führt dazu, dass du tatsächlich ein eigenverantwortliches Leben führst. Auch für die Konsequenzen aus dem eigenen Handeln kannst du dann nur dich selbst verantwortlich machen. Machst du dich dagegen bei wichtigen Entscheidungen von anderen abhängig und geht die Sache schief, so leidet darunter auch die persönliche Beziehung zum jeweiligen Ratgeber. Allerdings ist es nicht immer leicht, wirklich radikale Selbstverantwortung zu leben, denn dann ist niemand mehr da, auf den man die Schuld schieben könnte.

Geistige und körperliche Bewegung machen schlau

Wundert es dich, dass ich in einem Buch über vielbegabte Scanner-Persönlichkeiten plötzlich mit Bewegung und Sport komme? Das hat einen einfachen Grund: Viele Menschen, die mit ihrer Vielbegabung richtig gut zurechtkommen und wenig Probleme bei Entscheidungen und Zielerreichung haben, sind körperlich sehr fit, sie sind beweglich und treiben mehr oder weniger intensiv Sport. Diese »gelösten« Vielbegabten nutzen Bewegung oft bewusst dazu, um einen klaren Kopf oder Ordnung in ihr hochsensibles Gefühlsleben zu bekommen. Aber ist das nicht auch logisch?

Überlegst du gerade, wie es bei dir mit Bewegung und Beweglichkeit aussieht? Gut so. Denn Fakt ist: In einem gesunden Körper wohnt ein gesunder Geist. Dieser Spruch des römischen Dichters Juvenal hat sich im Laufe der Jahrhunderte immer wieder bestätigt und gilt heutzutage genauso, vielleicht sogar stärker als je zuvor. Empirische Studien, medizinische Erkenntnisse und Erfahrungen aus der Praxis bestätigen, dass körperliche Fitness sogar mit einem erhöhten Quotienten der messbaren Intelligenz einhergeht.

Dabei sind geistige, emotionale und körperliche Bewegung eng miteinander verbunden. Bewegung ist der Antriebsmotor der Veränderung, des Wachstums und der Weiterentwicklung. Bewegung bringt dich vorwärts, erweitert deinen Horizont und eröffnet dir neue Möglichkeiten in allen Lebensbereichen. Deshalb bringt die Optimierung deiner geistigen, emotionalen und körperlichen Beweglichkeit viele Vorteile mit sich. Dein Gehirn arbeitet flexibler und kann in allen Situationen des alltäglichen Lebens schnell und richtig reagieren. Deine Augen öffnen sich umso weiter für die Welt und du kannst auch in komplizierten Situationen neue Lösungen finden, um die Herausforderungen zu meistern. Die physische Beweglichkeit wirkt sich natürlich nicht zuletzt positiv auf deinen Körper aus, verbessert deine Gesundheit und gibt dir Vitalität und neue Lebenslust.

Wer rastet, der rostet

Von Kindheit an spielt Bewegung eine wichtige Rolle im Leben. Toben, Rennen, Spielen stellen dabei ganz natürliche, kindgerechte Ausdrucksformen dar. Durch körperliche Aktivität entwickelst du als Kind wichtige Kompetenzen für das Leben als Erwachsener. All diese Dinge wie Laufen, Springen, Klettern, Balancieren, Schaukeln, Schwingen, Raufen oder Rangeln tragen in den ersten Lebensjahren zu einer guten motorischen Entwicklung bei. Regelmäßige Bewegung stärkt das Herz-Kreislauf-System und unterstützt dadurch auch die Entwicklung der geistigen Fähigkeiten. Das Gehirn beansprucht beim Denken jede Menge Sauerstoff und Glukose und ein gesundes Herz und gut entwickelte Lungen können natürlich besser für die Zufuhr sorgen. Wenn du deine körperliche Fitness vernachlässigst, bleiben deine geistigen Fähigkeiten, dein Wahrnehmungsvermögen und deine Gefühle hinter den persönlichen Möglichkeiten zurück. Um diesem Prozess entgegenzuwirken, musst du in Bewegung kommen.

Damit meine ich keinen Leistungssport. Ganz einfache Tätigkeiten, die sich problemlos in deinen Alltag integrieren lassen, können zu einem signifikanten Fortschritt führen. Wähle einfach eine Aktivität aus, die dir Spaß macht. Ob Tanzen, Joggen, Fahrradfahren oder Yoga. Wenn du dich bewegst, profitierst du auf allen Ebenen. Und: Die Nervenzellen schütten vermehrt Endorphine aus, die deine Stimmung verbessern und dich fröhlich machen.

Bei der Bewegung sollst du dich nicht unter Druck setzen, weil der Stress die positiven Effekte verringert. Das Übertreiben hilft nicht weiter. Der Ansatz »Viel bring viel« gilt in diesem Fall nicht. Wenn du stets daran denkst, dass du Sport treiben musst, setzt du dich mental unter Druck. Und auch dies ist für manche wichtig: Zu viel Sport belastet den Körper und der Organismus schüttet vermehrt Stresshormone aus. Sie schädigen die Nervenzellen und der gewünschte positive Effekt bleibt aus. Fang klein und ohne Leistungsdruck an. Wenn du die körperliche Bewegung zu einem Hobby machst, das dir Spaß bereitet, kannst du länger durchhalten und die Aktivität zu einem festen Teil des Alltags machen. So kommst du ganz schnell zu den ersten positiven Resultaten.

Selbst häufiges Treppensteigen oder regelmäßige Spaziergänge in schnellerem Tempo steigern die Durchblutung des

Gehirns schon um 20 Prozent, wodurch auch die Sauerstoffversorgung der Gehirnzellen deutlich verbessert wird. Das Gehirn hat dann eine größere Leistungsfähigkeit sowie eine bessere Ausdauer. Wenn du im Alltag vor einer schwierigen Aufgabe stehst, kannst du durch den Sport den Kopf befreien, deine Gedanken ordnen und schneller zu einer Lösung kommen. So unterstützt leichte körperliche Bewegung die optimale Entfaltung deiner mentalen Fähigkeiten und erleichtert dein alltägliches Leben.

Außerdem kannst du mit der richtigen Bewegung sogar eine aktive Steigerung deiner Auffassungsgabe bewirken. Deine Denkprozesse laufen über Nervenverbindungen im Gehirn ab. Bei jeder körperlichen Aktivität entstehen im zentralen Nervensystem neue Verbindungen und die neuronalen Netze werden gestärkt. Sportarten mit komplexen Bewegungsabläufen treiben dein Gehirn daher zu Spitzenleistungen an. Dagegen führen aggressive Trainingsarten wie Boxen zu starken Erschütterungen des Gehirns, die den positiven Effekt der Bewegung minimieren.

Geistige Beweglichkeit

Auch geistige Arbeit ist eine Art Sport. Wenn du geistig beweglich bist, kannst du diese Fähigkeit vielfältig nutzen. So kannst du rasche und richtige Entscheidungen sogar in komplizierten Situationen treffen. Bei unerwarteten Anforderungen gerätst du nicht in Panik. In ungewöhnlichen Problemfällen kommst du auch zu ungewöhnlichen Lösungen, die deinen Horizont erweitern und neue Möglichkeiten bieten. Mentale Flexibilität hilft einfach rundum, den Anforderungen des Alltags in einer sich immer rascher wandelnden Welt gewachsen zu bleiben. Ständige Änderungen um uns herum verlangen einfach geistige Beweglichkeit.

Wenn du deine mentale Flexibilität optimieren willst, kannst du durch Übung viel erreichen. Übungen für dein Gehirn fördern das rasche Reagieren auf neue Aufgaben im Alltag. Selbst das Ausprobieren neuer Lösungsansätze lässt sich üben. Dazu gehört unter anderem der Mut, mal von der Routine abzuweichen und gedanklich neue Wege zu gehen. So entstehen Fähigkeiten, die dich bei der Bewältigung von schwierigen Situationen auch im Alltag unterstützen. Nur das gut funktionierende Gehirn kann mit Flexibilität aufwarten. Für die mentale Flexibilität gilt ebenfalls der Ansatz »Wer rastet, der rostet«. Wenn das Gehirn nicht ausreichend beschäftigt wird, büßt es seine Leistungsfähigkeit ein.

Anders herum ausgedrückt: Wer sein Scannertum wirklich lebt, entwickelt ein höchst leistungsfähiges Gehirn und einen frischen, beweglichen Geist.

Wann sollst du aktiv werden?

Sowohl für die körperliche als auch für die geistige Aktivierung gilt: Je öfter, desto besser. Zu jeder Tageszeit und in jeder Jahreszeit kannst du an der Optimierung deiner Fitness und deiner mentalen Fähigkeiten arbeiten. Vor allem ist Bewegung in der kalten Jahreszeit sehr wichtig. Für hochsensible Scanner, die zu depressiven Verstimmungen neigen, hat die Bewegung eine ganz besonders hohe Bedeutung, gerade in der dunklen Jahreszeit.

Im Winter verringert sich die körperliche Aktivität und meist nimmt auch die geistige Bewegung ab. Obwohl der Winter sicherlich auch seine schönen Seiten hat, fühlst du dich in dieser Jahreszeit irgendwie weniger wohl. Am Wetter liegt das nicht unbedingt. Die Fachleute wissen es genauer: Es liegt am Licht. Im Winter wirkt tatsächlich sehr viel weniger Sonnenlicht auf dich ein, als das im Frühling oder im Sommer der Fall ist. Da das Sonnenlicht den Schlaf-wach-Rhythmus steuert, macht dich das helle Licht des Sommers wach. Es aktiviert somit auch dein Gehirn. Weniger Licht führt deshalb zu weniger Gehirnaktivität.

Gerade im Winter sollst du daher deine geistige Aktivität gezielt fordern. Aktiviere dein Gehirn und gib ihm Aufgaben, damit du die negativen Folgen des Lichtmangels ausgleichst. Auch körperliche Aktivität ist in dieser Jahreszeit wichtig. Durch Skifahren, Snowboarden oder Nordic Walking kommt dein Körper in Schwung. Probier es einfach aus und du wirst merken, dass du dich sogar im Winter vital, fit und völlig lebendig fühlen kannst.

Statt Anpassung gesunde Rebellion

Ein weiterer wichtiger Baustein deines Selbstmanagements. Es sind nur zwei kleine Worte, die schnell gesagt sind: Das Wort »ja« und das Wort »nein«. Geh einmal für einen Moment in dich und überlege: Welches Wort geht dir leichter über die Lippen? Bei vielen angepassten Menschen in unserem durchstrukturierten Leben ist es sicherlich das Wort »ja«. Ein Nein wäre wie Sand im gut geölten Getriebe eines komplexen Tagesablaufs oder wird zumindest als Störfaktor verdächtig.

Wer Nein sagt, ist ein Rebell. Dieses Wort hat bei der Mehrheit kein gutes Image. Wenn man sich zum Mainstream zählen möchte, dann will man primär dazugehören und in der Sicherheit der Masse schwimmen. Doch wer erinnert sich noch, wie eine Massenbewegung einmal angefangen hat? Das geschieht immer erst einmal durch einen Einzelnen oder wenige

Personen. Ob es nun um Frauenrechte, Friedensbewegung oder Umweltschutz ging: Am Anfang war eine Rebellin oder ein Rebell.

Du solltest also das Nein und den Rebell in dir unbedingt wertschätzen – oder wenigstens etwas besser und wohlwollend kennenlernen. Praktisch alle Scanner-Persönlichkeiten, die ich kenne, haben diesen Rebell in sich. Als gelöste Vielbegabte trauen sie sich, dem inneren Rebellen Raum zu geben, und haben keine Furcht (mehr) anzuecken und gegen den Strom zu schwimmen.

Ja sagen – um Harmonie zu bewahren

Wir leben in Zeiten, in der das Ja sehr glatt und stromlinienförmig geworden ist. Manche Experten nennen das weitverbreitete Phänomen Burn-out eine »Krankheit der Ja-Sager«. Menschen, für die ein Nein zunehmend unmöglich geworden ist, haben oft jede Menge Aufgaben, die sie eigentlich gar nicht wollen: Sie erledigen die Arbeiten anderer, kleine Gefälligkeiten, übermäßige familiäre Verpflichtungen und viele Dinge mehr. Wenn die Kraft dann irgendwann nicht mehr reicht, entsteht der Kurzschluss im System Mensch. Logisch. Aber wie kann es dazu kommen?

Für viele Ja-Sager ist Harmonie ein besonders wichtiger Wert im Leben. Sie halten Konflikte, Diskussion, Meinungsvielfalt und Streit nur ganz schlecht aus. Und sie wollen eines unbedingt vermeiden: nämlich ganz allein dazustehen, unverstanden, ungeliebt oder ausgelacht. Wie es eben einem Rebellen auch passieren kann. Paradoxerweise bringt das Leben solche Ja-Sager aber oft genau in eine solche Situation: Wenn jemand unter der Last seiner vielen falschen Jas zusammenbricht, ist meist nichts mehr da von ersehnter Harmonie,

Freundschaft und Zustimmung der anderen. Wer ungewollt ausfällt, fällt auch aus der Masse.

Warum uns das Nein heute schwerfällt

Vor 50 Jahren konnte man im Leben noch klarere Strukturen erkennen: In der westlichen Welt wurde von vielen Menschen Ende der 1960er-Jahre ihre Lebensumgebung als einengend, konservativ und wenig lustvoll erlebt. Es lag Rebellion in der Luft. Auch hier mussten es aber zunächst Einzelne sein, die das erste Nein zu diesem für sie falschen Leben deutlich machten. Erst nach und nach wurde eine Bewegung daraus.

Dieses Muster hat Wiedererkennungswert: Kennst du die Situation auf einer leeren Tanzfläche? Die meisten Menschen sind zum Tanzen gekommen. Es muss irgendwann aber einer beginnen. Wer diesen Mut aufbringt, ist letztlich auch ein Rebell. Dann kommt ein Nächster und ein Nächster und schließlich ist die Tanzfläche so voll, dass es schwerfällt, sich vorzustellen, dass sie noch vor Kurzem ganz leer war und sich keiner getraut hat.

Die Widerstände in unserem Leben heute sind nicht so plakativ wie für die 1968er-Generation. Und doch tut es den meisten Menschen gut, den Rebell in sich wohlwollend zu betrachten und öfter in das eigene Leben einzuladen. Sag Nein, wenn ein Kollege beim nächsten Mal seine Arbeit auf dich abwälzen will. Sag aber auch Nein zu eigenen schlechten Angewohnheiten. Der Lohn: Du erkennst, dass die erwarteten Katastrophen nicht eintreffen, wenn du Nein sagst. Im Gegenteil. Du wirst dich stark, frei und unabhängig fühlen. Und wenn nicht sofort, dann etwas später …

Ein bisschen Angst gehört zum Nein dazu

Denn auch beim Nein ist es wie auf der Achterbahn: Selbst der größte Fan verspürt neben der Lust auch ein bisschen Angst – gerade das macht den Thrill wohl aus.

Die Psychotherapie verweist auf meist autoritäre Erziehungsmuster, die Menschen zum Ja zwingen und ihnen den Mut zum konstruktiven Nein nehmen. Es gibt aber auch kollektive Gesellschaftsmuster, die das fortführen und verstärken: Darwins Lehre vom Überleben des Angepassten mag manche Entwicklung in der Tierwelt erklären. Sie darf aber nicht zu einer verinnerlichten Ideologie werden, die verhindert, dass sich Rebellen zum Wohle aller gegen eine schlechte Entwicklung stellen. Solche Menschen braucht unser Planet derzeit mehr denn je.

So kannst du das automatische Ja verändern

Manches Ja kommt so automatisch aus unserem Mund, dass wir uns hinterher auf die Zunge beißen möchten. Hier hilft eins: Vor dem Antworten Zeit gewinnen. Das kannst du durch konsequentes Üben erreichen. Wenn du weißt, dass dir das Ja zu schnell über die Lippen kommt, dann versuch zu lernen, auf Zeit zu spielen: »Ich muss erst im Kalender nachsehen, Moment bitte … Kann ich in einer Stunde zurückrufen?« Diese sanfte Rebellion kann dein Leben sehr positiv zu deinen Gunsten verändern. Auch eine kleine Notlüge ist erlaubt: »Ich muss zu einem Termin …« Es geht um deine Lebenszeit.

Erfolgsfaktor Resilienz

Resilienz wird als die Stärke eines Menschen bezeichnet, seine inneren Schutzfaktoren zu aktivieren, damit Lebenskrisen ohne andauernde Beeinträchtigungen durchgestanden werden können. Die innere Robustheit hilft und schützt in Krisenzeiten. Eine hohe Resilienz sorgt dafür, dass wir schnell wieder auf die Beine kommen, egal ob in gesundheitlicher, wirtschaftlicher oder seelischer Hinsicht.

Resilienz – Elastizität und Unverwüstlichkeit
Belastete Biografien kennt jeder, beispielsweise das Klischee des Schlüsselkinds einer Alleinerziehenden, das nachmittags allein in einer kleinen Wohnung verbringt und somit keine günstige Sozialprognose bekommt. Angeblich sind Arbeitslosigkeit, das Abrutschen in Drogen und eine Antikarriere vorgezeichnet. So ist es ja auch oft, aber es muss nicht so sein. Es gibt genug Gegenbeispiele von Menschen, die statt dem vorgezeichneten Weg einen ganz anderen, sehr erfolgreichen gegangen sind. Diese Persönlichkeiten verfügen über eine perfekte Stehaufmännchen-Mentalität. Aus dem kleinen Jungen, dem so eine Antikarriere vorhergesagt wurde, ist dann ein erfolgreicher Verkaufsleiter geworden, der sein Leben im Griff hat. Sein Kamerad, der in einem wohlbehüteten Elternhaus aufgewachsen ist und immer von Liebe umgeben war, hat sein Leben dagegen nicht gemeistert, er ist von Beruf Sohn und Weltreisender ohne eine solide Ausbildung.

Warum dem einen das Leben gelingt, dem anderen nicht, das erklärt das Wort »Resilienz«. Es kommt aus dem Englischen und bedeutet so viel wie »Elastizität« oder »Unverwüstlichkeit«. Der Begriff geht auf die Physik zurück und beschreibt die Materialeigenschaft, nach einer Belastung wieder in den Urzustand zurückzukehren.

Die Stärke eines Menschen

Man kann lernen, sich nicht von Krisen vereinnahmen zu lassen. Das heißt, man kann seine Resilienz aktiv steigern. Erfolgreiche Manager beispielsweise haben gelernt, Stress nicht mehr als Belastung zu empfinden, sondern ihn als eine sportliche Herausforderung anzunehmen, in vollem Vertrauen in die eigene Kraft. So halten sie auch Rückschläge besser aus und können sie unter Erfahrung verbuchen. Menschen mit einer gesunden Resilienz sind nicht gewillt, anderen Macht über das eigene Wohlbefinden einzuräumen.

Für viele ist es ein schwerer Schritt, Eigenverantwortung zu entwickeln und wirklich selbstbestimmt zu handeln. So klagte eine Klientin einmal über maßlosen Stress und so viel Zeitmangel im Job, dass sie zwischendurch nicht einmal eine Tasse Tee trinken könne. Sie war eine alleinerziehende Mutter mit einer 14 Jahre alten Tochter und Chefin von zehn Kolleginnen im Backoffice-Vertrieb. Nach dem Coaching war ihr bewusst, dass sie zwar ihre Schwächen kannte, sich ihrer Talente aber nicht bewusst war. Sie verwendete viel Zeit darauf, sich Sorgen über die Zukunft zu machen, hatte aber keine Vorstellung davon, wie sie diese Sorgen in Zuversicht verwandeln könne. Sie informierte sich beispielsweise nicht regelmäßig über berufliche Veränderungen in ihrem Umfeld, sie hatte kein Netzwerk und auch keinen Finanzplan für Krisenzeiten. Im Coaching wurde ihr klar, dass sie trotz schlechter Mathenoten ihre Wunsch-Ausbildungsstelle bekommen und trotz der Schwangerschaft ihre Prüfung zur Industriekauffrau locker bestanden hatte. Das stand am Anfang der Stärkenliste. Nach und nach erkannte die Klientin, dass die meisten Dinge in ihrem Leben durch ihr aktives Zupacken positiv verlaufen sind und dass eine pessimistische Grundeinstellung, die von Angst genährt ist, nur unnötig Energien frisst. Nach einiger Zeit gelang es dieser Frau, ihrer eigenen Resilienz zu vertrauen und so mehr Lebensqualität zu erreichen. Resilienz lässt sich also dadurch steigern, dass man sich bewusst macht, wo die eigenen Stärken liegen, wie resilient man also bereits ist.

Widerstandsfähig mit Resilienz

Resilienz ist die Fähigkeit, sich widerstandsfähig gegenüber äußeren Belastungen zu zeigen. Der resiliente Vielbegabte ist ein Stehaufmännchen, das immer wieder aufsteht, auch wenn es umgestoßen wird. Durch die Verarbeitung von Lebenskrisen oder gar Schicksalsschlägen kann nicht nur die ursprüngliche Verfassung wiedererlangt werden, sondern es kann sich sogar eine höhere Lebensqualität einstellen.

Willst du wissen, wie es um deine eigene Resilienz bestellt ist, schau dir ganz alltägliche Situationen an: Wie verhältst du dich beispielsweise, wenn ein wichtiger Kunde anruft und dir mitteilt, dass er in der Zukunft einen anderen Lieferanten beauftragt? Oder fühle nach: Wie wäre es, wenn du erfahren würdest, dass ein Kollege befördert wurde und du nicht, obwohl er zur gleichen Zeit angefangen hat wie du selbst? Wie würdest du reagieren: Enttäuscht oder wütend, fühlst du dich als Opfer oder resignierst du?

Resilienz bedeutet keineswegs, dass zukünftig alles Unangenehme vermieden wird. Wie resilient du bist, zeigt sich daran, ob du an Erfahrungen wachsen und dadurch Kraft für neue Herausforderungen gewinnen kannst.

Wie gehst du mit Krisen um?

Du kannst aus deiner Vergangenheit viel lernen. Frag dich: Wie war es früher, wenn Krisen auftauchten? Wie hast du sie gemeistert? Kannst du das jetzt nutzen? Schreib auf, mit welchen Herausforderungen du im Leben bereits zurechtgekommen bist und was die Charaktereigenschaften sind, die dir dabei geholfen haben. Was kannst du daraus lernen, wenn du wieder in einer Krise steckst? Lerne aus deiner Vergangenheit und nutze das, was schon einmal funktioniert hat. Wiederhole nützliches Verhalten. So wirst du das Gefühl entwickeln, dass du das Ruder selbst in der Hand hast und dir zu helfen weißt.

Wenn du über ein stabiles Netzwerk verfügst, kannst du dich glücklich schätzen. Erinnere dich daran: Wer hat dir im Leben weitergeholfen, wer waren oder sind deine Mentoren? Außerdem kannst du auch von Vorbildern profitieren.

Die ewigen Pessimisten, bei denen das Glas immer halb leer ist, lassen solche gedanklichen Spiele an sich vorbeiwehen. Dabei hilft die Rückschau wirklich weiter: Was ist gut geschafft worden, was lief prima, obgleich es schwierig war? Die Liste kannst du sicher leicht füllen. Abitur gemacht, den ersten Job angetreten, den Führerschein gemacht (was für viele ein Horror ist). Mut ist Handeln trotz der Angst, die da ist. Wer sich zurückerinnert, wie sich frühere schwierige Ereignisse angefühlt haben, wird zunehmend mehr Optimismus entwickeln. Probiere es aus.

Der gesunde Umgang mit dem Scheitern

Scheitern, verlieren, abseits stehen, nein, das möchte keiner gern. Oder wie man heute gern sagt: Das ist unsexy. Doch auch diese weitverbreitete Haltung ist bei genauer Betrachtung antiquiert, letztlich nicht konstruktiv und falsch.

Was verbindest du mit Niederlagen? Wie gehst du mit ihnen und dann auch mit dir um? Eine solche Überlegung lohnt. Unsere Haltung zur Niederlage beeinflusst uns nicht nur in einer misslichen Lage, sie entscheidet auch darüber, ob wir kraftvoll, optimistisch und entschlussfreudig durch das Leben gehen – oder eben nicht. Was wir über das Scheitern denken und wie wir es empfinden, ist eine kritische Analyse wert.

Vor der Analyse kommt das Gefühl

Schon seit einiger Zeit wird in vielen Büchern und auf Seminaren eine Zen-Geschichte vom Bauern und seinen Pferden erzählt: Eines Tages entläuft einem Bauern sein bestes Pferd. Alle sagen: »Was für ein Pech!« Der Bauer sagt: »Mal sehen.« Am nächsten Tag kommt sein Pferd mit einem Wildpferd zurück. Alle sagen: »Welch ein Glück!« Der Bauer sagt: »Mal sehen.« Am nächsten Tag will der Sohn des Bauern das neue Pferd einreiten und bricht sich das Bein. Wieder sagen alle: »Welch ein Pech!« Der Bauer sagt: »Mal sehen.« Kurz darauf kommen Soldaten des Landesfürsten und nehmen alle wehrfähigen jungen Männer mit für einen neuen Krieg, den verletzten Sohn des Bauern aber lassen sie da …

Eine schöne Geschichte, aber machen wir uns nichts vor: Wie dieser Bauer sind wir nicht und werden es vielleicht auch nie sein. Vielleicht wollen wir es auch gar nicht, denn gegen Gefühle anlässlich guter oder schlechter Nachrichten ist nichts zu sagen. Im Gegenteil, wenn du scheiterst, dann lass alles zu, was an Gefühlen kommt: Ärger, Wut, Trauer, Angst … Manchmal ist es auch gut, dem Körper die Gelegenheit zu geben, beim Ausdruck von Gefühlen mitzuhelfen: Holzhacken oder manche Sportarten wie Tennis oder Squash eignen sich als Katalysator für Wut. Bei Trauer, die gerade für Männer schwer zuzulassen ist, hilft manchmal Musik: Fast jeder hat heimlich einen Titel, der ein echter Tränenzieher ist.

Im privaten Kontext können Vertraute oder Partner vielleicht teilhaben an solchen Gefühlen. Im beruflichen Kontext sollte man jedoch vor Kollegen und Vorgesetzten die Maske wahren und mit allzu intensiven Gefühlsausdrücken warten, bis man privat und für sich ist.

Die meisten Menschen fühlen sich nach Gefühlsentladungen eher gut, klar und gereinigt. Weinen macht schön, heißt es. Erst, wenn du deine Gefühle zulassen kannst, kann sich dein Geist auch den Gedanken öffnen, für die diese Geschichte vom Bauern und den Pferden steht. Wenn du schlechte Nachrichten an andere überbringst, beruflich oder privat, bedenke diesen Aspekt und gib dem anderen zunächst Raum und Abstand für die emotionale Klärung. Das spätere Reden ist dann meist viel effektiver und klarer.

Wie Scheitern uns gescheiter macht

Die Menschheitsgeschichte ist, etwas übertrieben ausgedrückt, eine Geschichte des Scheiterns. Als in der Steinzeit in der Nähe der ersten Menschen der Blitz in einen Baum schlug und diesen in Brand setzte, schien dies für einige wie ein Zeichen für das bevorstehende Ende. Doch ein findiger Kerl – vielleicht ja auch eine mutige Lady – ergriff die Gelegenheit im wahrsten Sinne des Wortes in Form eines brennenden Astes und brachte so das Feuer in die Gemeinschaft, wo es ab sofort gehütet wurde. Was für ein Meilenstein für die Menschen! Entstanden durch eine Naturgewalt.

Kolumbus wollte den Seeweg nach Indien finden. Doch er fehlte: Er landete auf einem Kontinent, von dem er nichts wusste und der einfach im Weg lag. Dennoch wird er bis heute als Entdecker angesehen. Thomas Alva Edison brauchte mehrere Tausend Versuche, bis der erste Metallfaden in seiner Glühlampe endlich stabil leuchtete. Sein Kommentar zu den Fehlversuchen: »Warum Fehlversuche? Wir kennen jetzt mehrere Tausend Methoden, einen Metallfaden nicht zum Glühen zu bringen.«

Schau einmal in deinem Leben nach: Sicher findest du Beispiele dafür, dass du etwas erst bekamst, nachdem du durch viele Prüfungen gegangen warst. Es wäre interessant herauszufinden, was dich und auch den Tüftler Thomas Alva Edison dazu gebracht hat, durchzuhalten und nicht aufzugeben. Ein gutes Selbstwertgefühl ist sicherlich hilfreich. Zum anderen ist aber auch das Wissen um solche Prozesse nützlich. Geschichten wie die beispielhaft erwähnten müssten viel öfter erzählt werden, am besten schon in der Schule. Dann würde sich unser falsches Bild vom Genie mit seinem einen genialen Wurf verändern. Wir würden erkennen, wie viel Ausdauer, Fleiß, Selbstdisziplin, Fügung und Glück hinter allem menschlichen Fortschritt steht. Und wie viele Niederlagen gerade auf dem Weg der Größten liegen.

Noch einmal zu dem Bauern mit den Pferden: Von ihm können wir die Weisheit übernehmen, dass wir von einem Ereignis meist nur einen kleinen Bruchteil überblicken. Es braucht oft Zeit, bis wir den größeren Kontext erfassen. Dann wandelt sich das Ganze plötzlich und was als Unglück begann, kann zu unserem größten Glück werden, aber auch umgekehrt.

Mut zu einer Fehlerkultur

Der Umgang mit dem Scheitern scheint zunächst eine sehr persönliche und von biografischen Faktoren abhängige Geschichte zu sein. Es ist durchaus lohnend, hier anzusetzen, aber du musst dabei nicht stehen bleiben. Wer sein Verhältnis zum Scheitern ins Positive verändert hat, der kann zu einer neuen und menschlicheren Fehlerkultur in der Gesellschaft beitragen. Ob als Partnerin oder Partner, Mutter oder Vater, Vorgesetzter, Kollege oder Mitmensch. Immer wieder gibt es Gelegenheiten, andere zum hilfreichen Umgang mit vermeintlichen Fehlern zu ermutigen.

Ein simples Beispiel: In einer Teambesprechung redet ein Vorgesetzter über etwas, das du nicht verstehst. Du weißt, dass es fast allen Kolleginnen und Kollegen auch so geht. Aber keiner will sich eine Blöße geben. Hab also den Mut zu fragen: »Können Sie das bitte präzisieren? Ich habe es nicht verstanden.« Deine Kollegen werden es dir meist danken.

Auch gegenüber Kindern sollte man das Gute einer Sache stets betonen und nicht das, was falsch ist und fehlt. Angst vor Fehlern ist ein riesiges Hemmnis in unserer Welt geworden. Nur wer Mut zeigt und auch ein konstruktives Scheitern mit einplant, bleibt aktiv und handlungsfähig. Auch wenn du gerade nicht an einer Glühbirne bastelst – bleib dran an deinen Projekten, selbst wenn du manchmal zweifelst. Und wenn der Blitz einschlägt, geh über deine Angst hinaus und greif zu.

Selbstdisziplin, der Schlüssel zum Erfolg

Begabung, Ausbildung, soziale Herkunft – diese Faktoren spielen eine wichtige Rolle beim beruflichen und privaten Erfolg. Doch wie aktuelle Studien zeigen, haben sie für das Fortkommen bei Weitem keinen so hohen Stellenwert wie eine ganz andere Charaktereigenschaft, die auf den ersten Blick vielleicht unpopulär erscheinen mag: Selbstdisziplin. Ups, das ist ein Wort, das viele Scanner-Persönlichkeiten nicht so gern haben. Wenn du aber nicht nur Ziele festlegen, planen und gute Entscheidungen treffen möchtest, sondern auch noch erfolgreich vorankommen willst, kommst du um Selbstdisziplin nicht herum.

Mangelnde Selbstdisziplin bedeutet Fremdbestimmung

In der griechischen Philosophie gibt es für den Begriff der Selbstdisziplin das Wort *enkrateia*. Es bezeichnet das Ideal eines Menschen, der seine Freiheit für die Entwicklung eines selbstbestimmten, tugendhaften Lebens verwendet. Hier geht es also darum, Macht über sich selbst auszuüben und damit erfolgreich zum Ziel zu gelangen.

Leider leben viele Menschen in erster Linie nach dem Diktat ihres Körpers. Ob sie essen oder schlafen – sie tun, was ihr Körper ihnen sagt. So sind ihnen das Stück Torte oder die Tüte Chips oft näher als das verstandesmäßige Wissen, dass der Genuss derartiger Nahrungsmittel einem gesunden Körpergewicht alles andere als zuträglich ist. Nicht wenige Studenten brauchen unnötig lange Zeit für ihre Studiengänge, weil ihnen die Disziplin zum Lernen fehlt. Der Bauch sagt: Geh auf die nächste Party und lass es dir gut gehen. Lebe! Und das, obwohl der Kopf weiß, dass die Zeit über den Fachbüchern oder in einer Bibliothek besser investiert wäre.

Geht es dir auch so? Dann hast du vielleicht schon gespürt, dass eine derartige Lebensphilosophie – analytisch betrachtet – nichts anderes ist als Knechtschaft unter der Sklaverei leiblicher Begierden, mit allen negativen Folgen. Ja, ich weiß durchaus, dass ich mich mit dieser scharfen Formulierung unbeliebt mache. Aber es muss sein.

Dieses Wissen ist keineswegs neu. Schon im Alten Testament heißt es im Buch der Sprüche: »Wer sich nicht beherrschen kann, ist so schutzlos wie eine Stadt ohne Mauer« (Sprüche 25, 28). Dessen sind sich viele Menschen auch durchaus bewusst und sie leiden darunter, wenn es ihnen an Selbstdisziplin mangelt. Tatsächlich ist der Grund für Misserfolg und Unzufriedenheit wirklich sehr oft nichts anderes als fehlende Selbstdisziplin. Es ist ein immer wiederkehrendes Thema im Coaching, daher muss ich es so deutlich ansprechen.

Selbstdisziplin bringt echte Freiheit! So wie die Leitplanken auf der Autobahn zum Schutz und nicht zur Einengung da sind und letztlich eine viel größere, sichere Freiheit ermöglichen, genauso ermöglicht dir Selbstdisziplin, das zu tun, wovon du überzeugt bist und was wirklich gut für dich ist. Du musst nicht willenlos immer das tun, was (kurzfristigen) Spaß bringt, sondern erreichst mittel- und langfristig gesehen die wirklich nützlichen und nachhaltigen Ziele in deinem Leben. Deine dir selbst auferlegten Regeln und nützlichen Vorschriften für die Erreichung deiner Lebensziele sind dabei keine »Spielverderber« oder »Spaßbremsen«, sondern haben so einen tiefen Sinn.

Wofür Selbstdisziplin wichtig ist

Erfolgreich zu sein, ohne etwas dafür zu tun, ist reines Wunschdenken. Wirklicher Erfolg ist immer auch mit Anstrengungen und Entbehrungen verbunden. Es steht in der Tat – wie es in einem geflügelten Wort heißt – vor dem Preis stets der Schweiß. Egal, ob es ums Studium geht, um das Erlernen eines Instruments oder die Aneignung bestimmter Fertigkeiten – ohne angewandte Selbstdisziplin wird sich der Erfolg nicht oder nur sehr zögerlich einstellen. Insofern zahlen sich Selbstdisziplin und hartnäckiges »Dranbleiben« im Endeffekt doppelt aus. Was auf den ersten Blick als Anstrengung und Mühe erscheinen mag, ist unterm Strich mit viel weniger persönlichem Einsatz und Kraft verbunden als ständige Halbheiten. Aufgaben endlos vor sich herzuschieben, bringt gar nichts. Jedes Lehrbuch, jede Arbeit mehrfach anzufassen kostet mehrfach Zeit, ist unökonomisch und unterm Strich das ganze Gegenteil von zielführendem Zeitmanagement.

Der Weg zum Ziel führt fast immer über Selbstdisziplin. Sie ist der Motor allen Erfolgs und es lohnt sich, sie sich anzueignen. Das kann durchaus einen vorübergehenden Verzicht auf Freizeit, Spaß und Genuss mit sich bringen, wird sich langfristig allerdings mehr als auszahlen. Lern dich also zunächst selbst gut kennen, auch deine Schwächen. Vergegenwärtige dir dabei immer wieder die Wichtigkeit der Selbstdisziplin – und das möglichst frühzeitig. Werde dir über dein Ziel klar und skizziere den Weg dorthin. Wenn es dir – gerade am Anfang dieses Prozesses – einmal nicht gelingt, deine Maßstäbe in Sachen Selbstdisziplin zu erfüllen, dann sieh es nicht als ein allzu großes Versagen an, sondern nimm es als Lehre, es beim nächsten Mal besser zu machen. Hinfallen ist nicht schlimm, nur Liegenbleiben. Selbstdisziplin und Sorgfalt gehören zusammen, wenn du erfolgreich sein willst. Schon vor etwa 500 Jahren riet uns Leonardo dazu: »Bedenke, dass du die Sorgfalt eher lernen sollst als die Fertigkeit.«

Wie du Selbstdisziplin erlangen kannst

Menschen, deren Selbstdisziplin nur schwach ausgeprägt ist, sind in aller Regel sehr leicht abzulenken, hängen die Segel ihres Interesses stets nach dem gerade wehenden Wind und leiden oft an plötzlichen Stimmungsschwankungen – von absoluter Lustlosigkeit bis hin zu übersteigerter Euphorie. Erkennst du in dieser Beschreibung die Scanner-Persönlichkeit wieder? Ja. Aber das bedeutet nicht automatisch, dass alle Vielbegabten wenig Selbstdisziplin haben. Wie ich schon schrieb: Es wird alles viel leichter, wenn man genau weiß, was wirklich wichtig ist und was verzichtbar. Ist das nicht der Fall, ist das Ergebnis oft ein langes Auf-der-Stelle-Treten, Neues-Anfangen und Nichts-zu-Ende-Bringen.

Möchtest du an deiner Selbstdisziplin arbeiten? Dann hilft es dir ganz sicher, dir Folgendes anzugewöhnen:

- Teile deinen Tag gut und klar strukturiert ein! Steh früh auf und nimm dir vor, wirklich das zu schaffen, was du auf der Liste für den aktuellen Tag stehen hast.
- Erstelle am besten täglich eine schriftliche To-do-Liste und arbeite sie auch ab.
- Bleib dran! Behalte stets das Ziel im Auge und arbeite auch dann weiter, wenn die Motivation mal fehlt.
- Lerne, Nein zu sagen! Lass dich nicht durch permanente Erreichbarkeit oder durch eigene Lüste und Begierden ablenken.

- Achte auf deine Gesundheit und deine Fitness! Sport treiben kann ein guter Ausgleich zum Arbeiten am Schreibtisch sein.
- Halte Ruhezeiten ein! Nicht umsonst soll an jedem siebten Tag keine Arbeit verrichtet werden. Auf diese Weise schützt du dich auch vor Burn-out. An solchen Ruhetagen hat dann auch der Genuss wieder mehr Raum.

Vera, 37

Es begann mit einer Suche, einer Suche, auf die ich mich schon so oft begab, einer Suche nach Lösungen, nach Verstehen, nach Antworten auf all die Fragen meines Lebens. Fragen des Warum und Wie. Warum kann ich mich nicht auf ein einziges Thema fokussieren? Warum interessiert mich so vieles in ganzer Tiefe, aber nur für gewisse Zeit? Wie soll ich nur leben, angefüllt von den verschiedensten Ideen und voller kreativer Energie, aber ohne Raum und Zeit, all das auszuleben? Was soll ich mit all dem anfangen?

Es begann also mit einer Suche und diese Suche führte mich in die Räume eines Coaches und letztendlich in die Räume meines eigenen Selbst. Ich begann, mich langsam selbst mehr anzunehmen in meiner Vielfalt und meiner Einzigartigkeit. Es war eine Reise. Manchmal reiste ich auf stürmischer See, umhergeworfen von Zweifeln. Manchmal kam ich an ein neues Ufer mit Blick auf faszinierende Landschaften. Das Neue übte schon immer einen besonderen Reiz auf mich aus. Ich bin ständig hungrig darauf, Neues zu lernen, zu erleben und zu verstehen. Ich liebe es, auf das große Ganze zu blicken, Dinge zu verknüpfen, Neues wahrzunehmen und Kreatives daraus zu erschaffen.

Doch der alltägliche Rahmen und meine Erziehung, die einfach gegeben sind, ließen mich Jahr um Jahr in dem Glauben, ich müsste doch endlich mal eine Spezialistin werden, die danach strebt, eine Karriere in der Wissenschaft zu machen. So brachten mich all das Suchen, all die Fragen und letztendlich ein Zufall, nämlich der Lesetipp eines guten Freundes, zu den »bunten Zebras« und den Scanner-Persönlichkeiten. Ich saß vor meinem Bildschirm und rief wiederholt in Gedanken: »Verdammt, das bin ich! Wahnsinn!« Es war, als ob mich meine Reise zu so etwas wie einer Heimat gebracht hatte, obwohl ich eine innere Heimat bisher gar nicht kannte. Ich fühlte mich plötzlich verstanden und, noch viel wichtiger: angenommen in meiner Vielfalt, meiner Neugier und diesem ganzheitlichen Erfassen. So fing alles an, vor gar nicht allzu langer Zeit.

Eigentlich stehe ich noch ganz am Anfang dieses neuen Weges und dieses neuen Verständnisses von mir als Person. So trage ich im Moment eine bunte Mischung an Gefühlen und Gedanken mit mir herum. Ich empfinde zum Beispiel Freude und Erleichterung darüber, zu verstehen, wer ich bin. Ich freue mich über den Mut, den ich manchmal in mir fühle und der mir Kraft gibt, auf kreative Weise meinen eigenen Weg zu suchen und zu finden, auch wenn er steinig und ungewiss erscheint. Ich bin aber auch erleichtert zu wissen, dass ich so sein darf, wie ich bin, und dass ich mich nicht mehr zwanghaft verstellen muss, nur um einem gesellschaftlichen Bild oder den Erwartungen anderer zu entsprechen. In manchen Momenten fühle ich jedoch große Ratlosigkeit darüber, wo mein Weg denn liegt, ob all das in unserer Gesellschaft überhaupt lebbar ist und in welche Richtung ich den nächsten Schritt tun soll.

Die Vielbegabung bewirkt ein kunterbuntes Leben mit vielen wechselnden Interessen, totaler Hingabe an ein Thema, um dann im nächsten Moment hinweggespült zu werden zu einer neuen Idee, die sich Ausdruck verschafft. Ein Leben, so anstrengend wie schön für mich ebenso wie für andere. Häufig suche ich mir neue spannende Hobbys, bin neugierig aktiv und lese nicht selten mehrere Bücher gleichzeitig. Kein Wunder, dass meine Freunde und meine Familie sich teilweise überfordert fühlen von meiner Ideenflut. So gibt es Tage, an denen ich mich auch einsam fühle, weil ich diese Vielfalt in mir so schwer mit anderen Menschen teilen kann und kaum eine Partnerin finde, die sich in meinem kunterbunten Leben wohlfühlt und mir in Liebe die Freiheit für meine Vielfalt lässt.

Karriere und Beruf sind große Reizthemen für mich. Ich hasse es einfach, mich auf einen Weg festlegen zu müssen. Es drängt mich ständig dazu, Neues zu lernen, unterschiedliche Themen zu verknüpfen und zu erforschen. In meinem Beruf als Wissenschaftlerin bin ich in meiner täglichen Arbeit oftmals nicht sehr fokussiert auf ein Ziel, ich agiere explorativ und von Neugier getrieben. Effektivität und Zielorientierung sind jedoch wichtige Elemente für ein erfolgreiches Berufsleben und eine Karriere. Der Beruf wird so zum quälenden Spannungsbogen zwischen den beiden Polen – meiner explorativen Arbeitsweise und der notwendigen karriereorientierten Zielfokussierung. Ich kann im Berufsleben daher nur schwer ich selbst sein und mein Talent ausleben. Zudem habe ich immer wieder mit der Angst zu kämpfen, dass ich irgendwann auf eine Spezialisierung festgelegt werde, die mir keinen Freiraum für meine vielfältigen Interessen und meine Neugier mehr lässt.

Teilweise suche ich noch nach Möglichkeiten, zufriedener zu sein, teilweise habe ich mir schon einige Räume erschaffen, um mich zu entfalten. Beispielsweise besitze ich mehrere

Kreativbücher, die ich zum Sammeln für all meine Ideen – für einen Roman, für Gedichte, für Bilder oder für Fotoprojekte – nutze. Diese Bücher helfen mir dabei, mir einfach mal zu erlauben, Projekte nur anzufangen, ohne dass sie gleich perfekt ausgearbeitet sein müssen. So schaffe ich mir einen Raum, in dem meine vielen Ideen, die mit all ihrer Kraft nach außen drängen, einen Ausdruck bekommen. Diese besonderen Räume für meine Vielfalt muss ich mir jeden Tag aufs Neue erschaffen, darum kämpfen und sie mir zugestehen, denn jeden Tag gibt es ein anderes Interesse oder Bedürfnis, das gelebt werden will, und gleichzeitig auch Hindernisse, die mich davon abhalten. Glücklich bin ich dabei nur, wenn ich mich von der angeblichen Norm im Leben distanziere und nicht versuche, die perfekte, zielorientierte und spezialisierte Karrierefrau zu sein, die ich einfach nicht bin.

Ich habe meine ganz eigene, sehr persönliche Sicht auf das Leben als vielbegabte Frau. Ich bin nur ein Mosaiksteinchen im bunten Ornament der Scanner. Jedoch glaube ich, dass unsere Vielfalt und das breite Suchen, Lesen und neugierige Lernen den nahrhaften Boden für unkonventionelle, neue Wege eröffnet. Vielfalt führt zu Vernetzung, also vernetztem Denken und einem Potenzial, das große Ganze zu sehen. Ich würde mir wünschen, dass in unserer Gesellschaft neben den Spezialisten auch sogenannte Generalisten, also quasi Scanner, eine Wertschätzung erfahren, da sie eher das große Ganze und neue Zusammenhänge sehen. Wir brauchen beides, Scanner und Spezialisten, um die Herausforderungen in unserer Gesellschaft zu lösen.

Multitalente können die besonderen Herausforderungen am besten durch die Annahme des eigenen Selbst und den liebevollen Umgang mit sich leben, mit den eigenen Schwächen und den vielfältigen Talenten. Erst dann lässt sich das eigene breite Ausdrucksfeld im Privaten wie im Beruflichen für all die Vielfalt in uns finden. Für mich hat es sich vor allem gelohnt, einen gesunden Abstand zum Perfektionismus zu finden, der mir doch immer wieder ein schlechtes Gefühl vermittelte, wenn ich meine Ideen, Aktivitäten oder Bücher mal wieder nicht zu Ende brachte. Doch auch ich bin noch auf der Suche, vor allem auch nach der Balance zwischen meiner explorativen Neugier, einer beruflichen Zielfokussierung und dem geeigneten Rückzugsraum, um als Hochsensible all die Reize zu verarbeiten.

Entscheidungsfindung ist für mich eine Qual und Kreativität das pure Glück. Meine Kreativität fließt einfach durch meinen Kopf, meine Hände und in meine Kreativbücher, aber in meinem beruflichen Leben, im Leben außerhalb meiner vier Wände, findet sie selten einen sichtbaren Ausdruck. Meine Kreativität springt umher wie ein junges Reh und zieht durch die Welt wie eine Möwe. Entscheidungen sind dagegen ein sehr schwieriges Unterfangen für mich: zu viele Parameter und zu viele Ideen, dann die Angst vor falschen Entscheidungen und die Angst, jede Entscheidung könnte mich einschränken. So verstreicht mein Leben teilweise tatenlos, obwohl ich es in meinem Sinne aktiv formen und gestalten will.

Anderen Scannern möchte ich gern mitgeben: Geht euren Weg, sucht euch eure individuellen kreativen Landschaften und versucht nicht, euch zwanghaft anzupassen, denn eine komplexe Welt braucht die ganze Vielfalt des Lebens. Manchmal fühlt sich dieser neue eigene Weg an, als ob man auf einer Klippe stünde, kurz vor dem Sprung. Man muss darauf vertrauen, dass man doch fliegen kann. Manchmal verschwimmt dieser neue Weg im dichten Nebel und wir müssen uns plötzlich auf all unsere Sinne verlassen, um ihn nicht wieder zu verlieren. Aber immer ist dieser Weg es wert, begangen zu werden, egal wie schnell und egal wann in unserem Leben.

»Die Zeit verlängert sich für alle,
die sie zu nutzen verstehen.«

Leonardo da Vinci

Deine Zukunftsperspektiven erkennen

Es gibt einige Denkansätze, die ich dir hier vorstellen möchte, weil ich weiß, dass sie das Leben und Arbeiten für Scanner-Persönlichkeiten zufriedener und erfolgreicher gestalten. Außerdem zeigen sie dir: Die Zukunft gehört den Vielbegabten!

Das Ende der Arbeit: Arbeit gibt's nicht

In einer modernen Gesellschaft gehört Arbeiten zu einem erfüllten und gut funktionierenden Leben zwangsläufig dazu. Nach Feierabend oder an den Wochenenden kann man sich dann von den mühseligen Tätigkeiten erholen und Entspannung finden. Aber hast du dich schon einmal gefragt, ob es alternativ auch möglich sein kann, Arbeit ganz anders zu sehen: als eine kreative und schöpferische Tätigkeit, die spielerisch umgesetzt wird und die mit dem Leben in Einklang steht, die mit der Freizeit eine unauflösliche Einheit bildet?

Wenn du dir die Lebenseinstellung indigener Völker ansiehst, wirst du schnell feststellen: Arbeit nach unserem Verständnis kennen die Menschen dort nicht. Im Gegenteil: Naturverbundene Völker leben in einem Einklang von Kochen, Handwerk, Ernte und Erholung, wobei die Grenzen miteinander verschmelzen und die zu verrichtenden Tätigkeiten sich ganz natürlich in einen nicht getakteten Lebensrhythmus einfügen.

In unserer modernen Gesellschaft ergibt sich ein ganz anderes Bild: Der traditionelle Broterwerb ist strikt von der Freizeit getrennt, die sich eben erst nach dem Job zeigt; hier sind die Grenzen klar definiert und punktgenau abgesteckt. Dabei wird Arbeit in der Moderne häufig zu einem inneren Zwang. Es geht immer weniger um die Entfaltung von Kreativität, sondern um eine Tätigkeit, die den Lebensstandard sichern soll.

Dabei waren Forscher wie John Maynard Keynes einmal davon ausgegangen, dass die Menschen aufgrund der zunehmenden Technisierung spätestens zur Jahrtausendwende immer weniger Arbeiten im klassischen Sinn verrichten müssten. Doch das Gegenteil ist eingetreten; zwar wird der Großteil der produktiven Arbeiten (zum Beispiel auf dem Feld oder in der Fabrik) heute tatsächlich von Maschinen verrichtet, doch wird diese Lücke durch eine Reihe von Jobs im Dienstleistungsbereich gefüllt. Und eine immer größere Zahl von Menschen ist gestresst.

Arbeit und Sinn – für jeden die passende Tätigkeit

Verschwendung von Kreativität und Ressourcen stellt bei der ursprünglichen Verwendung des Begriffs »Arbeit« keine Gefahr dar. Vielmehr handelt es sich bei dem, was die Naturvölker tun, eher um eine spirituell anmutende Qualität, die Ausdruck der Liebe zu sich selbst und zur Gesellschaft ist. Dort ist Arbeit gleichgesetzt mit Schöpferkraft, Kreativität und maßvoller Produktivität. Jeder Mensch hat ein Bedürfnis nach Kreation, Forschung, Spiel und Erfahrung.

Jeder hat ganz unterschiedliche Fähigkeiten und Begabungen, die es ihm ermöglichen, der Welt einen schöpferischen Beitrag zu schenken. Erst wo solche Ressourcen nicht mehr freiwillig geteilt, sondern in Zwänge verwandelt werden, entsteht der heute so negativ besetzte Begriff der Arbeit. Dann wird aus Selbstverwirklichung eine zwanghafte und sinnentleerte Tätigkeit, die dem Herzen fremd ist.

Natürlich benötigen alle Menschen ausreichende finanzielle Mittel, um die Familie ernähren und sich eine Wohnung leisten zu können. In einer Welt, in der die Arbeitslosenquote hoch ist, wird auch aus einem unliebsamen Job ein echter Glücksfall. Doch haben diese Tätigkeiten häufig nichts mit Selbstverwirklichung zu tun. Und gerade daran krankt die Gesellschaft, denn jeder Mensch hat ein Recht auf eine Arbeit, die seinem innersten Wesen gerecht wird. Dabei sollte es gleichgültig sein, welche Art von Beitrag der Einzelne in der Gesellschaft leistet: Vielleicht hast du besondere gärtnerische Fähigkeiten oder verfügst über das Talent zu heilen, Menschen zur Religion zu führen oder eine Oper zu schreiben? Für jedes Individuum gibt es einen Platz in der Gesellschaft.

Wenn Arbeit auf diese Weise umgesetzt wird, heben sich Grenzen zwischen klassischer Arbeit und Freizeit immer mehr auf. Arbeit wird dann zum Spiel und zur Freude. Und ihre Qualität steigt wie nebenbei auch.

Aus Arbeit wird Spiel

Genau das sollte Arbeit sein, wenn sie nach Selbstverwirklichung und Glück strebt: wie ein Spiel, befreit von inneren Zwängen. Um dieses Ziel zu erreichen, ist es zunächst wichtig, die traditionellen Vorstellungen von Job und Beruf aufzulösen; selbst Tätigkeiten, die durchaus spielerische Momente aufweisen, verlieren genau dieses Element, wenn sie auf »Jobs« reduziert werden. Wenn das Gärtnern zu deinen Lieblingsbeschäftigungen gehört, du aber sechs Tage in der Woche harte Arbeit auf dem Feld verrichten musst, fehlt dir die Lust, an den Wochenenden im eigenen Garten zu arbeiten. Und auch während der Arbeitswoche wirst du die eigentlich geliebte Arbeit nicht immer gern tun. Um Arbeit in Spiel zu verwandeln, ist es also notwendig, einzelne Tätigkeiten besser zu arrangieren.

Spielerisch wird die Arbeit auch, wenn Menschen sich wieder auf Einzigartigkeit besinnen. Wer beispielsweise selbst einen Tisch aus Holz fertigt – ein Unikat, Ergebnis eines schöpferischen und kreativen Prozesses –, wird bei dieser Tätigkeit ungleich mehr spielerische Elemente entdecken können als bei der Fließbandarbeit und der Herstellung von Massenware.

Erste praktische Ansätze auf dem Weg zur Utopie

Der Traum von individuellen Tätigkeiten und Arbeit als Spiel erscheint vor dem Hintergrund der modernen Gesellschaft utopisch. Dennoch können kleine Veränderungen im System bereits einen ersten Anstoß für eine langfristige Veränderung in der Gesellschaft bewirken. Untersuchungen haben gezeigt, dass die Menschen ihre Grundbedürfnisse erfüllen und zugleich ihren Lebensstandard halten könnten, wenn alle Beschäftigten nicht mehr als vier Stunden täglich arbeiten. Dabei würde niemand ins Burn-out fallen und es ist auch ein besseres Arrangement der verschiedenen Tätigkeiten möglich, sodass Arbeit leichter in Spiel umgewandelt werden kann. Manchmal wünsche ich mir außerdem eine Art zivilen Ungehorsam, der dazu führt, dass sinnlose Jobs verweigert werden. Ein bedingungsloses Grundeinkommen wäre – nicht nur hierfür – natürlich die beste Basis. Vermutlich ist dafür ein völlig neues Wirtschaftsmodell nötig, eines, das die Zukunft auf ganz andere, viel freiere und wohl auch gesündere Füße stellt.

Du als vielbegabtes Multitalent spielst eine wesentliche Rolle in dem Prozess, der zu einer Befreiung der Arbeit führt. Setzt du deine Qualitäten und angeborenen Fähigkeiten und Begabungen bestmöglich ein, kannst du damit zeigen, wie freudig, vielfältig und bunt sich »Arbeit« gestalten lässt. Stell dir immer wieder die Fragen, welche Tätigkeit deinen Neigungen entspricht und auf welche Weise du schöpferisch tätig werden kannst – für dich selbst, als Vorbild für andere und für die Gesellschaft. Solche Überlegungen können bereits der Beginn einer neuen, veränderten Welt sein, in der die Grenzen von Arbeit und Freizeit allmählich verschwimmen und der Mensch mit seiner Umwelt wieder in Einklang lebt.

Der Paradigmenwechsel vom Ich zum Wir

Es scheint ein gravierender Wandel vor uns zu liegen. Vieles ist in Bewegung. Neues taucht auf und will gelebt werden. Altes kommt auf den Prüfstand und wird verworfen. Außerdem werden die Polaritäten immer deutlicher: Die mehr und mehr auseinanderklaffende Schere zwischen armen und reichen Menschen ist die vielleicht auffälligste. Doch es gibt noch mehr davon: Einem Ego-Leben, ungebunden und auf ständige Befriedigung narzisstischer Bedürfnisse ausgerichtet, steht ein an sozialen und qualitativen Werten orientiertes Sein gegenüber, in vertrauensvoller Bindung an nahestehende Mitmenschen und nicht zuletzt auch die Umwelt. Dieser zweite Lebensstil ist auf dem Vormarsch und könnte sich als der rettende Entwurf für das Leben auf unserem Planeten zeigen. Und: Dieser Lebensstil kommt der Persönlichkeit eines Vielbegabten sehr entgegen.

Vom Ichling zum Wirling

Was heute so vor sich geht, kann man ganz gut an der Entwicklung illustrieren, die unsere sogenannten Superhelden genommen haben, früher in den Comics, heute in den Kinofilmen. Du kennst sicherlich auch Superman oder Batman, um diese beiden stellvertretend für die bisher typische Lebensform Ichling zu nennen. Wir hatten uns an die stereotype Form ihres Wesens gewöhnt, ihres Verhaltens und vor allem an den Preis, den sie bezahlen müssen für ihre Heldentaten: Isolation in der Einsamkeit und das Abgetrenntsein von der Gemeinschaft. Zum Wohle der Menschheit lebten diese tragischen Helden so freiwillig ein Doppelleben, im Privaten unerkannt, aber in ihren Missionen dafür heldenhaft. Für ihre Siege haben wir sie bewundert und für den Preis, den sie bezahlt haben, bekamen sie unser Bedauern. Zugleich waren wir aber überzeugt, dass es so wohl sein müsse. Noch glaubten wir an die Notwendigkeit eines solchen Lebens für das Überleben der Gemeinschaft und des Guten auf dem Planeten.

So waren die klassischen Superhelden natürlich Projektionsfläche für Heldenträume derjenigen, die ein langweiliges und stilles Leben führen. Sie waren und sind aber auch Spiegelbild für viele, die irgendwie an ihren Karrieren gebastelt haben: Viele Menschen sind einsam geworden, wenn sie im Beruf weiterkommen wollten, denn für die Partnerschaft (falls überhaupt vorhanden) ist meist wenig Zeit. Die Kinder (falls überhaupt vorhanden) verbringen ihre Tage in Krippen, Schulen und Kitas mit anderen Menschen, aber nicht mit ihren Eltern.

Doch dann sind Zweifel aufgetaucht: Ist das noch ein Leben, das gut für alle ist? Und dient es wirklich einem guten übergeordneten Zweck? Wer könnte diesen Zweck überhaupt definieren und wer profitiert von unserem Opfer?

So stolperten auch unsere Superhelden zunehmend in Krisen. Nachdem das Genre ja auch für eine längere Epoche in seiner stereotypen Form nicht mehr zeitgemäß erschien, wurde 1989 der Film »Batman« (mit Michael Keaton und Jack Nicholson) ein Kinomeilenstein. Die starre Grenze zwischen Gut und Böse verwischte darin zusehends und stellvertretend für jeden Ichling und Superhelden kommt Batman hier und auch in den Folgefilmen in eine notwendige Identitätskrise.

Eine auffällige Folge in den späteren Superhelden-Epen ist, dass die Heroes die Kraft der Gemeinschaft, die Wir-Qualität, für sich entdecken. So taucht mit den Avengers ab 2010 ein Superhelden-Team auf, das den einsamen Ego-Shooter ablöst. Zwar gehen die Filme auf Comics aus den 1960er-Jahren zurück, aber erst die Eroberung der Kinos durch diese Filme weltweit macht auch auf dieser Ebene auf den Paradigmenwechsel aufmerksam: Der Ichling kommt an seine Grenze, ein Team, eine Gemeinschaft tritt an seine Stelle. Die Auswirkungen dieses Paradigmenwechsels erreichen nach und nach auch uns: im Umgang mit uns selbst, in Beziehungen und Familien, am Arbeitsplatz und auf politischen Ebenen.

Die WeQ-Welt entsteht

Der beschriebene Paradigmenwechsel hat verschiedene Aspekte. Lange Zeit war etwa in unserer Welt der Intelligenzquotient, der IQ, ein sehr entscheidender und wichtiger Wert. Was legt er fest, für was steht er? IQ ist der Messwert für das individuelle menschliche Intelligenzniveau und steht im alten Paradigma für die Überbewertung des rationalen Verstandes. Und es ist eine Fähigkeit, die immer nur einer einzigen Person zugeordnet wird. Man vergleicht sich untereinander und legt so eine Rangliste fest. Wenn es bei den Superhelden die Superkraft und der Supermut war, so ist beim Genie die Intelligenz die Fähigkeit, auf die es ankommt. Wer so an die Aufgaben der Welt herangeht, der ist meist auch ein Ichling, und der IQ wird zum Ich-Quotient, also eine reine Ich-Qualität.

Hier drückt sich der Paradigmenwechsel nun dadurch aus, dass das I zu We, also das Ich zu Wir wird. Intelligenz im Sinne von IQ ist noch das reine und exklusive Ego-Wissen und sein Symbol ist das alte große Lexikon. Das passende Sprichwort dazu lautet: Wissen ist Macht. WeQ steht dazu im Gegensatz für ein Wir-Wissen, eine Wir-Qualität der Gemeinschaft, sein Forum ist im Internet etwa die offene Datenbank Wikipedia. Diese wird täglich erweitert, verändert und verbessert von einer Vielzahl von Menschen, die dies in einem demokratischen und kollektiven Prozess tun. Diese ehrenamtlich tätigen Menschen stehen dafür, dass Wissen nicht mehr die Basis ausschließlich elitärer Intelligenz ist. Der Einfluss des WeQ hat dazu geführt, dass das klassische Lexikon bedeutungslos wird: Es verschwindet von der Bildfläche.

Ein weiteres Beispiel: Ebenso getragen vom weltweiten Netz trägt Co-Laboration dazu bei, dass sich in frei sich gestaltenden Teams Menschen aus allen Teilen der Welt in Gemeinschaften für die Lösung eines bestimmten Problems zusammenfinden. Es lernen und profitieren alle Beteiligten voneinander und erhalten sich dabei dennoch ihre souveräne Unabhängigkeit.

Interessanterweise kommt in dieser Phase ein weiterer neuer Trend auf: Open Source Software. Das Revolutionäre daran ist, dass es unsere bisherigen Normen von Besitz und Eigentum auf den Kopf stellt: Im Software-Bereich können kostenfreie und dennoch professionell produzierte Produkte mit traditionellen, kommerziellen Produkten konkurrieren. Mehr noch: Interessanterweise bewirken solche neuen Produkte einen enormen Schub für die Weiterentwicklung und die Entfaltung von Kreativität. Auch hier geht die Entwicklung vom Ich zum Wir. Eigentum bestärkt das Individuum. Freier Zugang zu Produkten stärkt das Wir-Gefühl und führt zu einer Dynamisierung von Innovation in ungeahnter und neuer Qualität. Auch die bisherige Sprache stößt an ihre Grenzen und wird entsprechend verändert: Ichling wird zu Wirling und IQ zu WeQ.

Die Wir-Veränderung ist nicht immer leicht

Spannend werden diese Prozesse, wenn die Veränderungen vom Ich zum Wir im beruflichen oder politischen Leben dein eigenes Leben berühren. Hilfreich ist auch hier wieder die Selbstbefragung: Wo empfindest du Widerstände? Wo kannst du feststellen, dass Partnerschaft, Elternschaft und Familie noch auf alten IQ-Mustern beruhen? Kannst du feststellen, wo sich in dir selbst und in der Kommunikation mit anderen etwas ändern muss, um die Wir-Intelligenz mit ihren Wir-Qualitäten ganz in dein Leben einfließen zu lassen?

Da vielbegabte Scanner-Persönlichkeiten besonders gut in kreativen, bunten Teams arbeiten (wenn sie ihre Individualität leben können und sich nicht reduzieren müssen) und ihnen eigentlich Kooperation viel näher liegt als Konkurrenz, kommt ihnen diese Entwicklung sehr entgegen. Gerade hochsensible Vielbegabte und kreative Chaoten blühen in einer kooperativen Wir-Kultur geradezu auf. Es ist keinesfalls so, dass Scanner-Persönlichkeiten per se Einzelkämpfer sind. Das sieht oft nur so aus. Sie haben es sich in ihrem Leben einfach so angewöhnt, da es für manch andere Menschen nicht leicht ist, ihrer chronischen Neugier und sprunghaften Begeisterung zu folgen. Wenn Vielbegabte sich jedoch untereinander vernetzten und Synergieeffekte nutzen, bekommt Teamarbeit eine ganz neue Dimension für sie.

Die Patchworkkarriere ist auf dem Vormarsch

Der Wandel in unserer Gesellschaft zeigt auch Veränderungen in den Beschäftigungs- und Karrieremustern. Die Laufbahnzeiten werden kürzer, die Verweildauer in einem Unternehmen ebenfalls. Auch der Ruf nach flexiblen Lebensarbeitszeiten wird immer lauter. Dieses Szenario führt zu einer Auflösung von traditionellen Stellen. Der Arbeitsmarkt stellt sich immer mehr unternehmensübergreifend dar. Neben dem Wechsel der Aufgaben gehört auch der Unternehmenswechsel für die allermeisten Menschen zu ihrer Karriere. Dies erfordert Flexibilität, Kreativität und die Fähigkeit zum lebenslangen Lernen. Da das so ist, werden vielbegabte Scanner-Persönlichkeiten künftig sicher immer bessere Chancen am Arbeitsmarkt haben. Die Patchworkkarriere ist also auf dem Vormarsch.

Die klassische Führungskarriere ist Vergangenheit

Auch die klassische Führungskarriere gehört der Vergangenheit an. Die hoch angesiedelten Positionen gehören nicht mehr denjenigen, die ein ganzes Leben lang in einem einzigen Unternehmen gearbeitet haben. Gesucht werden Mitarbeiter, die Erfahrungen in verschiedenen Branchen, Umgebungen und Funktionen vorzeigen können, auch auf internationaler Ebene.

In kleinen und mittleren Unternehmen ist es noch etwas anders, dort spielt mit Sicherheit eine langjährige Betriebszugehörigkeit eine wichtigere Rolle als in Großunternehmen, wenn man eine Führungsposition übernehmen möchte. Die sehr speziellen Abläufe innerhalb solcher kleinen Unternehmen müssen die Mitarbeiter wirklich ganz genau kennen. Für internationale Konzerne, die viele Filialen und Tochtergesellschaften haben, ist die Patchworkkarriere aber zunehmend normal.

In den Köpfen vieler Personalexperten hat sich entsprechend viel geändert, denn es werden heute abwechslungsreiche Erwerbsbiografien bevorzugt. Jemand, der 20 Jahre in derselben Berufsebene gearbeitet hat, ist auch trotz passender Qualifikation immer schwerer zu vermitteln, wie mir ein Personalmanager verriet. Dieses Karrieremuster wird es immer weniger geben. Es wird sogar gern gesehen, wenn ein Bewerber Erfahrungen aus einer selbstständigen Tätigkeit hat. Wurden früher die Mitarbeiter als schwierig eingestuft, die mehrere Arbeitgeber hatten, so werde das heute zu ihren Gunsten ausgelegt und sie werden als erfahrener und flexibler eingestuft. Sicher hat sich das noch nicht in allen Unternehmen herumgesprochen, aber der Trend ist unverkennbar. Das ist gut für Scanner-Persönlichkeiten, denn viele haben es schon einmal mit einer Selbstständigkeit versucht. Leider ist es bei ihnen manchmal wie bei einem Jockey, der mitten im Rennen zwei- oder dreimal das Pferd wechselt: Entweder kommt er gar nicht ans Ziel oder er kommt so spät, dass er dann auch keinen Blumentopf mehr gewinnen kann.

Zählt die »alte Treue« zum Betrieb nicht mehr?

Wie flexibel die deutschen Arbeitnehmer in der Realität sind, darüber gibt es verschiedene Meinungen. Generell kann man sagen, dass in Deutschland die Betriebstreue seit der Nachkriegszeit einen großen Stellenwert hatte. Der typische Mitarbeiter des Wirtschaftsaufschwunges war männlich, zwischen 1940 und 1950 geboren und hatte eine sozialversicherungspflichtige Vollzeitbeschäftigung. Nicht selten kam es vor, dass er seit der Lehre beim selben Arbeitnehmer sein Gehalt bezog. So entwickelte sich das Senioritätsprinzip: Mit der Arbeitsdauer im Unternehmen stiegen Ansehen und Vergütung. Wer seinen Arbeitsplatz gefunden hatte, war wegen einem weitreichenden Kündigungsschutz unantastbar.

Die eigene Position im Berufsleben zu hinterfragen und eventuell zu verbessern – das taten die meisten Arbeitnehmer nicht. Ich kenne das gut von meinem Vater: Einmal im Leben wechselte er, von Bertelsmann zum ZDF, und da blieb er bis zur Rente. Den früheren Arbeitgebern gefiel diese Treue der Belegschaft, schließlich legte sie eine hohe Verlässlichkeit, eine Identifikation mit dem Unternehmen und eine Kostenreduzierung für die Personalsuche vor. Das wurde mit Treueprämien, Jubiläumspräsenten in Gold und Silber belohnt, was allerdings in den folgenden Jahren wegrationalisiert wurde. Überhaupt griff der Spartrieb um sich. Damit die deutschen Unternehmen international konkurrenzfähig blieben, wurde gerade im Personalbereich ständig weiterrationalisiert, Arbeitnehmer wechselten immer öfter – und so entstand die Patchworkkarriere. Durch sie gab es immer mehr flexible Mitarbeiter mit kurzen Karrierephasen in verschiedenen Aufgabenfeldern. Die Unternehmen erkennen derzeit, dass diese Menschen eine breitere Wissensbasis und eine erhöhte Anpassungs- und Einsatzfähigkeit mit sich bringen.

Die unschlagbaren Vorteile

Sie liegen auf der Hand: Die Patchworkkarriere kann verschiedene professionelle und familiäre Identitäten erlauben, was besonders Frauen und Männern mit Mehrfachbelastung durch Familie und Kindererziehung zugutekommt. Statt in einer glattgebügelten Karriere zu stecken, können Familienarbeiter mehrere Optionen miteinander verbinden. Pausen können möglich werden, ohne dass der Anschluss an die Arbeitswelt verloren geht. Innovative Unternehmen können mit alternativen Beschäftigungsformen, wie Teilzeitarbeit für Führungspersönlichkeiten, einen wichtigen Grundstein für eine gelungene Patchworkkarriere legen. Die Laufbahnen von Mann und Frau können im Idealfall zu einer partnerschaftlichen Lebensgestaltung reifen. Ich erlebe das derzeit in meiner Familie hautnah mit: Mein Schwiegersohn kümmert sich mit meiner Tochter gemeinsam um den kleinen Sohn und nimmt auch eine berufliche Veränderung dafür in Kauf. Der Wertewandel in Gesellschaft, Freizeit und Familie, vor allem bei jungen Menschen, führt dazu, dass vermehrt private Aspekte wichtig werden. Es zeigt sich, dass die traditionelle Führungskarriere, die einen kontinuierlichen Aufstieg innerhalb eines Unternehmens vorsieht, nicht mehr zu den heutigen Bedürfnissen passt. Wir brauchen also neue Wege, sowohl als Menschen als auch als Unternehmen. Die Patchworkkarriere macht es möglich, dass private und berufliche Interessen nicht mehr so stark miteinander konkurrieren wie früher.

Lerne darzustellen, was du kannst und was dich ausmacht

Für deine zukünftigen Bewerbungen ist es wichtig, einen Lebenslauf zu kreieren, der die unterschiedlichen Funktionen, Aufgaben, Arbeitsformen, Berufe, Projekte, Firmen geschickt darstellt. Du musst dir eine Argumentationskette überlegen, die du in Bewerbungsgesprächen gegenüber den Personalverantwortlichen überzeugend vertreten kannst, und deine Entwicklung so darstellen, dass ein roter Faden erkennbar ist. Auch hier wieder ist die schriftliche Vorbereitung von entscheidendem Wert. Schreib auf, welche Erfahrungen du gemacht hast, wie sie aufeinander aufbauen, welche Kompetenzen und Fähigkeiten in den unterschiedlichen Einsatzgebieten deiner Karriere gefordert waren und welche Skills du durch dieses besondere Berufsmosaik erwerben konntest. Mach deutlich, wofür du stehst, und überleg dir, wie andere Menschen deine berufliche Entwicklung positiv einschätzen und beschreiben könnten. Sammle Argumente dafür, wodurch gerade du in einer neuen Position von großem Wert für ein Unternehmen sein kannst: Was können deine bisherigen Erfolge für das neue Unternehmen bringen?

Es liegt auf der Hand, das es ungeheuer wichtig ist, dass du deine eigenen Fähigkeiten nicht nur jemandem erzählen kannst, sondern persönlich ohne Zweifel weißt, dass es positive Potenziale sind. Nur wenn du selbst vollkommen überzeugt bist, kannst du auch andere von deinen Qualitäten überzeugen. Wir du all das perfekt gestalten kannst, darum geht es im nächsten Kapitel.

Paula, 32

Mir ist während der Doktorarbeit aufgefallen, dass ich jetzt doch schon etwas zu alt bin, um noch weiterhin so viel auszuprobieren – ich müsste jetzt mal einen richtigen Job finden. Da habe ich erst einmal Panik bekommen. Ich war richtig entsetzt und besorgt, dass ich keinen Job finde, weil ich überall immer nur so kurz war. Die altbewährte Lösung war dann, mich in allen möglichen Berufssparten zu bewerben, das heißt beim Internationalen Roten Kreuz, in der Forschung, bei der GTZ/Misereor und so weiter, um zu sehen, wie das Feedback auf meine Bewerbung ist. Ich bin überall eingeladen worden …

Das Interessante ist für mich, dass Leute mich nie als sprunghaft bezeichnet haben. Ich glaube, dass ich es unterbewusst immer gut gemanagt habe, das heißt ich habe beruflich in vielen Bereichen gearbeitet, aber es hatte zumindest immer was mit der Entwicklungszusammenarbeit zu tun. Sportarten habe ich auch viele gemacht und wenn ich mal aufgehört habe, hatte ich immer Argumente parat: Beim Tennis habe ich gesagt, dass mir ein Teamsport besser gefällt und so weiter. Im Ausland war ich nicht zum Faulenzen, sondern zum Arbeiten – also ging das auch in Ordnung. Ich bin so gut im Argumentieren! Alles hatte immer Hand und Fuß – ich war kein Hippie in Indien, ich hab da ja schließlich was Gutes getan und umsonst bei einer NGO gearbeitet. Und den Spanischkurs musste ich machen, weil mich das böse Gymnasium nach meiner verspäteten Ankunft aus Kanada nicht mehr aufnehmen wollte.

Was ich jetzt aber merke, ist, dass ich unglaublich müde bin. Einerseits überkommt mich Panik, wenn ich sehe, was es alles noch zu tun gibt. Andererseits weiß ich jetzt, dass ich so nicht weitermachen kann. Posttraumatische Belastungsstörung, Depression, Burn-out – alles schon gehabt und immer irgendwie gemanagt. Das geht so einfach nicht weiter. Für meinen nächsten Job habe ich mir vorgenommen, regelmäßig joggen zu gehen und dabei Musik zu hören. Ich darf ein neues Instrument lernen. Ich will weiterhin kochen – da kann man neue Rezepte und Techniken ausprobieren. Wenn ich mich beruflich eingearbeitet habe, möchte ich mich auf drei Themen beschränken, dafür darf ich dann aber einen Statistikkurs belegen. Abends kann ich mir auch mal eine Dokumentation anschauen.

Ich träume immer noch davon, beruflich etwas anderes zu machen, nur um was anderes zu machen. Aber … ich habe, glaub ich, einen guten Beruf für mich gefunden, seit ich in der Forschung arbeite. Da kann ich auch meine Neugier befriedigen, und das wird sogar noch belohnt. Für diese Erkenntnis musste ich aber erst einmal einige Artikel von Lebensberatern lesen, die eigentlich alle gesagt haben, dass viele Leute im richtigen Beruf, dort aber an der falschen Stelle sind. Das trifft auf mich auch zu. Ich bin ja gern in der Forschung – aber ich finde das Land nicht passend und meinen Chef einfach nur bescheuert. Ich will ans Meer! Das heißt nicht, dass ich gleich Ozeanologin werden muss, sondern dass ich einfach mal den Standort wechseln sollte – und zwar ans Meer, damit ich öfters tauchen gehen kann.

Was sich durch die Erkenntnis, ein vielbegabter Scanner zu sein, verändert hat, ist auch ein stärkeres Vertrauen in meine Intuition oder mein Bauchgefühl. Ich habe viel gemacht und bin in der Forschung gelandet, wo ich eigentlich auch hingehöre. Noch besser: Ich habe einen Job in der Forschung, aber bei einer Organisation, die mit der Privatwirtschaft zusammenarbeitet (das wollte ich auch mal ausprobieren) und mit Organisationen wie der GTZ.

Mein Bauch weiß, was er will. Vor allem, seit ich so viele negative Erfahrungen gemacht habe, weiß ich jetzt auch, dass ich mein Gehirn mit Positivem füttern muss, um glücklich zu sein. Ich bin, wie ich bin, und das ist okay. Nur wenn ich sein kann, wer ich bin, bin ich halbwegs zufrieden.

*»Wer zur Quelle gehen kann,
gehe nicht zum Wassertopf.«*

Leonardo da Vinci

Deine persönliche Masterarbeit starten

Dein Lebenslauf entspricht so gar nicht dem, was du für normal hältst? Du hast Schwierigkeiten, den im letzten Kapitel beschriebenen Lebenslauf zu kreieren? Du weißt nicht so richtig, was dein Beruf sein soll oder wie eine passende Position für dich aussehen könnte? Deine Stärken und Kompetenzen sind extrem breit gefächert und scheinbar kaum zu bündeln? Glückwunsch, lieber Vielbegabter, damit gehörst du zum Arbeitstypus der Zukunft. Wenn du das nicht glauben kannst, schau dir noch einmal das letzte Kapitel an, in dem aufgezeigt wird, welche Persönlichkeiten die besten Zukunftschancen haben. Es sind vielbegabte, neugierige, kreative und begeisterungsfähige Menschen voller innovativer Ideen.

Mut zum persönlichen Lebensweg

Wir kommen ins Leben und bringen alle unterschiedliche Talente, Begabungen und Fähigkeiten mit. Oder genauer: Wir bringen Anlagen dazu mit. Diese brauchen aber Förderungen und ein wohlwollendes Umfeld, um wachsen und gedeihen zu können. Nun passiert aber meist etwas ganz anderes: Die Eltern hatten Vorstellungen davon, wie du sein sollst und was aus dir werden sollte. Auch deine Lehrerinnen und Lehrer förderten dich nicht nur. Für viele ist die Zeit der Schule mehr ein Dressurprogramm als eine Zeit der Talententfaltung. Wir lernen auswendig, haben parat, was die Lehrer auf dem Lehrplan haben, und vergessen mehr und mehr das Potenzial, das wir eigentlich in uns haben. Besonders treffend brachte diesen Zusammenhang ein Vater auf den Punkt, der gefragt wurde, was denn seine Lieblingsgemälde seien. Seine traurige Antwort: »Die Bilder meiner Kinder – bevor sie in die Schule kamen.«

Viele junge Menschen gehen von der Schule ab und wissen nicht wirklich, wie sie leben und was sie arbeiten wollen. Oft folgen sie dann den Schablonen der Erziehung – und werden damit nicht glücklich. Dass der gerade Weg in einen Beruf führt, der einen dann 40 Jahre lang glücklich macht und ernährt, diese Vorstellung spukt noch immer durch einige Köpfe, stirbt allerdings meist einen schnellen Tod. Gerade heute. Zu komplex und schnelllebig ist unsere Zeit geworden, und das ist nicht nur schlecht.

Für dich bedeutet es: Besinne dich auf die eigenen und wahren Talente, die du hast. Bringe sie nach vorn in deinem Leben, in deiner Arbeit und auch, wie gleich noch gezeigt wird, in deinen Bewerbungen. Wer sich nur anpasst und sich nach den vermeintlich optimalen äußeren Bedingungen ausrichtet, dem geht es so wie den kleinen Fischen im großen Teich: Sie fallen nicht wirklich auf. Anders ist es, wenn man sich mit seinen Eigenheiten und seiner individuellen Persönlichkeit in selbstgewählte Gewässer traut: Dann kann man ein großer Fisch in einem kleineren Teich sein und die Chance, dabei positiv aufzufallen, ist deutlich größer.

Ein Mosaik aus Kompetenzen

Die klassische Erwerbsbiografie wird es bald nicht mehr geben. An ihre Stelle treten Lebensläufe, die sich wie interessante Entwürfe für eine vielschichtige Romanfigur lesen. Dabei sind viele kleine Details wichtig. Ein guter Schriftsteller beschreibt uns seine Figuren indirekt: Er erzählt uns, was diese tun und mögen, und daraus entsteht für uns das Bild eines Charakters. Dabei ist kein Detail unwichtig.

Doch warum soll das nur im Roman funktionieren? Auch unsere Leben sind voll von kleinen Dingen, die uns ausmachen, wie wir so schön sagen. Je vielfältiger und abwechslungsreicher unsere Kindheit und Jugend gestaltet war, umso mehr bringen wir bereits sichtbar in unsere ersten Bemühungen um Ausbildung, Studium und Beruf mit ein.

Wenn du bisher vermeintlich nur wenig an persönlichen Facetten aufzuweisen hast, dann kannst du jederzeit beginnen, dies zu ändern. Zum einen kannst du in einer Art archäologischer Kleinarbeit wieder ausgraben, welche Träume und Ziele du in früher Kindheit oder Jugend vorzeitig begraben hast. Geh ihnen jetzt nach, gib ihnen Raum, hege und pflege sie – sie sind so etwas wie dein persönliches Kapital. Oder beginne jetzt damit, dich mit all den interessanten Dingen zu beschäftigen, die dein Herz aufgehen lassen. Schau dabei über den Tellerrand des Alltäglichen und Nützlichen hinaus. Wichtig ist, dass die Dinge dich wirklich rufen. Es scheint ein komisches Wort in diesem Zusammenhang zu sein. Aber denke an das Wort »Beruf« oder »Berufung«: Hier wird sogar in der Sprache deutlich, dass wir nicht irgendeinen Job tun sollen, sondern das Besondere, zu dem es uns zieht oder eben ruft.

Vielleicht ist dein Leben aber auch so verlaufen, dass du an jeder Blume am Wegesrand geschnuppert hast, Umwege gegangen bist und manches ausprobiert hast. Andere haben zwar versucht, dich auf bestimmte Pfade zu bringen, aber du hast dem widerstanden, da du deinem eigenen Herzen folgen wolltest. Dennoch bist du verunsichert, weil dein bisheriger Lebensweg nicht dem entspricht, was du für »normal« hältst. Doch das ist eine Frage des Blickwinkels: Die vielen kleinen Fische im großen Teich mögen eine solche Verunsicherung nicht haben. Aber es mag fraglich bleiben, ob sie je wahrgenommen werden und ob sie mit ihrem Los dauerhaft glücklich sind. Wenn du deine Umwege als vielfältige Kompetenzen präsentierst, ist das ein Schritt auf dem Weg zum großen Fisch in einem kleinen, feinen Teich.

Dieses Buch hier dreht sich seit dem ersten Kapitel um die Frage, wie aus den vermeintlichen Schwächen Stärken werden können und wie eine gute Präsentation dieser Fähigkeiten aussieht. In diesem Zusammenhang spricht man heute auch gern von Portfolio. Genau dazu möchte ich dir noch ein paar Anregungen mitgeben.

Gestalte dein persönliches Portfolio

Wörtlich genommen bedeutet Portfolio so etwas wie eine zusammengetragene Sammlung von Blättern. Im übertragenen Sinne stellen Firmen und Unternehmen, aber auch Künstler oder Selbstständige ihr Angebot in einem Portfolio vor. Wer in eigener Sache für sich wirbt, erstellt diese Sammlung seiner Fähigkeiten und Angebote: Ein Portfolio bündelt in geeigneter Art und Weise alle deine Gaben und Fertigkeiten, die deine besondere Eignung für bestimmte Aufgaben deutlich werden lassen. Dies kann zu einem Teil einer Bewerbung werden.

Klassische Bewerbungsunterlagen sind ebenfalls ein Portfolio, allerdings nur der Pflichtteil, mit dem du zeigst, dass du verstehst, wie das Spiel gespielt wird. Das Zielportfolio ist ergänzend dazu dann die Kür: Hier kann und darf das Besondere deiner Persönlichkeit, deiner Fähigkeiten und deines bisherigen Lebenswegs leuchten. Hierfür bedarf es der Vorarbeit: Du erstellst ein persönliches Masterportfolio.

Masterportfolio – der Gedächtnispalast

Kennst du die britische Fernsehserie »Sherlock« mit Benedict Cumberbatch in der Hauptrolle des genialen, aber auch exzentrischen Privatdetektivs? Immer wenn Sherlock eine Information, ein kleines Detail in seinen Ermittlungen zu fehlen scheint, macht er das Folgende: Er betritt seinen Gedächtnispalast. Er geht davon aus (im Gegensatz zu den Menschen, die jetzt bei Google suchen würden), dass er alles Notwendige in sich hat. Er geht also in sich und findet, natürlich, das Detail, das noch gefehlt hat. Übrigens: Diese sogenannte Mnemotechnik ist schon Hunderte von Jahren alt.

Für dein Masterportfolio gehst du genauso vor: Du gehst in dich und suchst nach jedem Detail, das in deinem bisherigen Leben deine besonderen Fähigkeiten und dein Wissen unterstreichen, präsentieren und darstellen kann. Hier wirst du allerdings im Gegensatz zu Sherlock ganz konkret: Seien es Bilder, Urkunden, Briefe oder Referenzen – alles wird erst einmal hervorgeholt, festgehalten und gesammelt. Ganz wichtig ist, dass du nichts zensierst: Es entsteht so eine Illustration deines Gedächtnispalastes nur für dich allein. So erhältst du das Ausgangsmaterial für den nächsten Schritt, das Zielportfolio.

Zielportfolio – die persönliche Visitenkarte

Noch einmal: Worum genau geht es bei der Arbeit mit Portfolios? Die erste Annahme ist, dass ein interessanter und eigenwilliger Lebensweg immer Ausdruck und Beleg deines persönlichen Lebensstils und deiner besonderen Fähigkeiten ist. Diese Klarheit macht uns zum großen Fisch, der im Gegensatz zu all den kleinen Fischen nicht mehr den großen Teich sucht. Dieser große Teich ist Sinnbild für den Mainstream und das Mittelmaß – für das, was man so tut, für die Plätze, zu denen alle gehen.

Wir aber schauen nach den kleinen Teichen: Nischen, in denen man als vielbegabtes Multitalent mit besonderen Fähigkeiten auffällt und durchaus willkommen ist. Die Konkurrenz ist hier meist geringer, denn die kleinen Fische kommen nicht hierher und haben hier auch kaum eine Chance.

Aus deinem ständig wachsenden und blühenden Masterportfolio triffst du nun eine ganz gezielte Auswahl. Hierfür leitet dich zunächst die Frage, für welchen Anlass du ein solches Zielportfolio erstellst, wie zum Beispiel:

- Vorbereitung für eine Stellenbewerbung
- Erstellung von Bewerbungsunterlagen
- Vorbereitung für ein Bewerbungsgespräch
- Gehaltsverhandlung
- Interner Positionswechsel
- Existenzgründung als Selbstständiger
- Kreditverhandlungen bei Banken

Aus dem Anlass ergibt sich auch die Person oder der Personenkreis, für den das Zielportfolio bestimmt ist. Bei einem Zielportfolio triffst du also eine Auswahl. Du wählst aus deinem riesigen Masterportfolio, das so typisch für Vielbegabte ist, sorgfältig das Relevante aus. Jetzt merkst du spätestens, wie segensreich es ist, sich bei der Erstellung des Masterportfolios keinerlei Begrenzung aufzuerlegen.

Noch ist es im deutschen Sprachraum ungewöhnlich, mit einem Portfolio aufzuwarten – sei es bei einem Vorstellungsgespräch, sei es bei einer Gehaltsverhandlung. Aber in kreativen Bereichen, wo beispielsweise Texte erarbeitet werden, ist es schon üblich, Arbeitsproben von sich zu präsentieren. Und das wird sich sicherlich auch auf andere Branchen ausdehnen. Bis dahin hast du, wenn du die Portfolioarbeit für dich nutzt, den Vorteil, etwas Besonderes zu bieten.

Portfolioarbeiter sind clevere Selbstmanager

Portfolioarbeiter leben einen bestimmten Arbeitsstil und eine Form des Selbstmanagements. Es sind die typischen vielbegabten Charaktere, zu denen diese Art des Selbstmanagements passt. So unterschiedlich vielbegabte Multitalente sind, es gibt dennoch einige charakteristische Merkmale die diese besonderen Individualisten vereinen. Hier noch einmal zusammengefasst die Aspekte, die für Portfolioarbeiter besonders kennzeichnend sind:

- Flexibilität: Eine hohe Anpassungsfähigkeit lässt Scanner-Persönlichkeiten leicht in verschiedene Rollen schlüpfen und sich auf sehr unterschiedliche Situationen einstellen. Diese Menschen sind so aus Freude an der Vielfalt und nicht aus latentem Opportunismus oder Unsicherheit.

- Kreativität: Diese Fähigkeit ist heute mehr gefragt denn je. Aber sie ist zugleich auch ein rares Gut. Kreativität braucht Freiheit und Toleranz. Vielfalt, Kreativität und Innovationsfähigkeit zeichnen den Vielbegabten aus.
- Netzwerk: Der Portfolioarbeiter ist meist sehr gut und vielfältig vernetzt. Kommunikation ist sein Metier und vielseitige Kontakte schaffen auch viele, manchmal ungewöhnliche Synergien, die nutzbar und ausschlaggebend für Erfolg sein können.
- Identifikation: Wenn ein Vielbegabter für eine spannende Aufgabe oder ein Projekt verantwortlich sein darf, ist sie ungewöhnlich hoch. Dies hat, geschickt genutzt, oft auch einen unglaublich positiven Effekt für andere, die ebenfalls in diese Aufgabe involviert sind.
- Wir-Orientierung: Scanner-Persönlichkeiten lieben Kooperation mehr, als dass sie sich einer Konkurrenzsituation stellen wollen. Diese Fähigkeit macht sie zu hervorragenden Teamplayern.

Aus diesem kurzen Porträt wird deutlich, dass es eine Herausforderung für Arbeitgeber und Projektverantwortliche gibt. Sie müssen diesen Typus Mitarbeiter wirklich wollen und darüber hinwegsehen, dass er einige Dinge manchmal nicht mag:

- Kleinkram und Detailarbeit
- Administrative Aufgaben
- Finishing

Der letzte Punkt ist aus den Stärken erklärbar: Wer kreativer Pionier am Anfang eines Projekts ist, ist nicht der, der den letzten Feinschliff macht. Vielbegabte Menschen mögen einfach keine Routineaufgaben, denn sie bremsen ihre Kreativität aus. Also braucht ein Portfolioarbeiter eine oder mehrere Personen an der Seite, die ihn respektieren, ermutigen und ihm im Zweifel den Rücken freihalten. Das muss nicht bis zur Selbstaufgabe gehen wie beim Filmregisseur Werner Herzog, der zuletzt der Einzige war, der noch mit dem genial-verrückten Schauspieler Klaus Kinski Filme machen konnte. Es kommt auf die Wechselwirkung an. Wer ein gewisses Maß an Freiheit braucht und bekommt, tut dann auch gut daran, seine innere Diva zu zügeln.

Der Portfolioarbeiter wird schon bald ein Vorreiter sein. Viele andere Lebens- und Arbeitskünstler werden ihm nacheifern, denn es ist wirklich befriedigend, so zu arbeiten. Der Portfolioarbeiter erfüllt nämlich keine vorgefertigten Erwartungen: Er macht sein Ding!

Du siehst: Ein Portfolioarbeiter zu sein oder zu werden lohnt sich und ist für die eigene Seelenhygiene und für viele Projekte ein wahrer Segen. Also frag dich nicht mehr: Was will man von mir sehen? Frage dich vielmehr: Was kann ich von mir zeigen? Mit dieser inneren Haltung gelingt die Wandlung. Du schaust nicht mehr nur prüfend von außen auf dich für eine fragliche »Selbstoptimierung« an bestehende Bedingungen. Du gehst vermehrt in dich, durchlichtest dich von innen nach außen und schaffst dir dein Projekt, deine Arbeitsbedingungen und vieles mehr. Dein Portfolio wächst mit dir mit. Es wird wie du immer erfüllter und erfüllender.

Mira, 43

Ein lieber Freund und Kollege hat mich auf das Thema Scanner-Persönlichkeit aufmerksam gemacht. Als ich in den letzten zwei Jahren versuchte, mich auf ein Thema zu fokussieren, wurde ich immer »suchender«. Nicht, dass mir dieses »Eine« keinen Spaß gemacht hätte, aber es fehlte anderes. Die anderen Dinge, die ich so tue, habe ich dann eher heimlich oder mit schlechtem Gewissen getan. Nachdem ich dann den Tipp von diesem Freund bekommen hatte, trug die Erkenntnis doch sehr schnell Früchte.

Das Wissen um Vielbegabung war auf jeden Fall befreiend! Zu wissen, dass ich so bin, wie ich bin, und dass es in Ordnung ist, mehrere Sachen gleichzeitig zu machen und immer neue Ideen zu haben, macht mich ruhig. Ich fühle mich sehr viel näher an meiner Mitte.

In meinem Privatleben wurde meine Vielbegabung schon immer positiv aufgenommen. Ich bin die, zu der man gehen kann, wenn man eine Idee braucht. Wenn es gilt, kreativ zu sein. Ich mache Musik, mache Sport, und das von frühster Kindheit an. Dann wird das auch nicht mehr infrage gestellt. Hie und da kamen schon Stimmen im Freundeskreis: »Wie machst du das alles?« Dann wunderte ich mich schon mal, da ich gerne noch mehr Dinge tun würde, aber die Woche einfach nicht genug Tage hat.

Im Berufsleben war es schon problematischer. Dadurch, dass ich viel kann, liegen meine Interessen breit gestreut. Ich war bis dato quasi immer auf der Suche danach, was »meine Passion« ist. Daraus sind viele Unternehmungen geworden, im wahrsten Sinne des Wortes. Ich hatte teilweise fünf Geschäfte gleichzeitig laufen und von meinem innersten Gefühl her machte es mich zufrieden. Leider fand das die Umgebung nicht so.

Ein Beispiel: Bei Beginn meiner Ausbildung zur Heilpraktikerin gab es die berühmte Vorstellungsrunde, in der jeder mal sagen darf, wie toll er doch ist. Ich bin zu diesem Zeitpunkt völlig naiv und unwissend in die Falle getappt. Ich erzählte also fleißig, was ich so alles tue, dabei bemerkte ich um mich herum nur mitleidige Blicke. So nach dem Motto: Na, so viel, wie die macht, das kann ja nichts sein, und jetzt auch noch den Heilpraktiker … Ab diesem Zeitpunkt habe ich mich bewusst etwas zurückgezogen. Heute würde ich sagen: zurückentwickelt. Habe krampfhaft Tätigkeiten gekappt und versucht, mich auf eins zu konzentrieren. Leider ohne Erfolg.

Wichtig ist für mich: Alles, was ich tue, mache ich für mich mit vollster Leidenschaft. Mein Mann sagt: »Du bist so gut in den einzelnen Unternehmungen, das bekommen andere nicht hin als alleiniges Geschäft.« So fühle ich mich auch: Wenn ich etwas tue, dann mit Leib und Seele und voller Hingabe. Aber ich liebe die Abwechslung. Das heißt nicht, dass ich nachlässig wäre. Wenn ich in meiner Praxis mit einem Klienten arbeite, bin ich im Kopf niemals schon bei 1 000 anderen Dingen. Nein, dann bin ich ganz bei diesem Klienten, das mit voller Leidenschaft.

So wie es aussieht, bin ich glücklich, wenn ich meinen Ideen freien Raum lassen kann. Wenn ich die Möglichkeit habe, mehrere Dinge auszuleben. Sei es privat oder beruflich. Wenn ich nicht an feste Zeiten gefesselt bin (zum Beispiel Bürojob 7 bis 16 Uhr). Mit einem Ideenbuch komme ich gut über die Runden. Wenn eine Sache mal aufgeschrieben ist, ist sie meist nicht mehr so superwichtig, da sie aus meinem Kopf raus ist.

Auch wenn viele mich als sprunghaft ansehen: mal das machen, mal jenes. Ich bin nicht oberflächlich. Ich tauche, wenn ich etwas mache, tief ein, bis ich es kann. Ich liebe es, möglichst viele Fachbücher querzulesen und mir Wissen und vor allem den Überblick zu verschaffen. Dafür habe ich jetzt die Bücher-E-Book-Ausleih-App Skoobe. Die ist für Scanner gemacht!

Ich habe meist einen Plan im Kopf, wie etwas aussehen soll. Man sagt, Scanner seien nicht detailverliebt. Ich finde, man muss dieses Wort neu definieren. Wenn wir zu Hause aufräumen und vorbereiten, weil zum Beispiel Besuch kommt, fange ich nicht an, den Fleck auf dem Staubsauger wegzuwischen. Denn der Sinn der Unternehmung ist es, die Wohnung zu saugen, und das möglichst schnell. Da bin ich nicht detailverliebt – anders als mein Mann, der sich dann eine halbe Stunde hinsetzt und den Staubsauger aufhübscht. Wenn ich mich aber um den Staubsauger kümmere, weil ich mir das vorgenommen habe, baue ich ihn auseinander, mache ihn sauber, tue alles quasi voller Leidenschaft (wenn man das bei einem Staubsauger sagen darf), damit er wieder toll aussieht und funktioniert. Dann bin ich detailverliebt!

Ich habe mir eine Liste mit all meinen Talenten und Unternehmungen gemacht. Alles wie eine Mindmap aufgeschrieben und dann das für mich (zurzeit) Wichtigste farbig nach Wichtigkeit gemarkert. Dadurch erkenne ich, was ich alles mache, was ich machen kann, und ich habe auch noch ein tolles Gefühl, was ich schon alles gemacht habe. Ich persönlich lebe jetzt so, dass ich allen Impulsen direkt nachgehe. Wenn ich in einem Termin bin, geht das nicht. Dann weiß ich aber, dass ich nach dem Termin die Idee oder den Impuls in mein Buch schreibe. Allein das reicht, um mein Ideenhirn zu beruhigen.

Auch finde ich es sehr beruhigend, dass es okay ist, einen Broterwerbsjob zu haben, da ich ja weiß, dass ich mich nicht festlegen muss und eventuell vieles andere »nebenbei« tun kann.

Bei mir sind Kreativität und Entscheidungsfähigkeit ziemlich gut ausgeprägt. Ich bin höchst kreativ und auch entscheidungsfreudig, da ich meist aus dem Bauch heraus meine Wahl treffe. Es gibt nur einen Bereich, wo ich mich nicht entscheiden kann: das Essen. Da muss ich immer umbestellen oder noch etwas anderes dazubestellen. Am besten kann ich entscheiden, wenn ich so richtig viel zu tun habe oder sich Probleme anbahnen. Je schärfer und angespannter die Situation, umso ruhiger und klarer werde ich.

Anderen Scannern empfehle ich, alles auszuleben an Talenten, alles auszuprobieren, wenn man es denn mag. Allen anderen, die sagen: »Das wird nix!«, oder: »Schon wieder was Neues«, könnt ihr damit beweisen: Und es geht doch! Auf liebevolle Art und Weise könnt ihr so zeigen, dass es unterschiedliche Menschen gibt und jeder gut so ist, wie er ist.

Meines Erachtens sind Scanner-Talente von großem Nutzen für die Gesellschaft. Scanner sind vielinteressiert und haben Lust, neue Dinge zu entwickeln. (Mir zumindest geht es so.) Scanner sind die perfekten Teamleader, perfekt in der Führungsebene, da sie den Gesamtblick behalten und an das Team immer wieder neue Impulse geben können.

Epilog

Leonardo da Vinci lebte vor gut 500 Jahren und fasziniert noch heute die Wissenschaft und die Kunstwelt, auch wenn er in seiner Zeit nie wirklich verstanden wurde. Ob es der Traum vom Fliegen war oder andere innovative Erfindungen, Leonardo da Vinci scheint ein Vordenker für eine moderne Zeit gewesen zu sein. Er war ein Visionär, der die Menschen inspiriert.

Als vielseitig interessierter Mensch, der tiefer und weiter schauen konnte als die meisten und der seine Umwelt und den Menschen ergründen wollte, verließ er sich nicht auf das Wissen seiner Zeit, sondern zeigte sich als radikaler Denker, der schon einen Blick in die Zukunft des Menschen warf. Leonardo war auf der Suche nach mehr Wissen und nach neuen Erkenntnissen über die Welt. Das damalige Bild des Menschen war ihm nicht genug. Er glaubte an die Freiheit in Kunst und Wissenschaft und wusste, dass immer wieder neue Wege beschritten werden müssen.

Leonardo zeigt allen vielbegabten Scanner-Persönlichkeiten, dass der Mensch sich beim Denken und Wahrnehmen niemals beschränken lassen sollte. Veränderungen entstehen für die Menschheit nur dann, wenn es Mutige gibt, die alles für möglich halten und sich gedanklich nicht kastrieren lassen.

Die Entwicklung der letzten Jahrhunderte gibt Leonardo vollkommen recht. Waren die Menschen seiner Zeit noch gefangen in ihrer kleinen eingeengten Welt, so dürfen wir heute viel freier denken. Wir haben erkannt, dass Fortschritt nur dort entsteht, wo wir über das bereits Mögliche hinausdenken und das Unmögliche für möglich halten.

Es sind vielbegabte Multitalente wie Leonardo da Vinci, die auch heute noch Vorreiter in Sachen Erfindergeist und Mut sind und werden können. Sein Forscherdrang und seine Neugier waren stärker als die Beschränkungen, die die damalige Zeit ihm auferlegen wollte. Es kümmerte ihn nicht, was »man« macht und was nicht. Er setzte seine eigenen Maßstäbe an und lebte nach seinen Regeln. Vielbegabte wie Leonardo sind auch in der heutigen Zeit gefragt, um die Forschung voranzutreiben und neue Technologien zu erfinden, die die Menschheit weiterbringen. Auch in Kunst und Kultur sind kreative Scanner-Persönlichkeiten gefragt. Sie können sich ein Vorbild an diesem Visionär des 15. Jahrhunderts nehmen.

Er kann dein Vorbild sein!

Es ist genau dieser Forschergeist, der Leonardo da Vinci zu einer Inspiration für viele Menschen macht. Gerade solche, die ihrer Zeit voraus sind, können viel von Leonardo lernen und so vielleicht den Mut aufbringen, die eigenen Ideen für die Nachwelt festzuhalten. Vielleicht unterstützt dich dieser Gedanke dabei, möglichst vieles, was in deinem Leben relevant ist, schriftlich festzuhalten, so wie ich es dir an vielen Stellen in diesem Buch empfohlen habe. Dank seiner Notizbücher üben Leben und Werk von Leonardo auch viele Jahrhunderte später noch eine große Faszination auf uns aus. Dies wird sich sicher auch in den zukünftigen Jahrzenten und Jahrhunderten fortsetzen. Menschen suchen immer nach Vorbildern, die nicht nur ihrer Zeit voraus waren, sondern neue Wege beschritten haben, ohne dabei die Konsequenzen zu fürchten. Durch Menschen wie Leonardo wurde unsere Welt moderner und fortschrittlicher. Durch Menschen wie ihn wird auch unsere Zukunft geprägt. Gehörst auch du zu diesen Menschen?

> »*Wenn du das Fliegen einmal erlebt hast,*
> *wirst du für immer auf Erden wandeln,*
> *mit deinen Augen himmelwärts gerichtet.*
> *Denn dort bist du gewesen und*
> *dort wird es dich immer wieder hinziehen.*«
>
> Leonardo da Vinci

Wundervolle gute Flüge wünsche ich dir! Gestalte dein Leben, freu dich an deinen bunten Gaben, lass dich nicht beirren auf deinem Weg.

Die Autorin

Anne Heintze ist Deutschlands führende Expertin für hoch- und vielbegabte sowie hochsensible Erwachsene. Für sie sind diese wunderbaren Menschen »außergewöhnlich NORMAL«. Seit 1988 begleitet sie Menschen auf dem Weg, ihr volles Potenzial zu leben, um ein glückliches und erfolgreiches Leben zu führen. Sie ist unter anderem Gesprächs- und Atemtherapeutin, Heilpraktikerin, Kommunikationstrainerin, Coach und Lehrcoach. Ihre Bestimmung ist es, als Lebenslehrerin zu wirken. Als begeisternde Inspirateuse und Mutmacherin dient sie allen Menschen, die mehr vom Leben wollen: Mehr Glück, mehr Erfolg, mehr Liebe. Mit Enthusiasmus und Authentizität versteht sie es, Menschen dazu zu motivieren, mit viel Freude und Selbstverantwortung ihr Leben zu gestalten.

Weitere Informationen über die Autorin im Internet:
http://www.open-mind-akademie.de/
https://www.youtube.com/OpenMindKanal
https://www.facebook.com/AnneHeintzeAutorin

Anhang

Vielbegabung / Scanner

Heintze, Anne: »Außergewöhnlich Normal: Hochbegabt, hochsensitiv, hochsensibel: Wie Sie ihr Potential erkennen und erhalten«, Ariston 2013

Sher, Barbara: »Du musst dich nicht entscheiden, wenn du tausend Träume hast«, dtv 2008

von Brauchitsch, Boris: »Leonardo da Vinci«, Suhrkamp Verlag 2010

Intelligenz und Hochbegabung

Brackmann, Andrea: »Ganz normal hochbegabt: Leben als hochbegabter Erwachsener«, Klett-Cotta 2007

Clance, Pauline Rose: »Erfolgreiche Versager: Das Hochstapler-Phänomen«, Heyne 1985

Fietze, Katharina: »Kluge Mädchen, Frauen entdecken ihre Hochbegabung«, Orlanda 2010

Gardner, Howard: »Abschied vom IQ: Die Rahmen-Theorie der vielfachen Intelligenzen«, Klett Cotta 2005

Gardner, Howard: »Abschied vom IQ. Die Rahmen-Theorie der vielfachen Intelligenzen«, Klett-Cotta 1991

Gardner, Howard: »Intelligenzen: Die Vielfalt des menschlichen Geistes«, Klett Cotta 2013

Harvey, Joan; Katz, Cynthia: »Das Hochstapler-Phänomen: Die Angst vor dem Erfolg überwinden«, Mvg 1985
Webb, James T. et al.: »Misdiagnosis and dual Diagnosis of Gifted Children and Adults: ADHD, Bipolar, OCD, Asperger's, Depression and other Disorders«, GPP 2005

Hochsensibilität

Aron, Elaine N.: »Sind Sie hochsensibel?«, mvg, 2005
Brackmann, Andrea: »Jenseits der Norm: Hochbegabt und hoch sensibel?«, Klett-Cotta 2008
Heintze, Anne: »Ich spüre was, was du nicht spürst: Wie Hochsensible ihre Kraftquellen entdecken«, Gräfe & Unzer, 2015
Sellin, Rolf: »Wenn die Haut zu dünn ist: Hochsensibilität – vom Manko zum Plus«, Kösel 2011

Kreativität und Selbstausdruck

Cameron, Julia: »Der Weg des Künstlers: Ein spiritueller Pfad zur Aktivierung unserer Kreativität«, Knaur 1996
Hüther, Gerald: »Was wir sind und was wir sein könnten«, Fischer 2013
Hüther, Gerald: »Jedes Kind ist hoch begabt: Die angeborenen Talente unserer Kinder und was wir aus ihnen machen«, BTB 2013
Smith, Keri: »Mach dieses Buch fertig«, Kunstmann 2010
Smith, Keri: »Mach Mist! Kleines Handbuch für großes Chaos«, Kunstmann 2012

Selbst- und Talentmanagement. Zukunftsforschung,

Allen, David: »Wie ich die Dinge geregelt kriege«, Piper Taschenbuch, 2007

Baumeister, Roy; Tierney, John »Die Macht der Disziplin«, Goldmann 2014

Birkenbihl, Vera: »Stroh im Kopf? Vom Gehirn-Besitzer zum Gehirn-Benutzer«, mvg 2014

Birkenbihl, Vera: »Das innere Archiv«, mvg 2012

Clifton, Donald O.; Buckingham, Marcus: »Entdecken Sie Ihre Stärken jetzt!«, Campus 2014

Covey, Stephen R. »Die 3. Alternative«, Gabal 2012

Covey, Stephen R.: »Die 7 Wege zur Effektivität«, Gabal 2005

de Saint Cyr, Xavier; Augagneur, Jean: »Das kleine Übungsheft: Verborgene Talente entdecken«, Trinity 2012

Friebe, Holm: »Die Stein-Strategie«, Hanser 2013

Gabrisch, Jochen: »Die Besten managen: Erfolgreiches Talent-Management im Führungsalltag«, Gabler 2010

Gardner, Howard: »Abschied vom IQ. Die Rahmen-Theorie der vielfachen Intelligenzen«, Klett-Cotta, 1991

Gassert, Marc: »Alles ist schwer, bevor es leicht wird«, Ariston 2013

Grylls, Bear: »Schlamm, Schweiß und Tränen«, Plassen 2013

Gummesson, Elizabeth: »Mir reicht's! So befreist du dich aus Perfektionismus und Burnout«, Beltz 2013

Hertlein, Margit: »Raus aus dem Jammersumpf: Heiter und humorvoll ans Ziel kommen«, Ariston 2014

Huhn, Herhard; Backerra, Henrick: »Selbstmotivation. FLOW – Statt Stress oder Langeweile«, Hanser 2008

Maslow, Abraham: »Motivation und Persönlichkeit«, Walter 1978

Maurer, Claudia, Shi Xing Mi: »Gib nicht alles, gib das Richtige: Die Shaolin-Strategie für Manager«, Ariston 2014
Mićić, Pero: »Die 5 Zukunftsbrillen: So werden Sie zum Vordenker«, Econ 2014
Mićić, Pero: »Wie wir uns täglich die Zukunft versauen«, Econ 2014
Moestl, Bernhard: »Der Weg des Tigers: Erkenne und nutze deine innere Kraft«, Knaur 2013
Moestl, Bernhard: »Die Kunst einen Drachen zu reiten: Erfolg ist das Ergebnis deines Denkens«, Knaur 2011
Opaschowski, Horst W.: »Wir! Warum Ichlinge keine Zukunft mehr haben«, Murmann, 2010
Seiwert, Lothar: »Zeit ist Leben, Leben ist Zeit«, Ariston 2013
Sinek, Simon: »Frag immer erst: Warum?«, Redline 2014
Spiegel, Peter: »WeQ – More than IQ: Abschied von der Ich-Kultur«, Oekom 2015

Internetquellen:

http://www.zukunftsinstitut.de/artikel/neugier-management/
http://www.visionsummit.org/fileadmin/user_upload/documents/WeQ-Essay-Web.pdf

Vernetzung in Online-Gruppen:

http://open-mind-akademie.de/2014/03/gemeinsam-sind-wir-stark/